## 权威·前沿·原创

皮书系列为
"十二五""十三五""十四五"时期国家重点出版物出版专项规划项目

BLUE BOOK

智库成果出版与传播平台

非洲工业化蓝皮书
BLUE BOOK OF AFRICAN INDUSTRIALIZATION

# 非洲工业问题研究报告
（2024）

RESEARCH REPORT ON INDUSTRIAL ISSUES IN
AFRICA (2024)

聚焦新能源产业

组织编写／广东外语外贸大学区域国别研究院非洲研究院
主　编／刘继森　彭育园

社会科学文献出版社
SOCIAL SCIENCES ACADEMIC PRESS (CHINA)

图书在版编目(CIP)数据

非洲工业问题研究报告.2024：聚焦新能源产业／刘继森，彭育园主编.--北京：社会科学文献出版社，2024.12.--（非洲工业化蓝皮书）.--ISBN 978-7-5228-4405-3

Ⅰ.F440.4

中国国家版本馆 CIP 数据核字第 2024AZ2068 号

### 非洲工业化蓝皮书
## 非洲工业问题研究报告（2024）
——聚焦新能源产业

组织编写／广东外语外贸大学区域国别研究院非洲研究院
主　　编／刘继森　彭育园

出 版 人／冀祥德
责任编辑／吴云苓
责任印制／王京美

出　　版／社会科学文献出版社·皮书分社（010）59367127
　　　　　地址：北京市北三环中路甲29号院华龙大厦　邮编：100029
　　　　　网址：www.ssap.com.cn
发　　行／社会科学文献出版社（010）59367028
印　　装／天津千鹤文化传播有限公司
规　　格／开本：787mm×1092mm　1/16
　　　　　印张：19　字数：284千字
版　　次／2024年12月第1版　2024年12月第1次印刷
书　　号／ISBN 978-7-5228-4405-3
定　　价／158.00元

读者服务电话：4008918866

▲ 版权所有 翻印必究

# 《非洲工业问题研究报告（2024）》
# 编　委　会

主　　编　刘继森　彭育园

副 主 编　杨　霞

主要成员　（以姓氏拼音排序）

　　　　　　陈玮冰　计　飞　韦晓慧　杨　霞　杨小花
　　　　　　游　怡　曾驭然

# 主编简介

**刘继森** 广东外语外贸大学非洲研究院院长、教授、硕士生导师。主持并完成中联部项目、教育部项目、中国商务部—欧盟合作项目、中国证券业协会项目；主持广东省科技厅软科学重点研究项目、各地市委托横向项目；参与解放军总后勤部"九五"学术研究课题、中国教育发展（香港）基金会资助项目、广东省发展和改革委"十二五"规划前期研究课题、广州市外经贸"十二五"发展规划专题研究项目、广州市哲学社会科学发展"十一五"规划2010年度重点委托研究项目。出版专著1部、参编专著8部，出版21世纪经济管理专业应用型精品教材1部；发表学术论文40余篇。

**彭育园** 教授，博士生导师，享受国务院政府特殊津贴专家。历任湖北科技学院党委书记、武汉纺织大学校长、湖北工业大学校长，2022年11月起任湖北工业大学党委书记。兼任湖北省政府咨询委员、省政协常委、省政协委员工作委员会副主任，中国高等教育学会常务理事、湖北省农业机械学会第九届理事长、校学术委员会主任。主要从事发展经济学和高等学校管理研究，主持和参与国家自然科学基金、国家社会科学基金、省委重大调研、省政府智力成果采购、全省党建研究等省部级科研和教学项目多项。长期参与政府决策咨询和社会服务工作，2019年以来，主持研究获省长签批3次、副省级领导签批10次，提交并立案省政协提案多次；在人民网、光明网理论、中工网理论等发表理论文章10余篇，并就相关工作接受CCTV2和新华网专访；研究成果获湖北省发展研究奖（2018~2019）一等奖、湖北省科技进步二等奖、湖北省发展研究奖（2020~2021）三等奖等。

# 摘 要

本书为广东外语外贸大学非洲研究院编研的第四本关于非洲问题的蓝皮书。

近年来，以新能源技术为基础的工业化发展模式，成为非洲实现工业化跨越式发展的新机遇，特别是在清洁能源开发领域。非洲国家拥有世界水能理论蕴藏量的 12.3%、可开发风能的 39.8%、技术可开发光伏的 51.9%。然而，由于基础设施、技术条件等的制约，非洲并不能充分地开发其丰富的清洁能源资源。近年来，中国与世界多国陆续在非洲大陆布局清洁能源开发产业链，帮助非洲国家提升开发清洁能源的能力，极大地弥补了非洲国家在清洁能源开发领域的不足，提升了其开展基于清洁能源开发的工业化的实力。在清洁能源开发产业链的上游，国际社会可以提供清洁能源开发与储能设备；中游可以助力电网等电力输送基础设施的建设；下游可以为工业及居民用电提供相关的设备及生产技术。通过帮助非洲国家建立清洁能源开发全产业链，在理论上可以有效提升其工业化发展能力。

本书的核心观点如下。非洲拥有丰富的清洁能源，对其而言既是机遇也是挑战。机遇在于，非洲国家可以凭借丰富的清洁能源带动整个以清洁能源开发为基础的全产业链的发展，从而提升工业化水平。然而挑战也是显而易见的，由于政治、国际融资，以及诸多外部因素的干扰，非洲国家难以有效地利用其丰富的清洁能源禀赋，也制约了其以清洁能源开发为基础的新型工业化的发展。近年来，中非在清洁能源开发领域的合作快速发展，为非洲开展新型工业化提供了新的机遇，正在逐步打破制约非洲发展的困境。

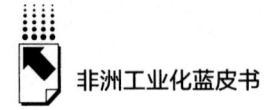

非洲国家凭借丰富的清洁能源资源，实际上已经占据了全球清洁能源开发领域的优势地位，这种特殊自然资源的优势与传统农业和采矿业不同，其没有办法突破空间上的束缚。正如凭借其得天独厚的自然条件，非洲在农业文明发展中创造过辉煌的历史，在人类即将跨越工业文明进入更为高级的生态文明的当下，非洲又将发展的主动权掌握在了自己的手中。比如，非洲各国可凭借差异化的清洁能源以及关键矿产资源，进行清洁能源设备及储能领域相关产业的发展；也可以通过建立大规模的供电系统，保障工业用电的需求；还可以凭借清洁能源开发上游及中游的优势，通过吸引外资建立家用清洁能源设备以及新能源汽车等相关产业的供应链，打造新能源产业的"世界工厂"。这不仅可以助力非洲进行全面的工业化，而且可以解决由贫困问题衍生的政治、社会问题，从根本上摆脱非洲的发展困境。

**关键词：** 非洲工业　新能源开发　中非合作

# Abstract

This book is the fourth Blue Book on African issues by the Institute of African Studies of Guangdong University of Foreign Studies.

In recent years, the industrialization development model based on new energy technology has become a new opportunity for Africa to realize the leapfrog development of industrialization. Especially in the field of clean energy development, African countries have 12.3 percent of the world's theoretical hydropower reserves, 39.8 percent of its exploitable wind energy, and 51.9 percent of its exploitable photovoltaic technology. However, due to infrastructure, technical conditions and other constraints, Africa is not able to fully exploit its rich clean energy resources. In recent years, as China and other countries in the world have successively laid out the industrial chain of clean energy development on the African continent, they have helped African countries improve their own ability to develop clean energy, which has greatly made up for the shortcomings of African countries in the field of clean energy development and enhanced their strength in carrying out industrialization based on clean energy development. Among them, in the upstream of the clean energy development industry chain, the international community can provide clean energy development and energy storage equipment; The middle reaches can help the construction of power transmission infrastructure such as power grid; Downstream can provide relevant equipment and production technology for industrial and residential electricity. It can be seen that by helping African countries establish the whole industrial chain of clean energy development, their industrialization development capacity can be effectively improved in theory.

This Blue Book takes five regions of Africa (North Africa, West Africa, East Africa, Central Africa and South Africa) as the case study objects, and the diversity of case regions can basically reflect the real situation of clean energy development in African countries. Based on this, the regional study also explores what role China is playing in the process of clean energy development in Africa and how it should play a greater role in the future through corporate case studies of clean energy development. The final section of the Blue book sets up a number of thematic studies, which give the overall study a three-dimensional top-down effect and can more comprehensively reveal the whole picture of clean energy development in Africa.

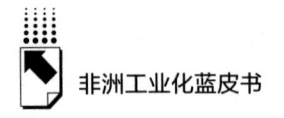

At the heart of the book is the idea that Africa's abundance of clean energy represents both an opportunity and a challenge. The opportunity is that African countries can drive the development of the entire upstream, middle and downstream industrial chain based on clean energy development with abundant clean energy, thus upgrading the level of industrialization. However, the challenges are also obvious. Due to the interference of political governance, international financing and many external factors, African countries are difficult to effectively use their rich clean energy endowments, which also restricts their further development of new industrialization based on clean energy development. In recent years, the rapid development of clean energy development in China and Africa has provided new opportunities for Africa to carry out new industrialization and gradually broken the shackles on Africa's development.

To this end, African countries have actually occupied a dominant position in the field of global clean energy development by virtue of their rich clean energy resources, because the advantages of this special natural resource are different from traditional agriculture and mining, and they cannot break through the constraints of space. Just as with its unique natural conditions, Africa has created a glorious history in the agricultural civilization, at present, when mankind is about to cross the industrial civilization and enter a more advanced ecological civilization, Africa has taken the right of development into its own hands. For example, African countries can rely on differentiated clean energy and key mineral resources to develop clean energy equipment and energy storage related industries; It can also ensure the demand of industrial electricity by establishing a large-scale power supply system. Thirdly, we can rely on the advantages of the upstream and midstream of clean energy development, and build the supply chain of household clean energy equipment and new energy vehicles and other related industries by attracting foreign investment, so as to build the "world factory" of new energy industry, which can not only help Africa to carry out comprehensive industrialization, but also solve the political and social problems derived from poverty. Fundamentally get rid of Africa's development problems.

**Keywords**: African Industry; Clean Energy Development; China-Africa Cooperation

# 目 录

## Ⅰ 总报告

**B.1** 非洲新能源发展报告：新能源与工业化 …………  总报告课题组 / 001

## Ⅱ 分报告

**B.2** 北部非洲新能源开发报告 …………… 陈玮冰　高瑞阳　刘斯达 / 035
**B.3** 东部非洲新能源开发报告 ………………………… 韦晓慧　张亚兰 / 069
**B.4** 西部非洲新能源开发报告 ………… 西部非洲新能源产业课题组 / 085
**B.5** 中部非洲新能源开发报告 ………… 中部非洲新能源产业课题组 / 126
**B.6** 南部非洲新能源开发报告 ………………………… 韦晓慧　张婕婷 / 156

## Ⅲ 专题篇

**B.7** 非洲清洁能源开发与新型工业化发展研究 …… 杨　霞　周博康 / 175
**B.8** 共建"一带一路"与非洲新能源产业发展
………………………………………… 杨　霞　游　怡　梁　朵 / 199

001

B.9　全球气候变化对非洲能源转型影响研究
　　…………………………………………… 杨　霞　杨小花　刘冰琳 / 224
B.10　中非新能源开发合作研究 ……………………… 计　飞　伊松麒 / 261

皮书数据库阅读使用指南

# 总 报 告

## B.1
## 非洲新能源发展报告：新能源与工业化*

总报告课题组**

**摘　要：** 新能源产业作为推动全球可持续发展的核心力量，对于非洲大陆的工业化而言，既是关键组成部分，也是必由之路。然而，非洲当前面临着工业化水平欠佳、基础设施陈旧、资本流动受限以及专业技能人才短缺等一系列挑战，这些因素成为新能源产业发展的重大障碍，致使非洲在该领域的进展显著滞后于世界其他区域。非洲的独特之处在于其清洁能源资源的丰饶与巨大的能源需求潜力，这两点为新能源产业的本土化与规模化发展提供了广阔发展空间。对此，部分非洲国家已采取积极措施，制定并实施了一系列政策法规，旨在促进新能源产业的稳步发展，非洲新能源产业正步入加速扩张的新阶段。本报告选取了非洲部分国家作为研究对象，研究新能源产业在

---

\* 本文是国家社会科学基金青年项目"中国援助与'一带一路'项目投资对非洲工业化影响的差别研究"（项目编号：22CGJ026）的阶段性成果。文中未做标注的数据均来自国际能源署、世界银行。

\*\* 总报告课题组成员：陈玮冰，经济学博士，广东外语外贸大学区域国别研究院非洲研究院副研究员，主要研究方向为国际发展；彭继弘、赖煜璇、李荣泽，广东外语外贸大学经济贸易学院科研助理，主要研究方向为中非合作。

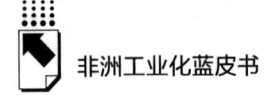

这些国家工业化进程中的多个方面，介绍、分析了新能源产业在非洲的发展情况，并对非洲工业化现状进行分析。非洲新能源产业的蓬勃发展与工业化进程紧密相联，两者相辅相成，共同绘制了非洲可持续发展的美好蓝图。非洲新能源产业发展前途光明，未来需要政府在支持性政策、基础设施建设、相关人才培养以及中非产业合作等方面加大投入力度，以促使非洲新能源产业与工业化蓬勃发展。

**关键词：** 非洲　工业化　新能源产业　中非合作

## 一　非洲新能源产业概述

### （一）非洲新能源产业

新能源产业是指利用可再生、清洁和低碳能源取代传统化石能源的产业领域，包括能源的开发、转换、利用和储存等方面。它是一种在新技术基础上系统开发利用可再生能源并实现产业化的高新技术产业。其目标是减少对化石能源的依赖，促进能源效率提升，降低环境影响，推动可持续发展。

新能源产业是一个涉及面广、技术创新密集、市场前景广阔的战略性新兴产业，与工业化进程密切相关。在工业化过程中，新能源产业扮演着推动产业结构升级、促进经济增长和创造就业的关键角色。它为工业提供了创新和发展的新动力，新能源的应用和技术创新驱动工业向更加环保和可持续的方向转变。此外，新能源产业不仅为工业提供了清洁、可再生的能源选择，减少了对传统化石能源的依赖，还催生了一系列相关产业，如储能技术、智能电网和电动汽车等。这些产业的发展不仅有利于推动产业结构的升级，也将为经济增长和创造就业提供更多的机会。各国政府都将新能源产业作为重点支持领域，出台各类优惠政策鼓励投资和应用。而对于正处于工业化加速推进阶段的非洲国家而言，大力发展新能源产业更是尤为关键，它不仅能满足工业用电需求，促进工业绿色转型，还可为非洲工业化注入清洁动能，推动经济社会协调可持续发展。综上所述，将新能源产业作为工业化发展的重要支撑，是非洲国家应对能源、环境等制约的必然选择。

非洲新能源产业聚焦于可再生能源领域，主要包括太阳能、风能、水能、地热能和生物质能等可再生清洁能源技术及其产业化应用。这突出了可再生能源在推动非洲能源转型、实现低碳发展方面的核心作用。部分非洲国家近年来也通过不断的努力在氢能和生物质能方面做出尝试，推动本国能源的结构升级。非洲拥有丰富的清洁能源资源，是全球较大的可再生能源储备地之一。非洲新能源产业发展条件良好，资源充足且得到重视。

电力供应是制约非洲经济发展的一大因素，同样也是制约非洲工业化发展的一大因素。在工业化加速推进和绿色低碳转型的双重背景下，大力发展新能源产业、构建现代能源体系，已经成为非洲国家推动工业化发展的必然选择。非洲作为世界上人口增长最快的地区，预计未来十年内，全球新增人口中将有一半来源于此。这意味着，非洲未来对于能源的需求将会大幅增加。同时，由于劳动力丰富且成本相对较低，非洲也必将承接更多低端制造业的转移。毫无疑问，无论是人们的基本生活，还是商业和工业的发展，都将产生巨大的能源需求。

非洲作为一个能源资源十分丰富的地区，拥有得天独厚的新能源发展条件，如丰富的光照资源、风能资源和生物质资源等，都为其发展新能源产业提供了有力支撑。随着全球能源转型的不断加速，国际社会也大幅提升了对非洲新能源开发的支持力度。2023年9月4日，非洲联盟发展署和国际可再生能源署签署协议，将通过加强非洲国家和区域组织的能力建设，支持可再生能源项目的实施，为项目开发商进入国际可再生能源署相关融资平台提供便利，并为非洲国家实现非盟《2063年议程》和联合国2030年可持续发展目标提供支持。

近年来，中国持续加强对非洲新能源领域的援助合作。在中非合作论坛、南南合作、"一带一路"等机制的引领下，中非双方携手实施了大批清洁能源"超级工程"，为非洲新能源产业发展注入了强劲动力。在"一带一路"的框架下，中国与非洲国家在清洁能源领域的合作日益深化。一方面，中国为非洲国家提供了较大资金和基础设施支持，有效弥补了非洲国家在清洁能源开发资金方面的不足。另一方面，中国凭借在清洁能源技术和产业链上的优势，与非洲国家开展了全方位的技术与能力培养合作，帮助非洲国家提升清洁能源开发、治理和专业人才水平。在中非双方的共同推动下，中非清洁能源合作不断取得新的进展，为非洲国家的绿色发展和可持续工业化注入了强劲动力。①

## （二）非洲新能源产业发展特点

### 1. 以得天独厚的资源禀赋为依托，新能源产业发展潜力巨大

国际能源署相关报告显示，非洲拥有丰富的可再生能源资源，太阳能、风能储量分别占全球的40%、32%，可再生能源发展潜力巨大，为非洲大力发展可再生能源产业奠定了坚实的物质基础。② 根据国际能源署发布的《2023年电力市场报告》，非洲可再生能源发电量将在2023~2025年增长600亿千瓦时以上，占总发电量的比重将从2021年的24%增长至2025年的30%。③ 卢旺达《新时代报》的报道指出，非洲拥有丰富的可再生能源。近年来，非洲经济快速发展，同时面临能源转型，这为非洲大陆发展可再生能源提供了广阔的空间。

### 2. 发展重点日趋多元化，不断拓宽新能源产业的发展路径

在新能源发电领域，水电在非洲电力系统中占有绝对主导地位，如今各国正在大幅提高太阳能、风能、地热能等可再生能源在电力结构中的占比，同时生物质能、氢能以及核能等新兴能源也得到了更大程度上的开发。GlobalData 2022年发布的《非洲能源转型报告》指出，可再生能源发电的

---

① 陈玮冰、刘继森：《非洲清洁能源开发的现状、意义与挑战——兼论中非共建"一带一路"的方向》，《国际经济合作》2024年第5期，第12~22页。
② 张锐：《非洲能源转型的内涵、进展与挑战》，《西亚非洲》2022年第1期，第51~72页。
③ 《非洲加快发展可再生能源（国际视点）》，环球网，2024年1月9日，https：//baijiahao.baidu.com/s？id=1787599778778785194&wfr=spider&for=pc。

巨大潜力将为非洲发展其他能源技术尤其是绿氢技术创造条件。[①] 顺应这一趋势，2022年5月，由南非、纳米比亚、肯尼亚、埃及、摩洛哥和毛里塔尼亚六国成立的非洲绿色氢联盟正式启动，旨在推动非洲大陆加速摆脱对化石燃料的依赖并转向可再生能源。

## 二 非洲新能源产业发展现状

### （一）新能源开发规模呈扩大趋势

目前，新能源开发受到非洲大多数国家的重点关注。许多国家将其纳入相应的国家发展规划和战略，积极推进对新能源资源的研究、勘测、设计以及开采等一系列开发活动，并且开发规模呈现持续扩大趋势。新能源在非洲范围内的开发规模不断扩大，既因为主要开发国家加大了开发力度，也因为参与新能源开发的国家数量增加。据观测，非洲大陆蕴藏着十分可观的新能源资源。水能、太阳能、风能仍是非洲国家的能源开发重点。国际能源署相关报告预测，非洲可再生能源发电量将在2023～2025年增长至少600亿千瓦时，占总发电量的比重将增至30%。[②] 大多非洲国家正在着手推进可再生能源项目。位于摩洛哥的占地2500公顷的努尔集中式太阳能发电厂[③]、肯尼亚的图尔卡纳湖310兆瓦风电厂[④]等都是目前新能源领域在世界范围内名列前茅的项目。而另一部分国家也积极探索针对生物质能、地热能等资源的开发路径。目前，生物质能提供了非洲工业30%的用电量，尽管发电量大，

---

[①] 湖南省中非经贸合作促进研究会：《非洲快速增长的能源转型机遇》，2023年3月24日，http：//fgw.czs.gov.cn/fzggdt/zsyz/content_3570665.html。
[②] IEA, Electricity Market Report 2023, https：//www.iea.org/reports/electricity-market-report-2023, Licence：CC BY 4.0.
[③] 世界钢协：《全球最大的太阳能发电厂全天候输送能源》，2021年10月，https：//worldsteel.org/media/steel-stories/infrastructure/worlds-largest-solar-power-plant-delivers-24-hour-energy/。
[④] 《非洲图尔卡纳湖风力发电项目正式运行》，国际新能源网，2019年8月8日，https：//newenergy.in-en.com/html/newenergy-2346844.shtml。

但生物质能目前开发模式的"现代性"仍不足,简单来说,非洲国家的生物质能发电大多停留在初级的燃烧农业残留物上。例如,甘蔗渣是非洲撒哈拉南部地区重要的发电原料,毛里求斯、南非、埃及等甘蔗生产国因此受益。通过此模式,这些国家的甘蔗生产者自身的电力需求得到了满足,并且拥有向国家电网出售电能获利的能力。基伍湖位于卢旺达与刚果(金)两国之间,具有丰富的沼气资源,储藏量达600亿立方米。① 目前,卢旺达积极与美国和世界银行展开合作,以实现对沼气资源的开发,补充国家能源,已建成一座发电能力达25兆瓦的试验电站。②

### (二)集中式开发模式为主流,分布式开发模式越来越多被采用

构建低碳便利、经济适用的能源体系是推进非洲能源转型的最终目标。当前,非洲地区的新能源开发在模式上可分为集中式开发和分布式开发。

集中式开发模式是非洲目前采取的主流能源开发模式。世界上能源供应体系完善的国家都采取了此模式。集中式开发是指在特定地点对能源资源进行集中开发,这可实现对能源资源的大规模开发,并向周边地区辐射式地提供电力供应。新能源资源的集中式开发是非洲完善能源供给体系和推进新能源开发的必经之路。非洲具有十分优越的新能源资源条件,但目前的开发率较低,这是新能源开发技术不成熟和经验缺乏等导致的。集中式开发模式具有开发规模较大、技术和人才资源集中的优势,采取此类模式能实现对地区内所蕴藏的新能源资源的大规模开发和利用,并且有利于地区新能源开发经验的积累和开发技术的培养。在非洲政府的推进下,多个发电能力达到兆瓦级别的新能源发电站在非洲各地兴建并投入使用。这些大型发电站为当地的能源市场提供了充足、低廉又绿色的电力供应。③

---

① 《基伍湖:危险与机遇并存》,《中国矿业报》2021年12月21日,https://mp.zgkyb.com/m/news/53873。
② 《对外投资合作国别(地区)指南——卢旺达(2022年版)》,2023年3月,第24页,https://www.mofcom.gov.cn/dl/gbdqzn/upload/luwangda.pdf。
③ 张锐:《非洲能源转型的内涵、进展与挑战》,《西亚非洲》2022年第1期,第51~72页。

部分经济落后地区的能源基础设施水平极低，同时这类地区的地域覆盖面大，采取分布式开发模式更能满足此类地区的能源需求，并推动地区性的新能源开发。分布式开发可理解为让地区居民自主使用分散的小型新能源开发系统，比如由分散分布的光伏和风电、小水电、小型生物质发电站组成的能源系统，以实现能源储藏地的就地开发和自给自足。非洲目前仍有广大的低收入水平地区难以接触到现代能源，尤其是农村地区。此类分散的能源开发系统尽可能地扩大新能源开发的辐射面积，并且在一定程度上避免了传统发电模式中大范围铺设电网所带来的高昂费用和较长的时间成本（通常情况下，收入水平低、欠缺投资的欠发达地区是较难承担传统的集中式发电模式所需的成本的）。非洲各国为了推进乡村等欠发达地区的电气化进程，规划并实施了一系列能源项目。例如，"离网太阳能接入计划"是肯尼亚发布的一项针对农村地区的新能源开发计划，该计划旨在2030年前在肯尼亚乡村地区建立25万个分布式光伏项目。新能源的分布式开发对广大非洲乡村地区的电力供给系统发展具有重大意义。国际可再生能源署预计，在2040年，分布式新能源开发将提供非洲撒哈拉以南的农村地区离网系统的2/3电力。近年来，新能源的分布式开发模式开始被越来越多的非洲国家采用，其具有的分散、自给、低成本等各项特质有效地应对了非洲目前能源供应体系中存在的不平衡问题，对完善非洲能源供给结构具有重大意义。

## （三）支持性政策助力新能源产业发展

针对推进新能源产业发展，非洲多国政府从新能源项目投资、新能源技术研发、新能源开发以及利用等多个角度展开引导并制定支持性政策。根据欧美国家和中国等的新能源发展经验，营造适宜的政策环境在新能源产业发展进程中是不可或缺的。安哥拉、纳米比亚和南非等一众国家结合自身国情制定了未来能源产业的发展战略，明确了今后新能源产业的推进路径和重点。纳米比亚政府在《2030年远景计划》和团结繁荣计划等经济发展框架下，将推动国内经济发展的重心指向发展绿氢产业。纳米比亚南部走廊发展倡议（SCDI）绿氢计划已启动，这是该国首个吉瓦级大型综合绿氢项目设计。南非政策性银行南部非洲开发银行宣布发行首只绿色债券。该债券募集的资金旨在为国家"可再生能源独立发电商采购计划"中的新能源项目提供再融资支持，计划在未来展开的一系列风能、太阳能、小型水电和某些生物质能源项目也在其支持范围内。此外，南非计划提供总额达200亿兰特的资金，在减免大型新能源项目所得税的同时资助生产工艺流程完善和生产技术研发进步。

### （四）新能源产业在国际合作中快速发展

非洲地区新能源由于缺乏发展经验、技术水平较低等，仅凭非洲国家自行探索新能源产业的发展路径和技术研发，将无法满足非洲能源转型和经济可持续发展的需求。因此，目前非洲各国积极与新能源产业相对发达的国家开展合作。不可否认的是，欧美发达国家在世界新能源产业发展上仍具有一定的领导地位，同时也是非洲各国的主要合作对象。

非洲各国在新能源领域与欧美国家的主要合作形式是接受来自欧美国家政府或企业的资金投入和技术支持，以推进新能源设施建设。比如，在美国提出"电力非洲倡议"的背景下，博茨瓦纳、纳米比亚两国政府与美国政府签署"电力非洲"合作意向备忘录。[①] 这项备忘录涉及建设一个拥有高达5吉瓦发电能力的太阳能发电项目，该项目有望成为全球最大的光伏发电项目之一。欧美国家在非洲新能源产业发展中的作用不仅仅体现在与非洲国家展开的合作中，更多体现在对非洲新能源产业发展和整体经济发展显著的积极影响上。南非与法国、德国、英国、美国、欧盟都建立了合作伙伴关系，并计划在3~5年内，以捐款和减让性融资的形式为支持南非落实国家节能减排计划而筹集85亿美元。[②] 另外，塞拉利昂、科特迪瓦、利比里亚、几内亚四国合作开展了一个电力互通项目，该项目旨在改善各国能源供给体系

---

① 《美国、纳米比亚和博茨瓦纳通过"Mega Solar"在南部非洲推进清洁能源的未来》，美国驻纳米比亚大使馆，2021年4月26日。
② 《对外投资合作国别（地区）指南——南非（2023年版）》，2024年4月，第76页，https://www.mofcom.gov.cn/dl/gbdqzn/upload/nanfei.pdf。

和提升四国间的能源互通效率。为推进该项目,欧洲—非洲基础设施信托基金捐助2700万欧元,多家银行如非洲开发银行、德国复兴信贷银行、世界银行都有一定的投入。①

近年来,中国正处于对非合作的窗口期,并且自身新能源产业呈现赶超欧美的发展趋势。国际能源署等机构指出,仅2023年,中国实现的太阳能发电量与全球2022年光伏发电量相当,风力发电新增量也同比增长66%。②在中非合作论坛和"一带一路"等机制的引领下,中非之间在新能源领域的合作逐年增多。与欧美国家倾向于推进大型新能源投资建设项目相比,中国在非洲地区展开的合作项目更加关注民生和社区需求,具有规模小、适应性强的特点。这有助于非洲广大欠发达地区实现能源脱贫和经济条件改善。中国生态环境部实施的"非洲光带"项目重点关注非洲贫困家庭用电和照明问题,旨在通过发挥中国自身光伏产业优势,合作建设光伏产业项目以提升贫困家庭用电能力。与此同时,中非合作并不忽视非洲新能源产业发展所必需的大型项目。在肯尼亚地区,中国进出口银行提供贷款、肯尼亚能源部筹建、中国企业承建的加里萨光伏发电站是东非地区最大的光伏电站,其年均发电量超过7600万千瓦时,向非洲7万户家庭共38万多人提供了稳定、低成本的电力。③同时,中国秉持"授人以鱼不如授人以渔"的合作理念,积极分享新能源技术,并注重在当地开展人才培育。多个鲁班工坊在非洲建立,为非洲多国提供了大量新能源等领域的应用型人才。

## 三 非洲新能源产业发展面临的挑战

在各国政府的努力和国际社会的通力合作下,非洲地区新能源产业不断

---

① 一带一路能源合作网,2019年12月23日,https://obor.nea.gov.cn/v_country/getDataCountry.html?id=1303&channelId=29&status=2。
② IEA, World Energy Investment 2024, https://www.iea.org/reports/world-energy-investment-2024, Licence: CC BY 4.0.
③ 《中国绿色技术惠及世界》,国家能源局官网,2021年12月10日,https://www.nea.gov.cn/2021-12/10/c_1310364652.htm。

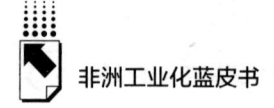

发展，并且已经取得了较为喜人的成果。目前新能源发电在全非洲电力生产量中占比达4.2%，虽仍远低于10.8%的国际平均水平，[①]但考虑到非洲新能源发展时间短的现实，非洲新能源产业已经处在稳步发展的阶段。为此，发展新能源是经济相对落后的非洲在能源领域追赶发达国家的重要路径，且对非洲各行各业的发展都具有重要意义。但不可否认的是，非洲新能源产业在发展路途上仍面临着多方面的严峻挑战。

### （一）非洲的产业体制存在缺陷，政府治理能力有待提升

非洲新能源领域企业大多处于赤字或预备赤字状态，这使新能源产业发展严重依赖公共财政的扶持。部分非洲国家的电力能源行业存在严重的腐败现象，而且能源市场整体监管水平低下。同时，非洲地区的许多国有能源企业都存在不同程度的人员冗余、成本虚高、腐败等问题，此类企业更注重维护现有利益而对新能源发展持消极态度。并且，现行的生产经营体制注重维护传统能源和巩固既有利益，严重阻碍了新能源企业的发展和非洲能源转型的推进。处在糟糕的产业体制内，即使国家制定了促进新能源产业发展的政策，在政策执行阶段也会出现各类问题，如南非为了推进国家新能源产业发展，制定了"可再生能源独立发电商采购计划"，而南非国家电力公司为了维护传统的利益格局多次拒绝采购来自该计划发电商的电力。塞内加尔政府颁布了对清洁能源设备的进口免税政策，但企业免税，既要忍受复杂冗长的免税帮扶申请流程，又要获取内阁签发的免税具体文件，从而导致大量企业并不能切实从这项政策中获利。[②]

### （二）非洲新能源开发相关专业人才储备不足

非洲新能源产业未来的顺利发展将依赖数量充足、专业水平高超的产业人才，但非洲与新能源相关的高水平人才储备明显不足。这将使非洲新能源

---

[①] 国际可再生能源署：《可再生能源市场分析：非洲及其地区》，2022年，www.irena.org/publications/2022/Jan/Renewable-Energy-Market-Analysis-ZH。

[②] 张锐：《非洲能源转型的内涵、进展与挑战》，《西亚非洲》2022年第1期，第51~72页。

产业发展丧失一定程度的独立性，并阻碍非洲国家自主进行新能源相关设施建设和技术研发。

与新能源产业发达国家相比，目前非洲新能源人才市场短板主要体现在以下三点。第一，缺失进口设备组装和维修人员。非洲当前广泛使用的新能源设备主要源自进口，但相关技术人员的匮乏使此类设备在非洲能源市场的销售受到消极影响。例如，非洲国家马拉维新能源市场上的设备多依赖进口，但国内的经销商由于技术人员的缺失无法提供设备的维修、保养等服务，这沉重打击了马拉维消费者对此类设备的消费欲望。第二，新能源领域电力资源规划技术人才较少。此类人才能为能源资源的有效利用和便利使用保驾护航，而其缺失会导致一些原本具有相当能源资源优势的国家无法开展系统、具体的资源普查和建设规划。第三，新能源领域的教育资源严重匮乏，有关相关技术人员的培训项目较少，这直接导致非洲新能源产业发展的就业效应得不到充分实现。国际可再生能源署估计，2016年非洲清洁能源部门仅创造了6.2万个岗位，而全球清洁能源部门却创造了近1000万个岗位。①

## （三）能源产业相关基础设施较落后

在世界各国推进新能源产业发展进程中，基础设施建设是至关重要的一环。覆盖面积广的国家基础电网和健全的能源供应体系在新能源产业发展中不仅起到向民众供给稳定电力的作用，还起到助推国家工业、农业、服务业的长足发展，提升国家经济增速和提升平均教育水平等作用。然而，非洲能源产业相关基础设施严重落后，不仅阻碍了非洲新能源产业发展和能源转型，还在整体上拉低了非洲经济的增长速度。

非洲能源产业基础设施落后主要表现在以下两个方面。第一，电力供给体系不健全和设备落后。目前，非洲仍有许多地区没有接入国家电网，大量非洲人民仍处于无法用电的境地，还有一些已经接入电力供应系统的地区无

---

① 张锐：《非洲能源转型的内涵、进展与挑战》，《西亚非洲》2022年第1期，第51~72页。

法保证电力的稳定使用。国际能源署估测，撒哈拉以南非洲的普通居民每年的平均用电量仅为200千瓦时。农村地区的情况更为严重，撒哈拉以南非洲农村地区人民的平均用电量仅为50千瓦时，处于这个用电水平的家庭仅能保证最基本的照明和少量的其他生活用电。[1] 第二，能源产业相关技术和制造能力相对落后。非洲国家在推进新能源产业发展中严重依赖进口设备，技术的落后进一步提高了非洲国家的能源供给成本，仅基础设施维护能力不足导致的电能损失就沉重打击了新能源产业的发展。例如，撒哈拉以南地区由此类原因造成的系统性电能损失是世界平均水平的两倍，这使该地区的电力公司面临财务危机。同时，落后的能源产业技术导致能源资源利用效率较低，致使非洲所具备的庞大供电潜力得不到充分发挥。

### （四）非洲国家在国际合作中缺失自主权

非洲国家在推进新能源产业发展进程中的独立自主性较弱。与此相对应，部分西方国家通过和非洲国家就新能源领域的合作或援助来实现对非洲能源产业的控制，并借此在非洲新能源产业发展中获取利益。例如，法国电力公司曾在2018年以高报价中标位于喀麦隆的纳科提加水电站项目，但之后该项目的预期成本被抬高至12亿欧元，非洲社会和国际舆论曾就"非洲可再生能源倡议"机制推出的首批清洁能源项目的资助名单表达了不满，因为名单中被列入的19个项目全部由出资方欧盟委员会和法国决定。[2] 由此可见，主导权缺失是非洲新能源领域国际合作存在的一项重大缺陷。在各项合作推进中，非洲的新能源产业确实获得了发展助力，但自主权的缺失仍在多个方面增加了产业发展的难度并阻碍了产业的进一步发展。特别是在第三国的影响下，非洲国家可能被迫选择参与并不适宜的合作项目，而不是选择更优质的项目。

---

[1] "The Challenge of Energy Access in Africa: Challenges and Opportunities", *Energy in Africa* August 2018, pp. 1–21, https://www.researchgate.net/publication/326862077_The_Challenge_of_Energy_Access_in_Africa_Challenges_and_Opportunities。

[2] 张锐：《非洲能源转型的内涵、进展与挑战》，《西亚非洲》2022年第1期，第51~72页。

### （五）缺乏配套的法律法规，市场监管体系不完善

非洲国家要实现新能源产业的高速发展，必须构建公平公正、开放、有序的外部环境，这对非洲政府的产业监管能力和相关法律体系都有较高的要求。但目前多数非洲国家仍缺乏这两种必备的条件。非洲政府所采取的相应的改革措施也并不能保证其尽快实现，一些改革措施的效果较差，甚至起了反作用。这就导致了非洲地区的新能源行业从业者面临着较大的经营风险，经营成果无法得到有效保障。这极大挫败了行业发展的信心，也降低了外国投资者的投资意愿。目前非洲国家的市场环境不仅无法满足新能源产业进一步发展的需要，而且给新能源产业发展带来了消极影响。

### （六）非洲社会对新能源关注不足

推进新能源产业发展，需要政府、国际力量等社会各界的共同参与。仅靠政府的引导，而得不到社会层面的重视与参与，产业发展也将不甚理想。目前，非洲社会在能源领域上的主流观念仍然是维护传统的化石燃料能源体系，社会各界对新能源领域的关注度和接受度相对较低。同时，非洲大陆本身就具有丰富的传统能源资源储备。目前，非洲地区经济相对发达国家的社会观念正在逐渐转变，随着国际社会对新能源产业的重点关注，在非洲一些经济较发达国家的带领下，非洲社会整体上对新能源领域的关注度会逐渐提高。

## 四 非洲工业化当前进展

新型工业化是指以技术创新和结构优化为驱动，实现资源节约、环境友好的工业化发展模式。它主要体现在科技创新驱动、产业结构优化、资源节约环保、数字化转型和国际合作几个方面，本文主要就有关新能源对非洲工业化的推动作用进行研究。当前，非洲正处于工业化发展的关键期，新型工业化进程面临着诸多挑战，也呈现一些积极态势。从挑战来看，基础设施建

设滞后、技术创新能力不足和产业结构不合理是非洲工业化面临的较大瓶颈。与此同时，非洲国家也正在不断探索新型工业化发展道路。一些国家在新能源发展方面取得了积极进展，利用本地丰富的新能源，为工业化注入了新动力。中国企业也积极参与非洲新能源项目建设，为当地工业绿色发展提供了有益借鉴。

### （一）非洲工业化发展现状

#### 1. 工业化水平普遍较低，工业在国民经济中所占比重较低

图1所示为根据本系列蓝皮书相关内容所绘制的非洲2000~2022年工业化指数变化，可以看出，非洲近年来的工业化水平呈现上升趋势，但是依然较低。2023年最新统计数据显示，非洲地区工业增加值占GDP的比重仍较低，与其他地区相比，差距依然明显。结合世界银行公开发布的非洲主要地区2000~2022年工业增加值数据，我们发现非洲国家的工业化水平普遍较低，且工业产值占GDP比重低。不过，近年来非洲正在大力推动工业化进程，一些国家如肯尼亚、埃塞俄比亚、南非、摩洛哥以及突尼斯等的人均制造业生产水平有所提升。但从整体上看，非洲的工业化水平仍然较低，需要持续不懈的努力。

#### 2. 经济以农业和采矿业为主，制造业占比较低

大多数非洲国家的经济仍高度依赖农业和资源型产业，制造业在GDP中的占比相对较低。据统计，大部分非洲国家的制造业对GDP的贡献率不到15%，有些国家甚至低于5%。① 这是由于非洲国家在殖民时期被定位为原料供应基地，资源型产品和农产品出口一直是其经济的主导产业。由于经济发展的惯性，虽然近年来不少国家开始重视制造业发展，但产业结构难以在短期内得到根本改变。殖民时期留下的经济发展路径偏向，导致制造业等高附加值行业长期相对落后。例如，赞比亚是非洲铜生产大国，铜矿业在其经济中占据重要地位。在被英国殖民统治时期，赞比亚被定位为铜矿资源输

---

① 《加快工业化进程助力非洲发展》，《经济日报》2024年2月8日，https://baijiahao.baidu.com/s?id=1790283209716603235&wfr=spider&for=pc。

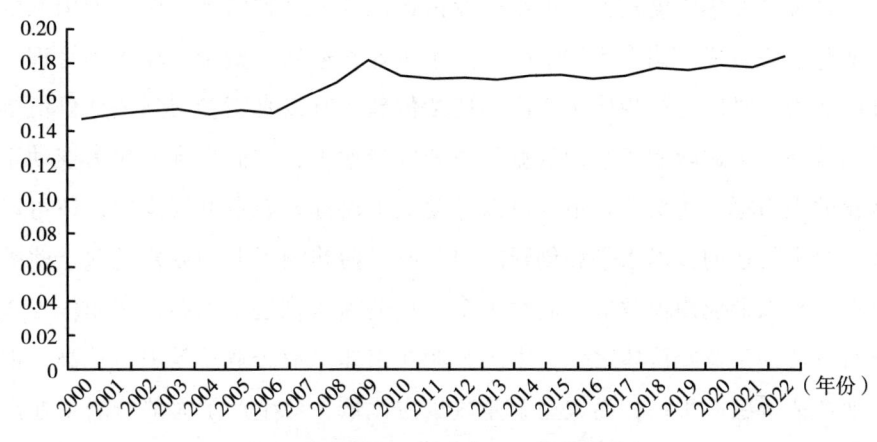

**图1 非洲2000~2022年工业化指数变化**

资料来源：笔者根据世界银行数据绘制。

出基地，尽管近年来赞比亚政府试图促进制造业发展，但以铜矿为代表的资源型产业仍主导着经济发展，制造业在GDP中的占比一直较低。

资源禀赋导向是影响非洲国家发展战略的重要因素。非洲地区拥有丰富的矿产资源，如钻石、黄金、铜、铝土等，为当地经济增长提供了天然优势。但过度依赖这些资源型产业，也加剧了产业结构的失衡，导致制造业的发展相对滞后。一些国家片面追求资源开采和出口，忽视了制造业的培育和升级。刚果（金）就是一个典型的例子，它拥有丰富的铜、钴、金、钻石等矿产资源，这些资源型产品一直是其经济支柱。然而，多年来该国政府过于注重资源开采和出口，忽视了制造业的发展。即使有一些工业化倡议，也多集中在资源加工领域，制造业竞争力依然较弱。结果导致刚果（金）的产业结构失衡，高度依赖矿产出口，制造业占GDP的比重很低，经济抗风险能力较差。

3. 产业集中度较低，中小企业占比偏高

非洲工业企业以中小企业为主，大型企业较少。非洲大部分国家的工业企业结构都呈现明显的"金字塔"特征——中小企业数量众多，但产值贡献较小；而大型企业相对较少，却在产值中占据主导地位。

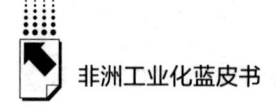

这种产业集中度较低、中小企业占比偏高的结构特征，对非洲国家的工业化进程造成了诸多不利影响。中小企业普遍缺乏资金、技术和管理方面的实力，难以进行规模化生产和持续创新，难以真正参与到全球价值链的高端环节。这限制了它们的竞争力和发展潜力，它们也难以成为推动工业化的主力军。龙头企业不仅可以带动上下游配套企业共同发展，还可以提升整个行业的技术水平和创新能力。但目前非洲工业领域普遍缺乏此类企业，难以形成规模效应，制约了工业化的深入推进。例如，南非作为非洲较发达的工业经济体之一，中小企业在南非工业企业总量中占比高，但工业产值贡献率很低；而大型企业数量占比低，却生产了大部分的工业产品。这种失衡的企业结构，一方面，降低了中小企业在绿色制造、智能化改造等新兴技术应用方面的积极性和能力，不利于推动整体工业的绿色低碳转型；另一方面，缺乏具有国际竞争力的大型龙头企业，难以带动上下游供应链的整体数字化升级，进而影响了新型工业化进程的加速推进。

4. 产业发展重视国际合作

近年来，随着中国在非洲的投资不断增加，"一带一路"交流的不断深入，中国在非洲工业化中的参与度不断提高。中国不仅提供大量基础设施投资，还注重培养当地人才，并鼓励中小企业参与，受到了非洲国家的广泛欢迎。欧美国家除了在前文提到的清洁能源方面，还加速在非洲数字经济领域布局，努力维护自身的技术优势和话语权，以期在未来的产业格局中占据有利地位。如在南非，一些欧美科技公司正大举进军人工智能、工业机器人等领域，试图凭借技术优势主导非洲工业自动化的发展进程，但它们往往忽视了非洲本土企业在数字化转型中的需求和痛点，将解决方案简单复制到非洲市场，这加剧了非洲工业的技术依赖。

5. 对清洁能源产业予以倾斜

随着非洲工业化进程的加快，能源供给不足的问题日益凸显，不难发现，大部分非洲国家近年来对清洁能源产业有一定的倾斜。这一趋势主要体现在两个方面：一是在政策支持层面，许多非洲国家出台了各种优惠政策，如税收减免、融资支持等，以鼓励清洁能源技术的研发和应用；二是在产业布局方面，政府大力推动清洁能源产业作为工业化的支柱产业，不断加大在该领域的投资和建设力度。这一倾斜导致清洁能源产业在非洲工业产值中的贡献率不断攀升。以太阳能发电为例，近年来，肯尼亚、埃塞俄比亚、南非等国家的太阳能装机容量快速增长，成为非洲工业电力供给的重要组成部分。与此同时，风电、地热能等其他清洁能源技术在非洲的应用也日益广泛。例如，肯尼亚政府计划到2030年实现全国100%使用清洁和可负担能源。[1] 为此，肯尼亚大力发展光伏和风电，先后建成了奥尔卡里亚和洛克河谷两大大型风电项目。又如，在南非，当地政府制定了限制性的绿色信贷政策，鼓励银行优先支持可再生能源项目，南非本地五大商业银行均制定了能源、绿色发展相关政策，对煤炭、石油、火电等高碳排放领域制定了信贷策略，包括原则上不支持新的煤炭、石油开采以及火力发电项目（或者设置较为严格的条件限制）、降低相关领域的贷款在总信贷资产中的比重、在未来某个时间点之前实现相关领域贷款清零、大力支持可再生能源和清洁能源项目。[2]

## （二）非洲新型工业化面临的挑战

### 1. 基础设施落后，难以突破电力、运输等瓶颈

制约非洲工业化发展的最重要的原因是基础设施的落后。工业发展必不可少的是电力的长期供应和运输系统的配合。缺乏稳定的电力供应和畅通的运输网络，严重阻碍了工厂的正常生产和产品流通，制约了工业的发展。例如，南非的电力供应长期存在短缺，主要依赖于传统的煤电。近年来，虽然南非政府大力推动太阳能、风能等可再生能源发展，但进展缓慢，电网基础设施落后也限制了清洁电力的有效消纳。这些问题不仅阻碍了工厂的正常生产，增加了企业生产成本，还制约了工业进一步发展。肯尼亚在地热发电等

---

[1] 《对外投资合作国别（地区）指南——肯尼亚（2023年版）》，2024年4月，第4页，http://www.mofcom.gov.cn/dl/gbdqzn/upload/kenniya.pdf。

[2] 《对外投资合作国别（地区）指南——南非（2023年版）》，2024年4月，第77页，http://www.mofcom.gov.cn/dl/gbdqzn/upload/nanfei.pdf。

可再生能源利用方面有一定优势，但电网基础设施落后，很难将这些清洁电力有效输送至工业用户。加之本地清洁能源技术储备有限，工业企业面临着电力供给不足和成本偏高的困境。埃及虽然在太阳能、风能等清洁能源领域进行了一些尝试，但技术水平和应用规模都有限，许多工厂只能依赖不太可靠的公共电网——供电质量较差，严重影响了工厂生产的稳定性。尼日利亚的电力供给长期短缺，严重制约了工厂的正常运转，其虽然拥有良好的太阳能资源条件，但清洁能源技术应用水平低，难以从根本上解决电力短缺问题。近年来刚果（布）交通基础设施尚未有大幅改观，尤其是港口和铁路年久失修，疏港及运载能力严重不足，这给清洁能源发电设备和零部件的运输带来了挑战，影响了清洁能源在工业领域的应用。

### 2. 资金投入不足，难以持续投入

国际能源署发布的 Financing Clean Energy in Africa 报告显示，当前非洲清洁能源投资面临的一大挑战是资金不足，难以持续投入。[1] 仅约一半的新电力接入项目在当前条件下是在商业上可行的，大部分项目依赖政府的各种激励措施。同时，公用事业公司也需要收取与成本相匹配的关税，才能继续运营和拓展新的电力接入。报告强调，尽管非洲大陆承载着全球 1/5 的人口，但其在全球能源投资中所占份额却仅为 3%，在世界清洁能源投资中的占比更是低至 2%。[2] 这一显著的投资缺口在非洲能源领域多样化背景下显得尤为突出。这不仅威胁到了可持续发展目标的实现，还在全球能源转型步伐日益加快，尤其是在发达经济体与中国等国家引领潮流的当下，可能在能源与气候领域催生新的发展鸿沟。尤其值得关注的是，对于小型太阳能和微电网等分布式清洁能源项目，资金的匮乏成为其在工业领域广泛应用的关键瓶颈。这些技术本应成为推动非洲经济绿色转型的重要引擎，然而，由于缺

---

[1] IEA, Financing Clean Energy in Africa, September 2023, p. 5, https：//iea.blob.core.windows.net/assets/f76594a5-8a9f-4820-ba3e-2908e03b02a9/Financing Clean Energy in Africa.pdf.

[2] IEA, Financing Clean Energy in Africa, September 2023, p. 24, https：//iea.blob.core.windows.net/assets/f76594a5-8a9f-4820-ba3e-2908e03b02a9/Financing Clean Energy in Africa.pdf.

乏充足的资金支持，它们的发展潜力受到了严重限制，阻碍了非洲大陆向低碳经济转型的进程。

非洲国家获得资金的来源主要包括国际组织和其他国家的援助，以及私人投资。然而，这两大资金来源近年来都呈现下降趋势。一方面，全球经济环境动荡使各国政府和国际机构的财政预算收缩，减小了对非洲的资金支持力度。受疫情和地缘政治冲击的影响，非洲国家政府的能源补贴预算普遍受到压缩，这将进一步增加工业企业的电力成本负担，影响清洁能源技术在工业领域的推广。另一方面，近年来，外来投资者对于在非洲获得预期收益较为谨慎，主要原因在于该地区电力供应不足和基础设施建设滞后等。这些因素明显增加了投资风险，使外国企业难以对当地市场前景做出充分预判，故而大部分私人投资者对非洲市场的投资持谨慎态度，缩减了在该地区的资本配置。这种资金来源的收缩，直接限制了非洲国家在基础设施建设、能源供给、工业园区开发等关键领域的投入，阻碍了工业化进程的持续推进。

3. 人才短缺，产业链完整性差，缺乏关键零部件制造能力

以南非这一非洲最发达的国家为例，经济合作与发展组织（OECD）的数据显示，自2014年以来，南非25~64岁的成人受教育水平在高中以下的占比始终高于50%（见图2），[1] 而这一群体是国家的主要劳动力，这常常引起一系列连锁反应。

例如，马里电站因国内相关技术人员较为有限，设备因维修没有保障而逐渐老化，实际发电能力远低于装机容量，导致电力供应不足，直接影响到下游制造企业的生产运营，削弱了整个产业链的协同能力。再以肯尼亚为例，该国虽然在可再生能源领域有较大投入，但电网基础设施建设和维护工作饱受困扰，主要原因在于缺乏经过专业培训的技术人员来负责这些清洁能源设备的日常维护和故障修复。大多数维修人员技术水平有限，无法熟练操作先进的发电设备，导致设备性能下降，实际发电效率远低于设计水平。这

---

[1] WORLDBANK, https：//data. worldbank. org/indicator/SE. SEC. CUAT. LO. ZS？end＝2022&locations＝ZA&skipRedirection＝true&start＝1970&view＝chart.

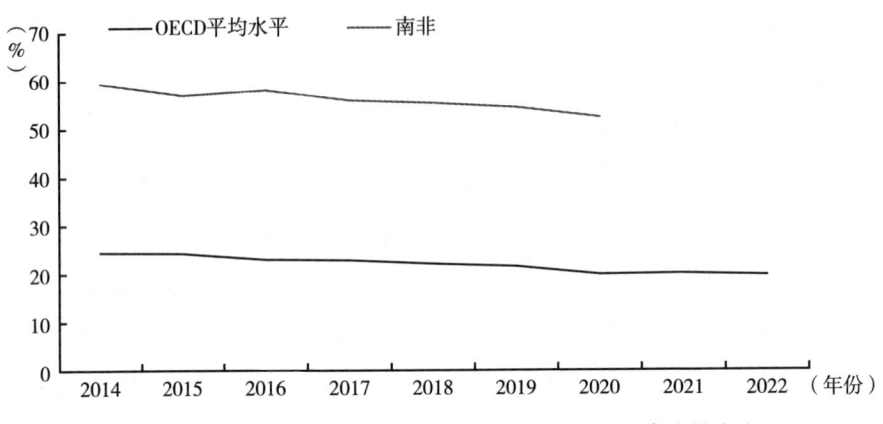

图 2　OECD 和南非 25~64 岁成人受教育水平低于高中的占比

资料来源：世界银行。

不仅影响了清洁能源项目本身的运营效率，也直接拖累了整个电力供给体系。不稳定的电力供应，将进一步对下游制造业构成制约，削弱了产业链的协同发展能力。同样地，如果清洁能源项目无法得到有效的技术支撑，也难以推动相关产业链的完整构建。像太阳能电池、风机叶片等关键零部件，如果缺乏足够的本土制造能力，仍依赖进口，就难以形成完整的产业生态。受教育水平低对工业的影响如图 3 所示。

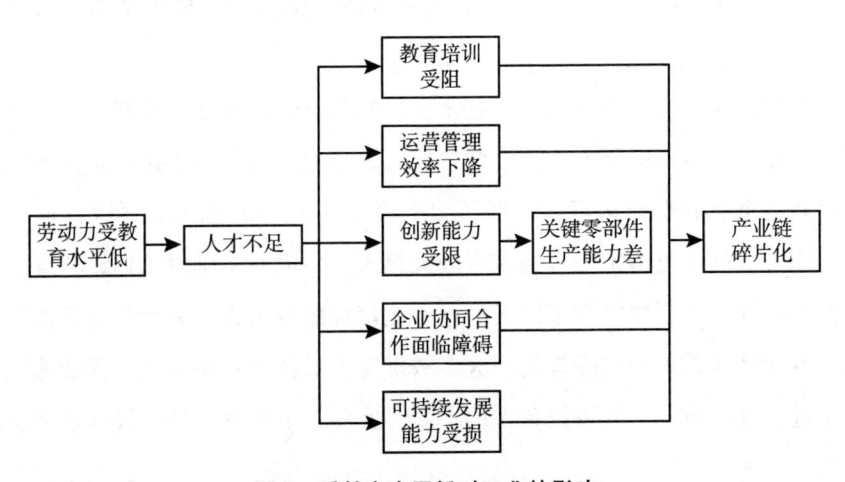

图 3　受教育水平低对工业的影响

资料来源：笔者自绘。

### 4. 政治因素

非洲许多国家在推动清洁能源转型和新型工业化的进程中，政府层面普遍存在严重的缺位和虚置问题。一些国家提出了宏大的清洁能源目标，例如，坦桑尼亚计划到2050年实现100%清洁能源供电，而实际上仍在大量建设传统的燃油和燃气电厂，目标与行动严重脱节。[①] 同时，一些国家虽然提出了相关的新型工业化发展计划，例如，纳米比亚提出《2030年远景计划》，希望吸引外资为其建设可再生能源基础设施，实现本国能源独立，但这些计划大多停留在高层的倡议阶段，尚未真正落实到具体操作层面。[②] 即使一些国家已启动了清洁能源基础设施项目和工业园区建设，进展也非常缓慢甚至陷入停滞状态。比如，乍得的多个太阳能电站和工业园区建设至今毫无实质性进展。有的大型基础设施项目，如埃塞俄比亚复兴大坝建设，也受到了邻国地缘政治关切的制约。此外，还有的清洁能源和工业项目受当地土地权属问题的限制，政府无法有效协调解决。

## 五 非洲新能源产业推动工业化发展表现

纵观世界上发达国家的工业发展历程可知，健全、多元的能源体系是推进国家或地区工业能力提升的重要一环。虽然近年来非洲地区的工业实力不断增强，工业化水平显著提高，但目前的非洲大陆仍是世界范围内工业化较落后的地区。其中，能源供应体系不健全导致的不稳定、成本高的电力供应是制约非洲工业发展的一大重要原因。目前，非洲能源体系仍对化石能源等传统能源具有较高的依赖性。尽管非洲地区化石资源较为丰富，但此类单一的传统能源体系绝对无法满足未来非洲工业发展的能源需求和非洲经济可持续发展的要求，只有推进新能源产业发

---

[①] 《新能源是非洲能源发展的必由之路》，能源界网，2023年5月4日，https://baijiahao.baidu.com/s?id=1764931244235417474&wfr=spider&for=pc。
[②] 《对外投资合作国别（地区）指南——纳米比亚（2023年版）》，2024年4月，第29页，http://www.mofcom.gov.cn/dl/gbdqzn/upload/namibiya.pdf。

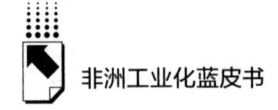

展,实现能源体系的可持续化和发电路径多元化,才是推进非洲工业发展的最优解。

### (一)优化能源结构,为工业规模化生产提供能源支持

非洲工业发展受到单一化传统能源体系的限制。当前的非洲能源体系,并不能满足工业规模化生产的电力需求。非洲有丰富的新能源资源储藏,且太阳能、风能等新能源具有可再生的特质。在开发过程中,风能发电站可保持24小时全天候不间断发电。在非洲特定地区,尤其是赤道穿过区域,光伏发电站同样能保持较长的发电时间。通过开发此类能源资源,可使非洲地区的能源供应维持稳定。同时,发展新能源产业能够通过实现发电路径多元化,减少非洲能源市场对化石能源的依赖,最终降低发电成本。除此之外,利用新能源发电还能在传统的发电模式以外创造更大的发电量,补充发电空缺,提升非洲地区的整体发电能力,最终实现为非洲工业提供充足、稳定且经济的能源供给。这对加快工业化进程、推进工业规模化生产具有极大意义。

### (二)技术进步助力非洲工业技术水平提升

非洲新能源产业的快速发展带动了能源领域相关技术的创新。非洲工业技术水平较低,导致非洲工业难以实现高效率、低耗能生产,许多非洲工厂仍处于高耗能、低产出的尴尬境地。在推进能源领域技术创新的同时,也可以促进工业领域的技术升级。这在其他国家的新能源产业发展进程中也得到了体现。近年来,中国大力发展新能源汽车产业,取得了能源储存、电力机械等领域的技术突破,最终不仅实现了能源利用效率和相关产品竞争力的提升,而且此类技术在工业其他领域也得到了应用。同时,在推进新能源产业发展进程中,中国的整体工业实力也得到了明显的提升。非洲国家追求技术发展以实现整体工业水平的提升时,可以通过发展新能源产业这一路径。

### （三）助推工业绿色转型和绿色产业链构建

发展新能源产业是非洲地区推进构建绿色工业和绿色产业链的必经之路。根据国际绿色产业联合会对绿色产业的定义，如果产业在生产过程中，基于环保考虑，借助科技，通过绿色生产机制力求资源节约及污染减少，即可称其为绿色产业。① 目前，全球追求经济可持续发展，掀起了一股工业绿色转型风潮。世界多国都将推进工业绿色转型作为经济发展战略的重要一环，例如，中国政府在"十四五"规划和2035年远景目标纲要中提出要加快推进制造业的绿色转型升级，坚持可持续发展和高质量发展。② 发展新能源才能为非洲工业提供稳定、绿色的能源供给，并在技术层面上推进工业水平的提升。因此，新能源产业的发展是实现工业绿色转型的关键一环。只有先构建并完善了绿色、环保的能源供给体系，才能为工业绿色转型和后续的绿色产业链构建创造适宜的发展环境。

### （四）基础设施建设满足工业发展需求

国家或地区的工业发展与相关领域的基础设施建设水平有直接关系，特别是在能源开发领域。目前，非洲能源供应能力较差，较多地区拥有发展工业的原材料、劳动力等资源，却受到了能源开采类基础设施的限制。以广大的撒哈拉以南地区为例，该地区有46个国家，但能源获取率极低，只有将近一半的居民能获取到现代能源，有6亿人无法获取充足的能源。推进能源基础设施建设是新能源产业发展的重要一环。在新能源产业发展进程中，非洲大陆的能源供应链条将得到充分的优化与完善。而且，前文提到，当前非洲大陆在推进新能源开发中，正积极采取分布式开发模式，这能有效地应对非洲目前能源供应中存在的不平衡问题。推进新能源分布式开发能提升这些地区的能源基础设施建设水平，使非洲地区的能源获取率得以提升，满足这

---

① MBA智库百科，https：//wiki.mbalib.com/wiki/Green_Industry。
② 《中华人民共和国国民经济和社会发展第十四个五年规划和2035年远景目标纲要》，2021年3月13日，https：//www.gov.cn/xinwen/2021-03/13/content_5592681.htm。

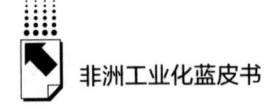

些地区的能源需求，从而促进经济的发展，并为此类地区的工业发展提供先决条件和更适宜的发展环境。

### （五）提升工业产品国际竞争力

非洲地区工业化落后的一个突出表现为工业产品附加值低。非洲制造业仍处于世界产业链的上游位置，大多数生产活动依赖于低劳动力成本的初级加工领域，同时技术水平落后导致非洲生产的工业产品在国际上的竞争力较弱，在出口中价格较低。发展新能源产业是提升非洲工业产品国际竞争力的有效途径，这主要体现在以下几个方面。第一，当前非洲工业生产中电力成本较高，发展新能源能为非洲地区工业提供稳定、经济的能源供应，这将显著降低工业生产成本。非洲地区制造商在商品出口中可降低售价以达到提高国际竞争力的目的。第二，国际市场上，绿色生产模式制造的商品通常更受欢迎。通过发展新能源产业，非洲可以促进本土工业的绿色转型，减少工业生产中产生的环境污染和温室气体排放，有利于塑造非洲工业的环境友好形象，提升产品的国际竞争力。第三，新能源产业在全球范围内仍是一个新命题，目前，全世界只有发达国家和少数发展中国家的新能源产业处于较为领先的地位，多数欠发达地区的新能源产业仍处于初步发展阶段。非洲在新能源领域具有明显的发展优势，具有巨大的发展潜力。因此，非洲可通过积极发展新能源产业，从而使自己在新能源领域处于较优势地位，成为除欧美、中国、日本等较发达地区以外的另一新能源领域的领导力量。借由新能源产业带来的品牌效应，非洲工业产品的国际知名度和接受度都将上升，从而实现国际竞争力的提升。

## 六 非洲新能源产业发展对策

### （一）加强新能源产业体系和基础设施建设

非洲新能源产业发展面临较大的困难，其中一个重要原因是缺少相关的政策与基础设施，没有相对成熟的新能源产业的发展体系。因此，非洲想要发展新能源产业，今后需要制定合理的政策法规，集中资源，建立自己的新能源产业体系。目前，非洲国家投资新能源产业项目多采用建设—运营—移交（BOT）模式，招标定价市场化程度不断提高。项目多以投标竞价方式确定开发主体，中标企业与当地电力公司签订长期合约，由中标企业负责设计、融资以及建设，在规定的期限内负责项目的运营和维护并通过收费等方式获取收益，项目在合同期满后无偿移交给政府或公共部门。此类模式能够缓解政府的财政补贴压力，降低用能成本，提升运营与管理效率。譬如，2021年喀麦隆和刚果政府授予葛洲坝集团的乔莱特水电站便是采用BOT模式，项目预计于2025年建成，生产能力约为600MW；[1] M-Kopa太阳能公司利用在肯尼亚普遍采用的移动支付功能，推出即付即用的太阳能面板租借计划，该活动仅需支付少量押金与租金，便可获取电力，如果用户在租用的12个月内正常缴费，便可以完全拥有太阳能面板的使用权。[2] 但是，BOT项目涉及长期合同，对于合同的复杂性与执行的严谨性要求很高，且竞标企业需要有较强的抗风险能力，能够应对融资风险与运营风险。非洲国家可以通过BOT模式来建设国内的新能源产业项目和巩固相关基础设施，也需注意其所带来的风险。

### （二）提升政府治理水平

非洲新能源的开发面临诸多挑战，政府治理便是其首先面临的问题。大多数非洲国家并无足够的资源与资金去扶持新能源产业的发展，只能通过制定相关优惠政策来吸引外资。新能源基础设施建设需要前期大量地投入资金，非洲政府必须通过优惠补贴才能调动投资主体的积极性。然而，就非洲目前有限的资金、技术水平与可调动的资源而言，优惠政策的倾斜水平也应当谨慎调节。优惠政策的倾斜需要政府依据新能源产业的发展而不断调整，这是一个循序渐进且漫长的过程，不能一蹴而就，需要全方位完善政府的治理。

---

[1] 全球能源互联网发展合作组织：《非洲清洁能源开发与投资研究》，中国电力出版社，2020。
[2] 《肯尼亚：用手机买太阳能》，2023年12月28日，https://www.chinatimes.com/cn/newspapers/20150510000189-260210?chdtv。

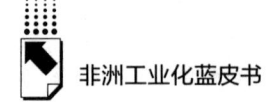

第一，确保优惠政策得以落实。非洲各国政府要重新审视自己的优惠政策与申请流程是否合理，提高行政效率，增强投资者信心，避免在优惠政策落实的过程中，流程不合理或过于复杂影响投资者的投资意愿。

第二，保证补贴力度得以支撑产业发展。目前，非洲国家已开发的电力设备仅有一半可以持续使用，而这一半也是因为降低关税和补贴、降低并网费用等优惠政策才得以投入使用。在没有政府相关政策的支持下，仅有5%的项目可以继续发展。[1] 如果没有持续性的优惠政策补贴，公共事业公司、小型电网运营商和其他能源公司便难以收回成本。

第三，管控寻租行为，提升行政效率。许多非洲国家出台了扶持新能源产业发展的政策，效果却甚微。譬如，在招标环节会出现内容不规范、流程不透明等情况。这容易滋生官僚主义，也增加了投资者财产的安全风险；不仅拖慢了非洲新能源产业的发展进度，而且降低了投资者对该领域的兴趣与投资积极性。

### （三）改善投资环境，积极吸引国际资金

非洲国家开展以新能源开发为基础的新型工业化所面临的另一个重要挑战便是国际融资。近年来，非洲国家大力发展经济，相关基础设施水平不断提高，投资环境得到了大幅改善。但总体来看，基础设施建设仍然不足，成为制约非洲工业化的一个重要因素。除此之外，非洲国家电力系统的抗风险能力较弱，且缺少基础设施的后期维护资金，经常会对正在建设的新能源产业项目造成冲击，使投资企业望而却步。非洲国家想要改变此类情况，一方面，应当着手解决财政问题与融资问题，促进当地的基础设施建设，特别是当地的交通基础设施。重视港口与铁路设施的维护，以及城市道路交通拥堵问题的解决。另一方面，应提升其应对自然环境变化的能力，避免雨季等特殊天气环境导致的用工成本陡然上升，工期无法按时完成，基础设施建设进度延误等问题。

---

[1] IEA, Financing Clean Energy in Africa, September 2023, p. 45.

## （四）应对自然环境变化，提高资源利用率

非洲国家对自然资源的利用水平较低，且自然资源的开发深受自然环境变化的影响，这些都导致其无法有效应对全球气候变化带来的影响。要想在新能源产业中获得充足的利润与益处，离不开对自然资源的充分利用和对自然环境变化的合理应对。

首先，在提高自然资源利用率方面，非洲各国在相关人才培养和技术引进等方面需要付出努力，以此来提高当地相关产业的管理水平与技术水平，并提高自然资源利用率。可派遣当地人前往其他技术发达国家学习，并为他们提供补贴，提高归国学子的待遇，为本国留住相关人才。

其次，可以和拥有先进技术的国家共同搭建新能源学习平台，鼓励本地高等院校开展相关课程，传授理论知识，培养实践能力，助力非洲培养新能源产业人才。南非的斯坦陵布什大学（Stellenbosch University）与德国合作伙伴共同开展了多个可再生能源项目。其中，著名的合作项目包括与德国弗劳恩霍夫太阳能系统研究所合作进行太阳能技术研究和开发。这不仅帮助斯坦陵布什大学增强了太阳能技术和应用方面的研究能力，研究出了多个太阳能解决方案，也极大地推动了南非太阳能产业的发展。

最后，非洲各国还可以向新能源产业发展成效突出的国家取经，积极吸取应对自然环境变化的经验，制定、完善面对自然危机时的预案，提升抗风险能力。中国在应对自然灾害方面有着丰富的经验，如对强对流天气的预防与补救措施的制定与落实、对旱灾洪灾应对方案的完善与实行等。在《中非合作论坛—达喀尔行动计划（2022—2024）》中，双方强调了生态保护和应对气候变化的重要性，这直接关系到自然灾害的预防和应对。通过搭建中非双方合作平台，加强技术支持与经验交流，将有助于非洲国家提升自身应对灾害的能力与可持续发展水平。

## （五）制定强有力的政治安全应对策略

近年来，新冠疫情与俄乌冲突对非洲产生了强烈的冲击，也严重影响了

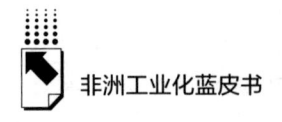

非洲新能源产业的发展。尽管自2013年以来，部分国家采取了强有力的电力政策，使非洲电力供应的覆盖面不断扩大，但仍然难以承受新冠疫情和俄乌冲突所带来的影响。非洲政府需在以下几方面进行改善。

第一，非洲政府应当提升公共事务处理能力。公共危机爆发后，非洲政府不得不将主要精力转向应急事项，而新能源产业的发展也被迫暂时搁置。疫情期间，公用事业公司经常减免客户的电费，导致公用事业公司不得不申请政府紧急救济资金。[①] 缺乏用户端的消费，清洁能源开发将难以为继。

第二，建立完善的产业链整体规划，尤其是太阳能家庭系统和微型电网。没有稳定的供应链保障，可能会导致大面积的电力短缺，倘若没有必要的保障措施得以实施，将会降低人们对新能源产业可靠性的信任。

第三，提升应对国内外政治事件的能力，保证项目融资的顺利进行。在面对国内政局问题与重大国际问题时，完善的应对措施与保持局势稳定的能力对发展新能源产业十分重要。非洲大陆是发生政变较频繁的地区之一，政局的不稳定势必会威胁到投资者的投资信心与投资意愿，造成非洲各国新能源产业融资难的问题。据统计，非洲大陆公用事业清洁能源项目的融资成本至少是发达经济体的2~3倍，这也极大降低了开发投资主体的积极性。新冠疫情与俄乌冲突使非洲国家融资成本上升，也增加了非洲能源开发者的融资风险。[②] 这些都将极大地限制非洲国家的融资，阻碍非洲新能源产业的发展与可持续发展目标的实现。

## 七　非洲新能源产业发展前景预测

**（一）非洲的新能源资源丰富，发展新能源产业符合非洲的现实需要**

非洲大陆拥有丰富的新能源资源，新能源产业具有巨大的发展潜力，特

---

① IEA, Clean Energy Transitions in the Greater Horn of Africa, October, 2022, p.53.
② IEA, Financing Clean Energy in Africa, September 2023, p.5.

别是在太阳能、风能与水能方面。非洲的太阳能资源主要集中在北部撒哈拉区域、东部和南部沿海地区。这些地区的国家，如埃及、利比亚、阿尔及利亚、尼日尔、乍得、苏丹、索马里、肯尼亚和纳米比亚，都拥有丰富的太阳能资源。以埃及为例，其太阳能资源的理论蕴藏量可达2289.5PW·h/a，集中式开发的技术可开发量约55TW，年发电量为112.7PW·h。① 风能资源也相当丰富，譬如，尼日尔计划开发其南部地区充沛的风能资源，建设首座风电厂，设计装机容量为250兆瓦。② 非洲的水能资源也十分充沛，已有部分国家正在积极推进水力发电项目。

### （二）非洲新能源市场前景广阔

非洲已有超14亿的人口，但总的发电量较低。过去10年，撒哈拉以南的非洲地区人均耗电量大约仅为181千瓦时，是所有大陆中最低的。相比，欧洲的人均用电量约为6500千瓦时，美国则约为13000千瓦时。由此可见，非洲国家的电力供应远远低于发达国家的水平。近年来，非洲政局不断趋于稳定，经济也得到了很好的发展。根据非洲大陆目前的发展趋势与人口基数，新能源产业未来的市场将会非常广阔。

### （三）庞大的潜在市场需求是未来非洲国家发展的新动力

在当前非洲电力供不应求的情况下，发展新能源产业对改善非洲能源结构、发展非洲经济、提升非洲人民生活水平有着举足轻重的作用。非洲国家的政局逐渐稳定与经济持续增长，以及人口的增长与城市化进程的加快，都将使电力的需求不断增长，这为新能源产业发展提供了巨大的市场潜力。此外，非洲各国正逐步意识到新能源的重要性，并进一步在政策法规层面推动，不断加强与其他国家的全方位合作，鼓励新能源产业的发

---

① 全球能源互联网发展合作组织：《非洲清洁能源开发与投资研究》，中国电力出版社，2020，第151页。
② 《非洲加快发展可再生能源（国际视点）》，人民网，2024年1月9日，http://world.people.com.cn/n1/2024/0109/c1002-40154987.html。

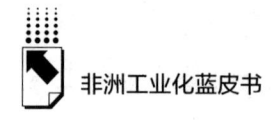

展。全球投资者也看到了非洲大陆新能源产业的巨大发展潜力。国际能源署预测，到2030年，非洲的能源投资将增加1倍以上，其中近2/3用于清洁能源投资，这为全球投资者提供了巨大的投资机会。非洲庞大的潜在市场需求不仅将推动未来非洲国家新能源产业的发展，还使其成为全球投资的新热点。

## 八 中国对非洲新能源产业发展的推动作用

随着近年来中非伙伴关系日益密切，非洲新能源项目赋能新型工业化程度不断加深，中国政府在支持非洲清洁能源项目建设、促进非洲新型工业化发展方面发挥了越来越重要的作用。中国政府从政策、资金以及技术等多个方面对非洲的工业化建设提供了行之有效的援助，制定了多项鼓励中国企业参与非洲新能源基础设施建设的措施，并通过双边合作机制向非洲国家提供了大量优惠贷款。同时，中国企业凭借自身在清洁能源技术、设备制造等方面的优势，积极参与非洲国家的工业园区建设、基础设施建设等，有效带动了当地新能源应用与工业化进程的深度融合。未来，中国政府将继续秉持真诚友好、互利共赢的合作理念，进一步加大对非洲新能源与工业化发展的支持力度。中国仍将积极履行大国的责任担当，持之以恒地为双方的友好关系而不懈努力，为构建中非命运共同体贡献更多智慧和力量，推动两国经济社会可持续发展，造福两国人民。

### （一）中国对非洲新能源领域的政策支持

作为全球最大的新能源投资国，中国一直把支持非洲新能源发展作为重点工作。近年来，中国政府出台了一系列政策，如"一带一路"倡议下的绿色发展合作、中非产能合作等鼓励政策，为中国企业参与非洲新能源项目建设保驾护航。中国制定了相关法规和指导意见，为中国企业"走出去"参与非洲新能源基础设施建设提供了明确的政策框架。中非新能源领域的合作是"一带一路"倡议的重要内容，中国鼓励更多企业参与非洲清洁电力、可再生能源等基础设施建设。2017年5月，中国发布《关于推进绿色"一带一路"建设的指导意见》《"一带一路"生态环境保护合作规划》，为中非双方在新能源领域的投资合作提供了明确的路线图和政策指引。2021年11月，中国发表《新时代的中非合作》白皮书，提出双方应加强在应对气候变化、应用清洁能源等生态环保领域的交流合作。同年11月，中非双方共同制定了《中非合作2035年愿景》，明确提出中非的能源合作向清洁、低碳转型，双方将共同打造绿色发展新模式，实现中非生态共建。为此，双方通过了《中非应对气候变化合作宣言》，提出加强中非应对气候变化合作，在新能源等领域实施务实合作项目，共同应对气候变化挑战。2023年8月，中国发布《支持非洲工业化倡议》，中方表示愿意支持非洲发展制造业、数字产业和可再生能源开发建设，加强对非洲的知识共享和技术转移。①

与此同时，中非产能合作为非洲工业化提供了重要支撑。在这一机制下，中国积极输出装备、技术、标准，帮助非洲国家开展新能源等领域的基础设施建设。两国政府还通过对接国家发展战略，促进中非在绿色产业、工业化合作等领域的深度融合。

### （二）中国为非洲新能源开发提供资金和技术援助

除了国内政策支持，中国还通过参与双边和多边合作机制，为非洲新能源开发提供了大量资金和技术援助。

在资金方面，中国积极参与世界银行、亚洲基础设施投资银行等国际金融机构的非洲新能源投融资项目。作为世界银行非洲新能源基础设施基金的重要出资方之一，中国为非洲清洁电力、可再生能源项目的实施提供了关键性支持。同时，中国主导成立的亚洲基础设施投资银行也大力支持非洲新能源基础设施建设。中国政府还通过金融支持的方式，力图降低中国企业在非

---

① 《中非绿色能源合作走深走实》，人民网，2024年3月28日，https://baijiahao.baidu.com/s?id=1794716734489189755&wfr=spider&for=pc。

洲投资的风险。例如国家开发银行、中国进出口银行等政策性银行为中国企业提供了优惠贷款和出口信贷。与此同时，中国还鼓励商业银行加大对非洲新能源项目的融资支持力度。例如在肯尼亚东北部加里萨郡，中国企业承建的东非地区最大的光伏电站——加里萨50兆瓦光伏发电站，由肯尼亚能源部筹建，中国进出口银行提供贷款。①2023年6月，中国援助莱索托马费腾光伏电站优惠贷款项目竣工并交接。②由中国进出口银行参与融资、中国水利水电建设集团公司（中国水电）承建的乌干达卡鲁玛水电站项目成功发电并网。③中资公司中矿资源、盛新锂能、华友钴业等在津巴布韦投资的锂加工项目，将锂产品加工后出口到津巴布韦境外，提升了当地锂产品附加值，锂出口额大幅增长，从2018年的180万美元增长到2022年的7000万美元，2023年前9个月，该国锂出口收入达2.09亿美元。④

在技术方面，中国企业在非洲新能源领域也发挥了重要作用。凭借在光伏、风电等领域的技术优势，中国企业成为非洲多个国家清洁电力项目的主要参与者和设备供应商，不仅为当地输出了先进的新能源技术，也带动了当地就业，为非洲国家的绿色发展做出了积极贡献。同时，中国企业和机构还积极为非洲区域组织、政府和企业等提供咨询服务，开展能源、产业园区发展规划研究，并培养相关领域人才，增强非洲国家新能源发展的基础能力。另外，中国还鼓励企业与非洲当地企业开展合资合作，促进技术和管理经验

---

① 该电站2019年投入运营后，年均发电量超过7600万千瓦时，满足了7万户家庭共计38万多人的用电需求，有效缓解了肯尼亚的"电荒"难题，为当地经济发展注入了绿色动能。资料来源于《中企承建东非最大光伏电站投运》，观察者网，2019年12月15日，https：//baijiahao. baidu. com/s？id=1652939461679627336&wfr=spider&for=pc。

② 该项目年均发电5271万千瓦时，将缓解莱索托的电力紧缺。资料来源于《非洲努力发展清洁能源》，全国能源信息平台，2023年9月23日，https：//baijiahao. baidu. com/s？id=17778002386368649777&wfr=spider&for=pc。

③ 该项目并网发电后，乌干达电力装机总量将由1278兆瓦提升至1878兆瓦，在原基础上提升近50%，持续为乌干达提供"绿色能源"。资料来源于《中企承建乌干达最大水电站发电并网》，光明网，2024年2月7日，https：//baijiahao. baidu. com/s？id=1790204629883529015&wfr=spider&for=pc。

④《津巴布韦携手中企参与全球绿色转型》，新华网，2024年1月4日，http：//www. xinhuanet. com/fortune/20240103/eaefc0ed194646c38381ec355001c97b/c. html。

的分享。卢旺达时间新闻网首席执行官梅勒尔·穆林达比格维认为，非中能源合作不仅填补了当地的能源缺口，还带来了技术转移，帮助所在国培养专业人才。肯尼亚国际关系问题专家卡文斯·阿德希尔表示，中国已成为非洲大陆开发太阳能和风能的主要合作伙伴，中国的技术、经验和资金助力非洲大陆加快实现"碳中和"，期待中非在新能源领域开展更多务实合作。2022年2月18日，非洲的第10个鲁班工坊在马达加斯加落成。① 自2018年中国宣布设立鲁班工坊以来，该项目已为非洲多国培养了一批新能源等领域的应用技术人才。

### （三）中国为非洲新能源与工业融合发展方面提供经验借鉴

近年来，随着中国经济的不断发展，部分非洲国家如埃塞俄比亚、卢旺达等积极到中国寻访，希望借鉴中国成功的经验，而中国也秉承着"授人以鱼不如授人以渔"的理念，对其进行多方面的援助支持。

在新能源项目与其他领域深度融合方面，以肯尼亚的蒙内铁路项目为例，中国企业在沿线车站和设施上大量采用太阳能电源系统，为铁路运营提供清洁、可靠的能源支撑；在埃塞俄比亚的亚的斯亚贝巴—吉布提铁路项目中，也在车站和信号系统中广泛使用了光伏发电，有效降低了能耗成本，这些都为非洲新能源与制造业和基础设施领域的融合提供了新的思路借鉴。

在工业化发展的经验和模式方面，中国在工业化进程中探索出的绿色工业园区模式，为非洲国家提供了宝贵的经验参考。以埃塞俄比亚的东方工业园为例，这座由中国民营企业投资且参与建设的工业园，开启了中国工业园模式助力埃塞俄比亚工业发展的新篇章。埃塞俄比亚总理特别办公室主任、工业园开发公司前首席执行官桑多坎·德贝贝在采访中表示，从政策制定到工业园区的建设和运营，中国政府和企业在各个阶段都发挥了重要作用，中

---

① 《中非清洁能源合作风头正劲（环球热点）》，人民网，2022年5月10日，https://baijiahao.baidu.com/s?id=1732398516669133080&wfr=spider&for=pc。

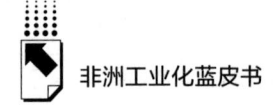

国的参与对埃塞俄比亚的工业园区发展意义重大。桑多坎强调,从助力搭建埃塞俄比亚工业体系到人才培养,中国企业都发挥了重要作用。① 此外,产能输出合作模式同样为非洲国家提供了全新的合作路径。比如,中国光伏企业在塞内加尔、南非等国家建立生产基地,既满足了当地的新能源需求,也培养了大量当地技术人才。非洲国家可以进一步加强与中国新能源企业的合作,充分利用中国在制造业、工程建设等方面的优势,推动本土新能源产业的崛起。这不仅有助于提升非洲新能源装备制造水平,还能带动当地就业和经济发展。

---

① 《通讯 | 东方工业园助力"非洲屋脊"工业化进程》,国际在线,2024年3月19日,https://baijiahao.baidu.com/s?id=1793946158455688153&wfr=spider&for=pc。

# 分 报 告

## B.2
## 北部非洲新能源开发报告*

陈玮冰 高瑞阳 刘斯达**

**摘　要：** 近年来，北非地区正在经历一场深刻的能源结构变革，可再生能源正逐渐成为区域经济增长的新动力。尽管这些国家长期依赖化石燃料，但近年来通过政策推动、财政激励和国际合作，太阳能和风能产业取得了显著进展。埃及、摩洛哥和阿尔及利亚在太阳能和风能发电方面表现突出。尽管面临基础设施落后、技术水平有限、市场机制不完善等挑战，北非地区丰富的自然资源，如高太阳辐射量和强风速，为大规模发展可再生能源提供了得天独厚的条件。政策框架和财政激励措施在推动可再生能源发展中发挥了关键作用，摩洛哥、埃及等国积极参与国际气候论坛，设定了可再生能源目标。未来，随着技术进步和更多政策支持，北非的新能源产业有望继续保持强劲增长，不仅推动经济可持续发展，实现能源独立，还能减少碳排放，为

---

\* 本文是国家社会科学基金青年项目"中国援助与'一带一路'项目投资对非洲工业化影响的差别研究"（项目编号：22CGJ026）的阶段性成果，未做标注的数据均源自世界银行。
\** 陈玮冰，经济学博士，广东外语外贸大学区域国别研究院非洲研究院副研究员，主要研究方向为国际发展；高瑞阳，广东外语外贸大学数学与统计学院科研助理，主要研究方向为中非合作；刘斯达，广州拓非咨询有限公司。

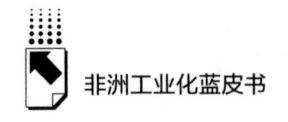

全球能源转型和可持续发展提供宝贵经验和支持。

**关键词：** 北部非洲　新能源产业　中非合作　能源转型

## 一　北部非洲新能源开发现状

北部非洲地区，包括阿尔及利亚、埃及、利比亚、摩洛哥和突尼斯，是非洲大陆最大的能源市场之一。尽管这些国家长期以来依赖化石燃料资源，但近年来在可再生能源的发展领域已然成为非洲地区的"领头羊"。具体而言，埃及在2014年便启动了综合可持续能源战略2035规划，目标是到2035年实现42%的电力来自可再生能源。同样，摩洛哥在2016年通过了国家可再生能源法，目标是到2030年实现52%的电力来自可再生能源。这主要源自北非巨大的可再生能源潜力，尤其是新能源太阳能和风能，其中太阳辐射量高达2200千瓦时/米$^2$，高风速平均为7米/秒，阿尔及利亚和利比亚甚至可以达到9.5米/秒。[①]

北非地区的政策框架和财政激励措施在推动可再生能源发展中发挥了重要作用。摩洛哥在2016年举办了第22届联合国气候变化大会（COP22），埃及在2022年主办了COP27，这些活动表明了北非国家在全球气候论坛上的积极参与和雄心勃勃的可再生能源目标。在具体实施层面，北非国家广泛采用税收激励、关税和进口税豁免等政策来支持可再生能源项目。例如，埃及的新投资法提供了为期7年的30%净应纳税利润减免，并将设备和机械的关税从5%降低到2%。突尼斯则设立了能源转型基金，用于资助可再生能源和能源效率活动。同时，北非地区的结构化采购机制，如上网电价（FiTs）和竞争性拍卖等措施，在促进可再生能源投资中发挥了重要作用。

---

① IRENA, North Africa Policies and Finance for Renewable Energy, 2024, p. 9, https://www.irena.org/News/articles/2024/Feb/North-Africa-Renewable-Potential-and-Strategic-Location-Reinforce-Its-Role-in-Energy-Transition.

2010年以来，阿尔及利亚、埃及、摩洛哥和突尼斯宣布了超过4500兆瓦的可再生能源拍卖，其中超过4000兆瓦已被授予。竞争性拍卖机制的采用使北非地区的可再生能源项目成本显著降低，摩洛哥和突尼斯的太阳能光伏项目的拍卖价格均创下历史最低纪录。①

未来，随着更多政策的实施和技术的进步，北非的可再生能源产业有望继续保持强劲增长。这不仅有助于该地区实现能源独立和减少碳排放的目标，还将推动经济增长和创造就业机会，为实现联合国可持续发展目标做出贡献。通过持续的国际合作和区域内的政策协调，北非可以在全球能源转型中发挥重要作用，成为清洁能源发展的典范。

### （一）北非清洁能源开发禀赋

非洲北部地区的国家正在迅速成为全球新能源产业的重要参与者。该地区独特的区位禀赋、丰富的资源禀赋、技术禀赋、人才禀赋以及管理禀赋，为其新能源产业的发展提供了多维度、全方位的赋能条件。

#### 1.区位禀赋

北非地区地处地中海南岸，紧邻欧洲和中东市场，具有重要的地缘战略意义。这一位置不仅有助于促进区域内能源市场的整合，还为其可再生能源产品出口到国际市场提供了便利条件。北非国家通过跨国电力连接和区域电力市场的建立，能够更好地利用其丰富的可再生能源资源，并通过与欧洲和中东的电力贸易增加收入来源。例如，摩洛哥与欧洲之间的电力互联项目，将摩洛哥的可再生能源输送至欧洲市场，展示了该地区在国际能源市场中的战略位置。

#### 2.资源禀赋

北非地区拥有丰富的自然资源，特别是太阳能和风能资源。北非的年均太阳辐射量高达2200千瓦时/米$^2$，高风速平均为每秒7米。这些条件使该

---

① IRENA, North Africa Policies and Finance for Renewable Energy, 2024, p.13, https://www.irena.org/News/articles/2024/Feb/North-Africa-Renewable-Potential-and-Strategic-Location-Reinforce-Its-Role-in-Energy-Transition.

地区具备大规模开发太阳能光伏（PV）和风能发电的潜力。其中，摩洛哥的努奥-瓦尔扎扎特太阳能电站是全球最大的聚光太阳能电站之一，而埃及的本班太阳能公园也是世界上最大的光伏电站之一。摩洛哥和埃及在太阳能和风能方面的成功项目不仅展示了北非在资源利用上的优势，也为其他国家提供了模板。埃及的风能项目，如拉斯加列布风电厂，展示了该国在利用风能资源方面的能力。① 北非的水能资源也不容忽视。根据国际可再生能源署（IRENA）的报告，摩洛哥和埃及水电容量优势显著，② 其水电分别占12%和7%。③ 此外，摩洛哥和突尼斯在光伏发电方面也取得了重要进展。例如，突尼斯的PROSOL项目成功推广了太阳能热水器的使用，大幅减少了对传统能源的依赖。

3. 技术禀赋

北非国家在技术研发和应用方面取得了显著进展。埃及、摩洛哥等国家通过引进国际先进技术，建立了多个世界级的可再生能源项目。例如，摩洛哥的努奥中部项目将太阳能光伏和聚光太阳能技术结合，提供了更稳定的电力供应；埃及在本班太阳能公园的成功实施展示了其在光伏技术应用方面的能力。技术转让和国际合作也在提升北非国家的技术水平方面起到了重要作用。例如，摩洛哥与德国的合作项目不仅带来了先进的可再生能源技术，还促进了本地技术人员的培训和能力提升。这种国际合作模式在北非各国得到了广泛应用，有助于推动整个地区的技术进步。

4. 人才禀赋

人才是产业发展的核心驱动力。北非国家在教育和培训方面进行了大量

---

① IRENA, Planning and Prospects for Renewable Power in North Africa, 2023, p.17, https：//www.irena.org/Publications/2023/Jan/Planning-and-prospects-for-renewable-power-North-Africa.

② IRENA, Planning and Prospects for Renewable Power in North Africa, 2023, p.18, https：//www.irena.org/Publications/2023/Jan/Planning-and-prospects-for-renewable-power-North-Africa.

③ IRENA, Planning and Prospects for Renewable Power in North Africa, 2023, p.19, https：//www.irena.org/Publications/2023/Jan/Planning-and-prospects-for-renewable-power-North-Africa.

投入，以培养适应新能源产业需求的专业人才。例如，突尼斯和摩洛哥的大学和职业学校开设了专门的可再生能源工程学科，培养了大量的技术和管理人才。埃及的可再生能源研究所和培训中心也在不断壮大，为本地和区域的可再生能源项目提供了强有力的人才支持。国际可再生能源署和世界银行等机构通过提供培训和技术支持，帮助北非国家培养高素质的技术和管理人才。这些努力都有助于增强北非地区在可再生能源领域的自主创新能力和国际竞争力。

5. 管理禀赋

有效的管理和政策支持是推动产业发展的关键。北非国家在可再生能源政策和法规方面不断创新，为产业发展提供了有力保障。摩洛哥通过建立可再生能源和能效局（MASEN），实施了系统的政策框架，促进了大规模可再生能源项目的落地。该机构不仅负责制定和实施国家可再生能源政策，还积极参与国际合作，吸引了大量国际投资。此外，摩洛哥的能源战略还包括制定长期低碳发展策略，旨在到2050年实现可持续能源目标；埃及政府通过一系列政策改革，包括补贴调整和电力市场开放，吸引了大量国内外投资。同样，突尼斯的能源转型基金为小型和分布式可再生能源项目提供了重要的金融支持。该基金的设立不仅为项目提供了必要的资金，还通过技术支持和培训，帮助企业提升技术能力和管理水平。

（二）产业规模与产业结构

国际可再生能源署的数据显示，北非地区的可再生能源产能在过去十年内显著增加。2022年，该地区新增的可再生能源发电容量超过4吉瓦，其中太阳能和风能占据了主要份额。具体来看，埃及的光伏发电容量达到了3.5吉瓦，而摩洛哥的风能发电容量则达到了1.2吉瓦（见图1）。①

在经济贡献方面，2021年，埃及的可再生能源对GDP的贡献约为25亿

---

① IRENA, Planning and Prospects for Renewable Power in North Africa, 2023, https://www.irena.org/Publications/2023/Jan/Planning-and-prospects-for-renewable-power-North-Africa.

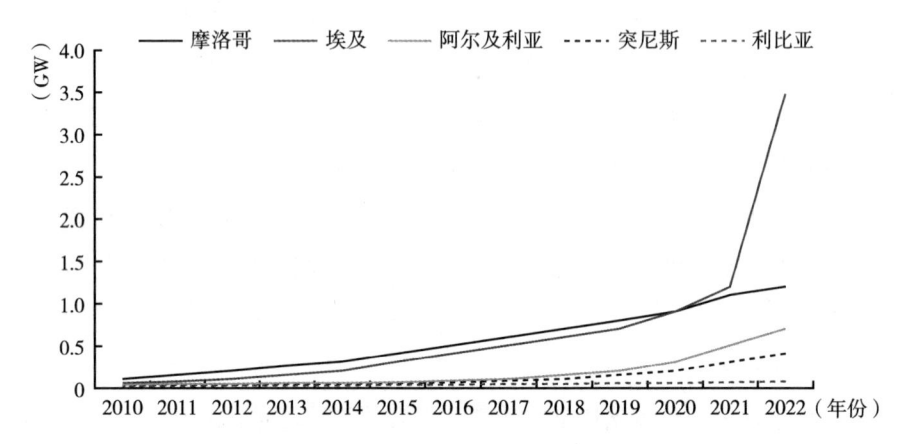

图例：摩洛哥 —— 埃及 —— 阿尔及利亚 ---- 突尼斯 ---- 利比亚

**图1　2010~2022年北非地区可再生能源产能**

资料来源：国际可再生能源署（IRENA）。

美元，而摩洛哥的贡献约为30亿美元（见图2）。这些数据反映了可再生能源在推动经济增长方面的巨大潜力。国际可再生能源署预测，未来10年内，北非地区的可再生能源产业预计将继续快速增长，对GDP的贡献将进一步增加。[①]

此外，北非地区的可再生能源发电量也在不断增长。2021年，埃及的可再生能源发电量达10.5太瓦时（TW·h），摩洛哥为8.3太瓦时。[②] 随着更多可再生能源项目的落地，这一数字预计将在未来几年内大幅增加。

北非地区的可再生能源产业吸引了大量国内外企业的参与。最新数据显示，截至2022年，北非地区共有超过200家规模以上的可再生能源企业。这些企业不仅推动了当地经济的发展，还创造了大量的就业机会。例如，埃及的可再生能源企业数量达到了80家，摩洛哥为70家，突尼斯和阿尔及利

---

[①] IRENA, Renewable Energy Market Analysis: Africa and its Regions, 2022, https://www.irena.org/Publications/2022/Jan/Renewable-Energy-Market-Analysis-Africa.

[②] Global Infomation, North Africa Renewable Energy Market-Growth, Trends, and Forecasts (2023-2028), 2023, https://www.giiresearch.com/report/moi1201974-north-africa-renewable-energy-market-growth-trends.html.

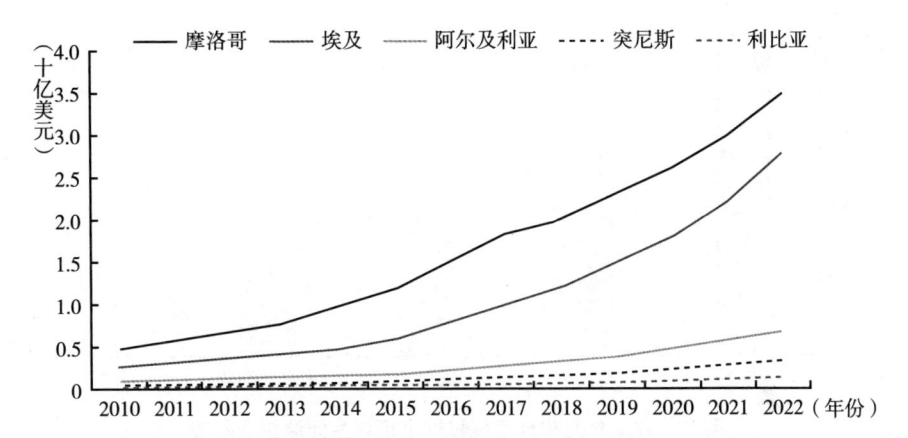

**图 2　2010~2022 年北非地区可再生能源对 GDP 的贡献**

资料来源：国际可再生能源署（IRENA）。

亚分别为 30 家和 20 家（见图 3）。①

这些企业涵盖了从发电设备制造、项目开发到运营维护等多个领域。国际知名企业如维斯塔斯（Vestas）风力技术集团、西门子歌美飒（Siemens Gamesa）和意大利绿色发电公司（Enel Green Power）等都在北非地区设有分支机构，参与了多个大型可再生能源项目的建设。此外，本地企业如埃及的奥斯康建筑（Orascom Construction）也在市场中占据重要地位，显示了本地企业在可再生能源领域的竞争力。②

北非地区的新能源产业结构涵盖了从上游制造业、中游项目开发到下游运营维护等多个环节，形成了一个完整而复杂的产业生态系统。其中上游制造业主要集中在太阳能和风能设备的生产制造上。摩洛哥和埃及是这方面的领头羊。摩洛哥的绿能科技公司（Green Energy Technology）和埃及

---

① IRENA, Renewable Energy Market Analysis: Africa and its Regions, 2022, https://www.irena.org/Publications/2022/Jan/Renewable-Energy-Market-Analysis-Africa.
② Africa Renewable Energy Market Report and Forcast 2025-2034, https://www.expertmarketresearch.com/reports/africa-renewable-energy-market.

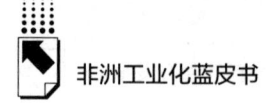

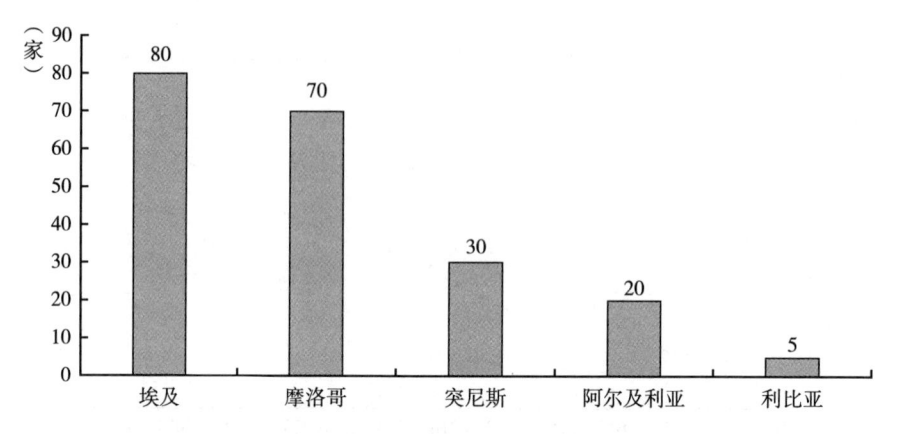

图3 2022年北非地区规模以上可再生能源企业数量

资料来源：国际可再生能源署（IRENA）。①

的奥斯康建筑是两大代表性企业，它们生产光伏组件、逆变器和风力发电机组。这些企业不仅满足了本地市场需求，还出口产品到其他非洲国家和欧洲市场。摩洛哥的努奥太阳能项目采用了大量本地制造的组件，极大地推动了本地化生产能力的提升。同时，这些国家也参与了全球供应链的整合，通过与国际供应商和技术提供商的合作，提高了本地生产的技术含量和市场竞争力。

北非地区的产业中游项目开发涉及大量国内外企业的合作，如摩洛哥的努奥—瓦尔扎扎特太阳能电站是由多家国际公司联合开发的，其中包括西班牙的阿驰奥纳（Acciona）集团和德国的森尔（Sener）集团。同时，北非的本地企业在项目开发中也发挥了越来越重要的作用。埃及的奥斯康建筑和摩洛哥的可再生能源和能效局不仅在本国市场中占据重要地位，还在区域和国际市场上积极拓展。并且公司广泛采用公私合作模式（PPP）来推动可再生能源项目的发展。这种模式不仅能够吸引更多的私人投资，还能利用公共部门的资源和政策支持，降低项目风险，提

---

① IRENA, Renewable Energy Market Analysis：Africa and its Regions, 2022, https：//www.irena.org/Publications/2022/Jan/Renewable-Energy-Market-Analysis-Africa.

高项目的成功率。

产业下游环节的运营维护市场也在快速发展。北非国家与国际公司合作，引进先进的运营维护技术和管理经验，确保项目的长期稳定运行。运营商通过使用物联网技术和大数据分析，实时监控设备运行状态，提前发现并解决潜在问题，提高系统的可靠性和效率。此外，北非国家在供应链管理方面也取得了显著进展。优化供应链管理，降低物流成本，提高项目实施的效率，是北非国家推动新能源产业发展的重要手段。

此外，产业结构中不可或缺的一环是完整、快速、有保障的供应链和物流运输。同样，北非地区也需要强大的供应链和物流支持。太阳能和风能设备通常体积大、重量重，跨国运输和本地配送是关键环节。摩洛哥和埃及的港口设施较为完善，可以有效支持这些大规模设备的进口和运输。北非国家通过优化供应链管理，降低了物流成本，提高了项目实施的效率。为了减少对进口设备的依赖，北非国家逐步构建本地供应链，支持本地企业发展。例如，摩洛哥在努奥项目中就采用了大量本地制造的组件，极大地推动了本地供应链的发展。这不仅降低了清洁能源开发的成本，而且增加了本地就业机会，降低了失业率，促进了当地经济的可持续发展。

## （三）产业政策

近年来，北非各国通过制定和实施一系列政策和激励措施，推动了可再生能源的稳步发展。这些政策不仅促进了新能源项目的落地，也吸引了大量国内外投资，不仅推动了地区经济的可持续发展，也提升了相关产业工业化水平的提升。特别是埃及和摩洛哥在政策制定和实施方面表现得尤为突出，成为北非地区可再生能源发展的典范。

埃及在2014年启动了综合可持续能源战略2035规划，目标是到2035年实现42%的电力来自可再生能源。该战略包括提供税收减免、财政补贴和长达25年的电力购买协议（PPA），以吸引更多的私人投资者。例如，埃及的本班太阳能公园项目就受益于这些政策，成功吸引了国际投资，并迅速

成为世界上最大的太阳能发电项目之一。2019年，埃及还宣布了一系列新的政策措施，包括对可再生能源项目提供进一步的财政支持和技术援助，以确保2035年的目标得以实现。

摩洛哥在2016年通过了国家可再生能源法，建立了MASEN，实施了系统的政策框架，目标是到2030年实现52%的电力来自可再生能源。MASEN不仅负责政策制定，还参与项目开发和管理，确保政策的有效落实和项目的顺利推进。摩洛哥的努奥太阳能项目就是一个成功的例子，该项目的建设和运营不仅利用了本地资源，还吸引了大量国际投资。2020年，摩洛哥进一步修订了其能源政策，推出了更多激励措施，鼓励本地企业和国际投资者在可再生能源领域进行合作。突尼斯在2015年启动了国家能源转型计划，目标是到2030年实现30%的电力来自可再生能源。[1] 政府通过设立能源转型基金，提供项目融资支持，并通过竞标机制吸引私人投资。突尼斯的太阳能热水器行业发展计划项目，通过推广太阳能热水器的使用，大幅减少了对传统能源的依赖。2021年，突尼斯进一步加强了其能源政策，通过引入智能电网技术和提高能源效率，提升了整个电力系统的可靠性和效率。

综上所述，北部非洲在新能源产业方面取得了显著的进展，通过充分利用其独特的区位优势、丰富的自然资源、先进的技术水平和充足的人才储备，实现了产业的快速发展。展望未来，随着光伏和风能技术成本的不断下降，北非国家将能够以更低的成本部署更多的可再生能源项目。其中，智能电网、储能技术和绿色氢能将成为北非国家技术创新的重点领域，智能电网将提高电力系统的效率和可靠性，而储能技术将解决可再生能源间歇性的问题，确保能源供应的稳定性。绿色氢能方面，摩洛哥和埃及已经开始探索绿色氢能的生产和出口，预计到2030年，该地区的绿色氢能生产能力将大幅提升，并成为欧洲电力市场的重要供应来源国。

---

[1] IRENA, North Africa Policies and Finance for Renewable Energy, 2024, p.27, https://www.irena.org/News/articles/2024/Feb/North-Africa-Renewable-Potential-and-Strategic-Location-Reinforce-Its-Role-in-Energy-Transition.

## 二 北非国家清洁能源开发与利用

北部非洲地区的清洁能源开发与利用已成为该地区经济和社会发展的重要驱动力。随着全球能源转型的加速，北非国家通过优化能源结构、提高能源利用效率和推动可持续发展，积极探索和实施多样化的清洁能源开发战略。该地区丰富的自然资源、独特的地理位置以及政策和技术的支持，使清洁能源在北非得到了广泛应用并取得了显著成效。太阳能、风能、生物质能等在北非的储量和地理分布各具特点。为了最大限度地利用这些资源，北非各国采取了多种开发和利用方式，结合先进技术和创新管理，提高能源开发的效率，并将其广泛应用于各个领域，从而带来了显著的社会效益和经济效益。

与此同时，北非地区的工业化进程也在过去几十年中取得了显著进展，整体上展现出强劲的增长势头和发展活力。2010~2022年的工业化指数数据显示，北非各国在不同领域的工业化水平均有所提升，反映出该地区在工业发展方面的持续努力和成效。北非国家的工业化指数在这段时间内逐年波动，但整体呈现上升趋势，特别是近年来有明显的提升。例如，北非国家的平均工业化指数从2010年的0.258提升至2022年的0.276，这一增长反映了各国在工业发展中的显著进步。[①]

制造业和传统工业在北非工业化进程中发挥了重要作用。制造业的多元化和现代化是北非工业化水平提升的主要驱动力之一。例如，摩洛哥和埃及在汽车制造、航空航天、电子工业等领域取得了显著成就，这些行业的快速发展极大地提升了两国的工业化指数。2010~2022年，埃及和摩洛哥的工业化指数分别从0.135和0.145提升到0.225和0.255，显示出制造业和高新技术产业对工业化的强大推动力。[②]

---

① African Development Bank, Africa Industrialization Index 2022, 2022, https://www.afdb.org/en/documents/africa-industrialization-index-2022.
② African Development Bank, Africa Industrialization Index 2022, 2022, https://www.afdb.org/en/documents/africa-industrialization-index-2022.

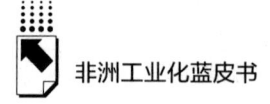

另外，北非国家还积极发展新兴产业，如高技术产业和可持续发展产业。这些新兴产业不仅促进了经济多元化，还为当地居民提供了大量就业机会，提升了生活水平。例如，突尼斯在电子、机械和纺织等高附加值行业的快速发展，使其成为北非地区重要的电子产品制造基地。突尼斯的工业化指数从2010年的0.130提升至2022年的0.220，反映了其在这些新兴产业中的显著进步。①

### （一）能源类型、储量与地理分布

北非地区的太阳能资源极为丰富，年平均太阳辐射量高达2200千瓦时/米$^2$，是全球较高的地区之一。太阳能资源在北非的地理分布具有显著的区域特点。撒哈拉沙漠覆盖了阿尔及利亚、利比亚和埃及的大部分地区，这些区域的太阳能资源最为丰富。摩洛哥和突尼斯的南部地区同样具备优越的太阳能条件。此外，北非的沿海地区和高地也具有一定的太阳能开发潜力，这些地区可以通过分布式光伏系统来补充能源供应。具体来说，摩洛哥的努奥光电项目位于瓦尔扎扎特地区，是世界上最大的太阳能发电站之一，装机容量超过580兆瓦。埃及的本班太阳能公园也是全球最大的光伏电站之一，装机容量达1.5吉瓦。这些项目不仅利用了当地丰富的太阳能资源，还引进了国际先进技术，极大地推动了本地经济的发展。②

北非地区拥有丰富的风能资源，尤其是摩洛哥、埃及和突尼斯等国家的沿海地区和高地。国际能源署的数据显示，北非的风能潜力在全球范围内名列前茅，特别是摩洛哥和埃及的风速条件尤为优越，平均风速可达7米/秒，部分地区甚至达到9米/秒。③ 这种高风速条件使北非地区非常适合大规模

---

① African Development Bank, Africa Industrialization Index 2022, 2022, https://www.afdb.org/en/documents/africa-industrialization-index-2022.
② IRENA, Planning and Prospects for Renewable Power in North Africa, 2023, https://www.irena.org/Publications/2023/Jan/Planning-and-prospects-for-renewable-power-North-Africa.
③ IEA, Clean Energy Transitions in North Africa, 2020, https://iea.blob.core.windows.net/assets/b9c395df-97f1-4982-8839-79f0fdc8c1c3/Clean_Energy_Transitions_in_North_Africa.pdf.

风能发电项目的建设，并且北非地区的风能开发潜力巨大。摩洛哥和埃及在风能开发方面已经取得了显著成就，但仍有大量未开发的风能资源。根据IRENA 的预测，未来几十年内，北非的风能发电容量将大幅增加，成为全球风能发电的重要中心之一。

摩洛哥的沿海地区，如丹吉尔和塔夫亚，拥有优越的风速条件，是风能开发的理想之地。摩洛哥的塔夫亚风电厂是该地区较大的风电项目之一，装机容量超过 300 兆瓦。埃及的苏伊士湾地区同样具备良好的风能资源，扎法拉纳风电厂是埃及最大的风电厂，装机容量超过 500 兆瓦。[1] 突尼斯的风能资源主要分布在北部和南部沿海地区，这些区域风速适中，适合中小型风电项目的开发。此外，利比亚的北部沿海地区也具有一定的风能开发潜力，尽管目前的开发程度较低，但未来随着技术进步和政策支持，该地区的风能资源有望得到更大规模地利用。

北非地区在水能资源方面虽然不像太阳能和风能那样具有广泛的地理分布和高储量，但在某些国家如埃及，水能资源仍然发挥着重要作用。埃及的水能资源主要依赖于尼罗河，拥有 50000 吉瓦时的技术可行水能潜力。相比之下，其他北非国家如利比亚和毛里塔尼亚的水能资源则相对有限。例如，利比亚几乎没有显著的水能资源，毛里塔尼亚的技术可行水能潜力仅为 132 吉瓦时，而突尼斯为 250 吉瓦时。[2]

水能资源在北非的地理分布集中在主要河流和流域，如尼罗河流域。在埃及，尼罗河沿岸的多个大型水电项目如阿斯旺大坝和新纳加哈马迪水电站发挥着重要作用。阿斯旺大坝是埃及最重要的水电项目之一，提供了大量的清洁电力，并帮助控制洪水和灌溉农业。摩洛哥虽然水能资源较少，但在阿特拉斯山脉地区也有一些小型水电项目。此外，摩洛哥还建设了若干抽水蓄

---

[1] IRENA, Planning and Prospects for Renewable Power in North Africa, 2023, https://www.irena.org/Publications/2023/Jan/Planning-and-prospects-for-renewable-power-North-Africa.

[2] ANDRITZ GROUP, Hydropower North Africa, https://www.andritz.com/hydro-en/hydronews/hydropower-africa/north-africa.

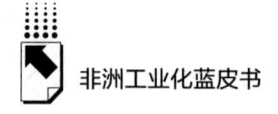

能电站，通过将电力存储在高低位水库之间的水流中，实现电力的平衡和调度。

北非地区的地热能资源相对较少，但在某些特定区域仍有开发潜力。阿尔及利亚和摩洛哥是北非地热能开发的主要国家。阿尔及利亚的地热资源主要集中在其北部和沿海地区，这些区域的地热活动较为活跃，具备开发地热电站的潜力。摩洛哥的地热能资源分布在阿特拉斯山脉及其周边地区，通过地质调查和地球物理勘探，已发现了一些具有商业开发价值的地热田，[①] 主要集中在地质断层附近、火山活动区域和高热流值的区域。这些地区具备高温地热资源的开发潜力，通过引入现代地热技术，北非国家可以有效利用这些资源用于发电和供暖。[②]

生物质能在北非的开发相对较少，但同样具有一定的潜力。生物质能主要来源于农业废弃物、生活垃圾和林业副产品。北非的农村和城市地区都具备丰富的生物质资源，特别是在农业活动频繁的地区，如埃及和突尼斯。埃及的生物质能开发主要集中在利用农业废弃物如稻壳和棉花秸秆进行发电和生产生物燃料。突尼斯则通过生活垃圾处理和沼气生产，推动生物质能的利用。通过对这些生物质资源的有效利用，不仅可以减少环境污染，还能为当地提供清洁能源，促进可持续发展。[③]

## （二）能源开发与利用

### 1. 项目开发模式

北非地区的清洁能源开发项目采用了多种模式，涵盖了从公私合作到国

---

[①] Elbarbary, S., Abdel Zaher, M., Saibi, H. et al., "Geothermal renewable energy prospects of the African continent using GIS.", *Geotherm Energy* 10, 8 (2022), https://doi.org/10.1186/s40517-022-00219-1.

[②] Elbarbary, S., Abdel Zaher, M., Saibi, H. et al., "Geothermal renewable energy prospects of the African continent using GIS.", *Geotherm Energy* 10, 8 (2022), https://doi.org/10.1186/s40517-022-00219-1.

[③] Elbarbary, S., Abdel Zaher, M., Saibi, H. et al., "Geothermal renewable energy prospects of the African continent using GIS.", *Geotherm Energy* 10, 8 (2022), https://doi.org/10.1186/s40517-022-00219-1.

际合作的广泛方式。这些模式不仅促进了本地资源的开发，还吸引了大量的国际投资和技术支持，从而推动了该地区能源转型的进程。PPP 模式在北非清洁能源项目开发中占据重要地位。这种模式通过将公共部门的政策支持和私人部门的资金、技术相结合，推动了许多大型项目的落地。例如，埃及的本班太阳能公园项目和摩洛哥的努奥光电项目均采用了 PPP 模式。这些项目通过政府提供的税收减免和财政补贴，吸引了大量的国际投资，确保了项目的成功实施和运营。自主开发模式也是北非清洁能源开发的重要途径。部分北非国家的国有企业在新能源项目中发挥主导作用，通过直接投资和运营实现能源转型。例如，阿尔及利亚的国家电力公司（Sonelgaz）在多个大型光伏和风能项目中扮演着关键角色，展示了国家在推动能源转型中的重要地位。

国际合作与技术转让是北非清洁能源开发的另一个重要模式。北非国家积极寻求与国际组织和发达国家的合作，通过技术转让和资金援助提高本地项目的技术水平和管理能力。摩洛哥与德国在绿色氢能项目上的合作，埃及与欧洲国家在智能电网技术上的合作，均显著提升了北非的可再生能源开发能力。这种国际合作不仅促进了技术进步，还为本地企业带来了宝贵的经验和市场机会。

2. 项目类型

北非地区的清洁能源项目主要分为大型集中式清洁能源项目、分布式清洁能源项目和混合清洁能源项目。这些项目类型各有特点，可适应不同的地理和经济条件，满足多样化的能源需求。大型集中式清洁能源项目是北非清洁能源开发的主要形式之一。这些项目通常规模较大，装机容量高，能够显著提高本地和区域电力供应能力。例如，摩洛哥的努奥光电电站是全球最大的太阳能发电项目之一，装机容量超过 580 兆瓦，将聚光太阳能（CSP）技术和光伏技术相结合，能够提供全天候电力供应。[1] 埃及的扎法拉纳风电厂

---

[1] IRENA, Planning and Prospects for Renewable Power in North Africa, 2023, https://www.irena.org/Publications/2023/Jan/Planning-and-prospects-for-renewable-power-North-Africa.

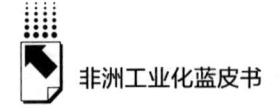

是非洲较大的风电项目之一，装机容量超过500兆瓦，利用红海沿岸的优越风能资源，提供了大量清洁电力。这些大型项目不仅满足了国内的电力需求，还为出口电力创造了条件，推动了区域电力市场的一体化。

分布式清洁能源项目在北非的城市和农村地区广泛应用。这些项目通常规模较小，但分布广泛，能够灵活地满足本地的能源需求。突尼斯在农村地区推广太阳能热水器和小型光伏系统，大幅提升了能源利用效率，改善了居民生活质量。埃及也在其国家太阳能计划中推广分布式光伏系统，为偏远地区提供可靠的电力供应。这些项目通过降低能源传输损耗，提高了整体能源系统的效率和可靠性，适应了北非地区多样化的能源需求。

混合清洁能源项目结合了多种可再生能源技术，以提高能源供应的稳定性和可靠性。例如，摩洛哥在努奥项目中不仅使用了聚光太阳能技术和光伏技术，还计划引入储能系统和风能资源，以实现全天候电力供应。这种技术组合优化了资源利用，提高了系统的整体效率。此外，混合清洁能源项目还能够有效应对单一能源技术的不足，提供更加稳定和可靠的能源供应，适应了北非地区多变的气候和地理条件。

### 3. 合作方式

北非地区的清洁能源开发依赖于多种合作方式，除上面已经讨论过的PPP合作模式，还有双边合作、多边合作、区域合作和国际援助等合作方式。这些合作方式不仅推动了项目的顺利实施，还促进了技术转让和资金流入。双边合作是北非清洁能源开发中的重要方式，通过国家间的协议和合作项目，推动了许多大型项目的落地。比如，摩洛哥与德国在绿色氢能项目上的紧密合作，通过技术和资金支持，计划在未来几年内实现大规模的绿色氢能生产，并出口到欧洲市场。埃及与欧洲国家在智能电网和风能技术方面的合作，也显著提升了埃及的技术水平和管理能力。

北非国家积极参与国际组织的能源合作计划，通过多边合作提高可再生能源项目的规模和影响力。国际可再生能源署、世界银行和非洲开发银行等国际组织在北非的清洁能源项目中发挥了重要作用。例如，国际可再生能源署通过技术援助和政策咨询，帮助北非国家制定和实施可再生能源战略。世界银行和非洲开发银行则提供了大量的资金支持,推动了多个大型可再生能源项目的实施。这些合作不仅促进了技术进步,还为北非国家提供了宝贵的管理经验和市场机会。区域合作通过资源共享和项目协同开发,实现了北非国家之间的能源合作。北非国家还通过建立区域电力市场,推动电力贸易和资源优化配置,提升了区域能源安全和效率。这种合作方式不仅优化了资源利用,还增强了区域内的经济和技术联系,达到了推动地区清洁能源发展的目的。

### (三)开发与利用效率

国际能源署(IEA)的数据显示,北非地区的可再生能源发电效率显著提高。从2010年到2020年的十年时间,北非的可再生能源发电量增长了40%以上,[1] 主要得益于太阳能和风能项目的快速扩展。

摩洛哥和埃及的太阳能发电项目在过去十年中取得了显著进展。摩洛哥的努奥太阳能电站采用了先进的聚光太阳能技术,其发电效率从2010年的30%提高到2020年的45%以上。[2] 埃及的本班太阳能公园则使用了最新一代的光伏组件,光电转换效率在2022年达到了22%,与2010年的12%相比有了显著提升。具体项目数据进一步支持了这一点。例如,努奥太阳能电站的年均发电量从2010年的300吉瓦时增长到2020年的1500吉瓦时,而本班太阳能公园在同一期间的发电量从50吉瓦时增加到1200吉瓦时。[3] 这些数据表明,通过采用先进技术和优化项目管理,北非的太阳能开发效率得到了大幅提升。2010~2022年北非地区太阳能转换效率变化如图4所示。

---

[1] IEA, Clean Energy Transitions in North Africa, 2020, https://iea.blob.core.windows.net/assets/b9c395df-97f1-4982-8839-79f0fdc8c1c3/Clean_Energy_Transitions_in_North_Africa.pdf.

[2] IRENA, Planning and Prospects for Renewable Power in North Africa, 2023, https://www.irena.org/Publications/2023/Jan/Planning-and-prospects-for-renewable-power-North-Africa.

[3] IRENA, Planning and Prospects for Renewable Power in North Africa, 2023, https://www.irena.org/Publications/2023/Jan/Planning-and-prospects-for-renewable-power-North-Africa.

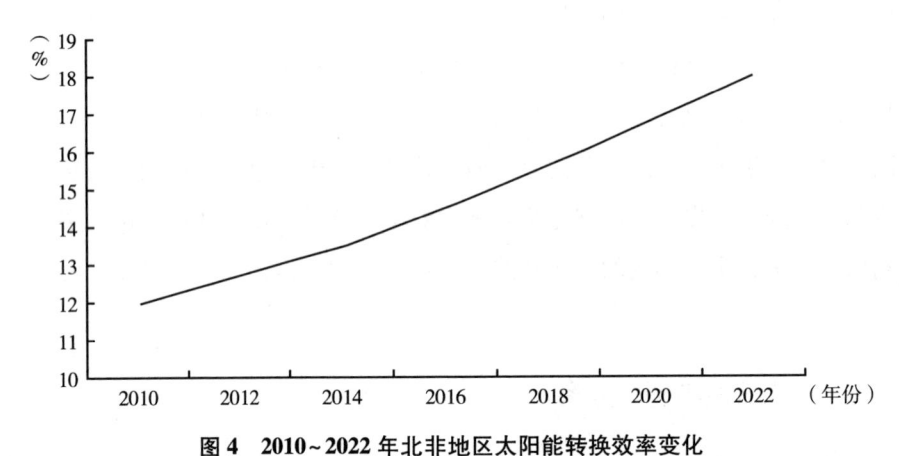

**图4　2010~2022年北非地区太阳能转换效率变化**

资料来源：国际能源署（IEA）（参考多种关于光伏技术的进展资料并估算北非地区光伏系统效率的提高）。

风能的开发利用效率在北非同样取得了显著进步。摩洛哥的塔夫亚风电厂和埃及的扎法拉纳风电厂是两个典型例子。国际能源署的数据显示，摩洛哥的风电项目平均发电效率从2010年的25%提高到2022年的35%，而埃及的风电项目同一期间的平均发电效率从27%提高到32%。[1] 塔夫亚风电厂的装机容量从2010年的300兆瓦增加到2020年的850兆瓦，年均发电量也从700吉瓦时增加到2500吉瓦时。[2] 这些数据反映了通过技术进步和设备升级，北非的风能开发效率显著提高。2010~2022年北非地区风能转换效率变化如图5所示。

具体从发电效率的提升来看，摩洛哥努奥太阳能电站的年均发电量从2010年的300吉瓦时增长到2020年的1500吉瓦时，而本班太阳能公园在同一期间的发电量从50吉瓦时增加到1200吉瓦时。塔夫亚风电厂的装机容量从2010年的300兆瓦增加到2020年的850兆瓦，年均发电量也从700吉瓦

---

[1] IEA, Clean Energy Transitions in North Africa, 2020, https://iea.blob.core.windows.net/assets/b9c395df-97f1-4982-8839-79f0fdc8c1c3/Clean_Energy_Transitions_in_North_Africa.pdf.

[2] IRENA, Planning and Prospects for Renewable Power in North Africa, 2023, https://www.irena.org/Publications/2023/Jan/Planning-and-prospects-for-renewable-power-North-Africa.

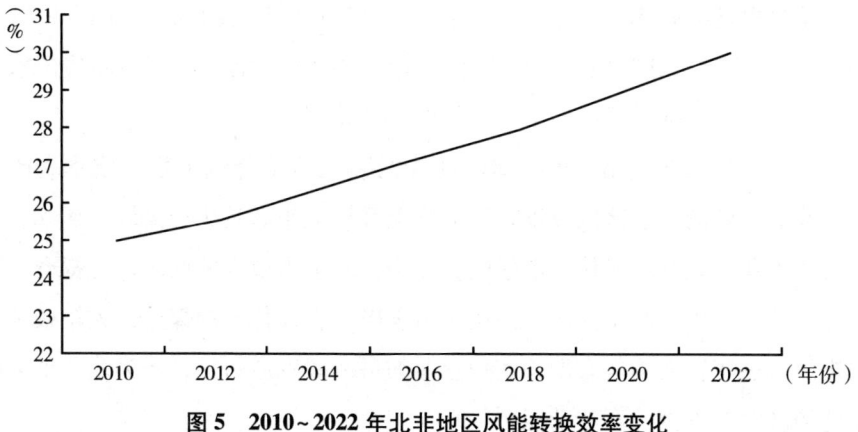

图 5  2010~2022 年北非地区风能转换效率变化

资料来源：国际能源署（IEA）（参考摩洛哥和埃及的风电项目的相关数据并估算了风力发电系统效率的变化）。

时增加到 2500 吉瓦时。扎法拉纳风电厂的年均发电量从 2010 年的 500 吉瓦时增加到 2022 年的 1800 吉瓦时。[①] 这些数据表明，通过采用先进技术和优化项目管理，北非的可再生能源项目效率得到了大幅提升。

### （四）使用领域与社会经济影响

北非地区在清洁能源的开发与利用方面取得了显著进展，尤其是在电力供应、工业应用、交通运输以及农业和农村电气化等领域。这些使用领域的拓展不仅提升了能源利用效率，还带来了显著的社会效益和经济效益。

第一，电力供应是北非地区清洁能源最主要的使用领域之一。大规模的太阳能和风能发电项目在提高本地电力供应能力方面发挥了重要作用。摩洛哥的努奥太阳能电站和埃及的本班太阳能公园是其中的典型例子。努奥太阳能电站采用了先进的聚光太阳能技术，实现了昼夜连续发电，显著增强了电力供应的可靠性和稳定性。本班太阳能公园则使用了最新一代的光伏组件，

---

① IRENA, Planning and Prospects for Renewable Power in North Africa, 2023, https：//www.irena.org/Publications/2023/Jan/Planning-and-prospects-for-renewable-power-North-Africa.

提高了光电转换效率，使年均发电量从 2010 年的 50 吉瓦时增加到 2020 年的 1200 吉瓦时。这些项目不仅满足了其国内的电力需求，还为周边国家提供了清洁电力，促进了区域电力市场的一体化。①

第二，在工业应用方面，清洁能源的引入显著降低了生产成本和碳排放。北非地区的工业园区逐渐采用太阳能和风能来满足生产需求。例如，摩洛哥的工业园区利用光伏发电系统，在降低了电力成本的同时，还提升了企业的竞争力。埃及的工业区则采用风力发电，替代传统的煤电，大幅减少了碳排放。这些转变不仅有助于实现企业的可持续发展目标，还为北非地区的绿色经济发展提供了新的动能。

第三，交通运输领域的清洁能源应用虽然尚处于初级阶段，但前景广阔。绿色氢能项目的推进将为清洁交通提供新的能源选择。例如，摩洛哥与德国合作开发的绿色氢能项目，计划将其用于汽车和其他交通工具的清洁能源供应。② 这一项目的成功实施将大幅减少交通运输领域的碳排放，提升空气质量，改善公共健康。

第四，在农业和农村电气化方面，清洁能源的应用显著改善了农村地区的生活质量。分布式太阳能系统和小型风力发电设备在北非的农村地区得到了推广，为偏远地区提供了稳定的电力供应，支持了农业灌溉和农产品加工。例如，突尼斯在农村地区推广太阳能热水器和小型光伏系统，不仅提高了能源利用效率，还改善了居民的生活条件。埃及在其国家太阳能计划中，通过推广分布式光伏系统，为偏远地区提供可靠的电力供应，支持了农村经济的发展。③

毫无疑问，清洁能源开发方面的显著进展不仅限于技术和能源供应的提升，还对社会经济方面产生了深远的影响。首先，清洁能源项目的大规模开

---

① 耶鲁大学林学院（Yale E360），https：//e360.yale.edu/features/africa-europe-solar-wind-power。
② 国际货币基金组织（IMF）官网，https：//www.imf.org/en/Publications/fandd/issues/2023/09/north-africa-hydrogen-mirage-rabah-arezki。
③ 耶鲁大学林学院（Yale E360），https：//e360.yale.edu/features/africa-europe-solar-wind-power。

发创造了大量就业机会，推动了当地经济的增长。摩洛哥的努奥太阳能电站在建设和运营期间直接和间接创造了上千个就业岗位，不仅为当地居民提供了就业机会，还带动了相关产业的发展。① 埃及的本班太阳能公园也是一个典型例子，该项目在建设高峰期雇用了 5000 多名工人，② 项目运营后持续提供了数百个长期岗位。这些就业机会不仅提高了当地居民的收入水平，还促进了技能提升和职业培训市场的发展，为当地劳动力市场注入了新的活力。

其次，在经济增长方面，清洁能源项目吸引了大量国内外投资，成为推动区域经济发展的重要引擎。国际可再生能源署的数据显示，北非地区的可再生能源投资在过去十年中显著增加，摩洛哥和埃及是主要的受益者。摩洛哥通过努奥太阳能项目吸引了包括世界银行和德国开发银行在内的多个国际金融机构的投资，总投资额超过 30 亿美元。③ 这些投资不仅促进了清洁能源项目的建设，还带动了相关基础设施的改善和区域经济的整体发展。

再次，能源安全和独立性也是清洁能源项目带来的重要社会经济影响。北非国家通过大规模开发太阳能和风能项目，显著降低了对进口化石燃料的依赖，提高了能源供应的自主性和稳定性。例如，埃及通过本班太阳能公园的建设，大幅减少了对天然气的依赖，显著提高了电力供应的稳定性。摩洛哥同样通过努奥太阳能项目和多个风电项目的实施，减少了石油和煤炭的进口，提高了能源供应的安全性。

又次，环境和健康效益是清洁能源项目带来的另一个重要影响。通过减少温室气体排放和空气污染，清洁能源项目显著改善了环境质量和公共健康。例如，努奥太阳能电站每年减少的二氧化碳排放量相当于数百万辆汽车

---

① 耶鲁大学林学院（Yale E360），https://e360.yale.edu/features/africa-europe-solar-wind-power。
② IRENA, Renewable Energy Market Analysis: Africa and its Regions, 2022, https://www.irena.org/Publications/2022/Jan/Renewable-Energy-Market-Analysis-Africa.
③ IRENA, Renewable Energy Market Analysis: Africa and its Regions, 2022, https://www.irena.org/Publications/2022/Jan/Renewable-Energy-Market-Analysis-Africa.

的排放。这种环境效益不仅有助于应对气候变化，还改善了空气质量，降低了呼吸系统疾病的发病率，提高了居民的生活质量。同时，减少空气污染也有助于保护当地的生态系统，促进生物多样性的发展。

最后，清洁能源项目还在提升社会福利方面发挥了重要作用。太阳能照明和清洁烹饪技术在农村地区的推广，显著改善了居民的生活条件。突尼斯在农村地区推广的太阳能热水器和小型光伏系统，不仅提高了能源利用效率，还改善了居民的生活条件，提升了教育和医疗服务的质量。埃及的分布式光伏系统为偏远地区提供了可靠的电力供应，支持了农村经济的发展，提高了农民的收入水平和生活质量。①

未来，随着技术的不断进步和国际合作的深化，北非地区在清洁能源使用领域的潜力将进一步释放。通过持续的政策支持和技术创新，北非有望在全球清洁能源市场中占据更重要的地位，为全球能源转型和可持续发展目标的实现提供强有力的支持。

综上所述，北非地区在清洁能源使用领域的显著成就，不仅为当地经济发展提供了新动能，也为其他发展中国家提供了宝贵的经验和借鉴。

## 三　新能源市场的基本情况

北非地区的清洁能源市场在过去十年中经历了显著的发展和转型。随着太阳能和风能等可再生能源项目的大规模推广，市场参与主体呈现日益多元化的局面，市场容量和规模不断扩大，交易模式也逐渐成熟并趋于复杂化。市场参与主体包括政府机构、国有企业、私人企业和国际投资者，这些主体在推动清洁能源项目落地和运营中扮演了关键角色。

北非地区的市场容量和规模随着可再生能源项目的增加而迅速增长，2010~2022年，太阳能和风能的装机容量分别增加了数倍，显著提高了电力

---

① 耶鲁大学林学院（Yale E360），https：//e360.yale.edu/features/africa-europe-solar-wind-power。

供应的稳定性和可靠性。市场结构方面，北非国家通过实施一系列政策和机制，促进了市场的竞争和透明度。交易模式从传统的双边合约逐渐向市场化交易转变，推动了电力市场的现代化。此外，北非的清洁能源市场与非洲其他地区及国际新能源市场的联系日益紧密，通过跨国电网互联项目和绿色氢能的国际合作，北非在全球能源转型中的地位和影响力不断提升。

综上所述，北非地区的清洁能源市场在多方面呈现蓬勃发展的态势，为实现区域和全球可持续发展目标提供了有力支持。

### （一）市场参与主体

市场参与主体包括政府机构、国有企业、私人企业和国际投资者，这些主体在推动清洁能源项目的发展和运营中发挥着不同的作用，共同促进了清洁能源市场的发展和壮大。

政府机构作为市场的监管者和政策制定者，制定并实施了一系列的政策、法规和标准，为市场的健康发展提供了基础和保障。例如，摩洛哥的能源和矿产部门负责规划和监督清洁能源项目的实施，制定了一系列支持清洁能源发展的政策和措施，为清洁能源市场的发展提供了政策支持和指导。埃及的新能源与可再生能源局是埃及政府的主要能源管理机构，负责制定并执行国家的可再生能源政策，为国家和地区的清洁能源开发与投资保驾护航，为国际资本进入清洁能源领域提供宽松的政策支持。[①]

国有企业在清洁能源市场中具有重要地位和影响力。这些企业通常由政府控股或直接管理，拥有丰富的资源和资金实力，是清洁能源项目的主要投资者和运营者。例如，摩洛哥的国家电力公司（ONEE）是该国清洁能源项目的主要运营者，负责太阳能和风能发电项目的建设和运营。ONEE 在努奥太阳能电站项目中起到了关键作用，该项目目前是世界上最大的太阳能发电站之一，装机容量超过 580 兆瓦。埃及电力公司（EEC）在清洁能源领域也

---

① IRENA, Planning and Prospects for Renewable Power: North Africa, 2022, https://www.irena.org/Publications/2023/Jan/Planning-and-prospects-for-renewable-power-North-Africa.

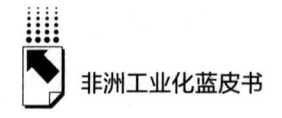

开展了大量工作,其在扎法拉纳风电厂和吉贝尔·阿塔克风电厂的开发中发挥了重要作用,这两个风电厂的总装机容量达到了550兆瓦。①

私人企业在清洁能源市场中发挥着越来越重要的作用。随着市场的逐渐开放和政策的支持,越来越多的私人企业参与到清洁能源项目的投资和运营中。这些企业通常具有灵活的运作机制和创新的商业模式,能够更快速地响应市场需求。例如,摩洛哥的私人企业和跨国公司参与了努奥太阳能电站和其他清洁能源项目的投资和合作,推动了项目的落地和运营。埃及的私人企业也积极参与了本班太阳能公园等清洁能源项目的建设和运营。

国际投资者在北非清洁能源市场中发挥着不可或缺的作用,他们为清洁能源项目提供了资金支持、技术支持和管理经验。例如,世界银行和欧洲投资银行等国际金融机构通过提供贷款和融资支持,帮助摩洛哥和埃及等国家实现了多个大规模清洁能源项目的建设。摩洛哥的努奥太阳能电站项目就吸引了包括世界银行、德国复兴信贷银行(KFW)和欧洲投资银行在内的多个国际金融机构的投资,这些机构的资金和技术支持是该项目成功的关键。此外,国际可再生能源署在技术支持和政策咨询方面也发挥了重要作用,通过与北非各国政府和企业的合作,推动了清洁能源项目的实施和推广。

### (二)市场容量与规模

北非的太阳能市场在过去十年中经历了显著的扩展,特别是在摩洛哥。国际可再生能源署的数据显示,摩洛哥的太阳能装机容量从十年前的不足100兆瓦增加到2022年的超过2吉瓦。其中,努奥太阳能电站是全球最大的太阳能发电项目之一,拥有580兆瓦的装机容量。②

---

① IRENA, Planning and Prospects for Renewable Power: North Africa, 2022, https://www.irena.org/Publications/2023/Jan/Planning-and-prospects-for-renewable-power-North-Africa.

② IRENA, Planning and Prospects for Renewable Power in North Africa, 2023, https://www.irena.org/Publications/2023/Jan/Planning-and-prospects-for-renewable-power-North-Africa.

在整个北非地区，可再生能源市场在过去十年中吸引了大量的国内外投资。在市场规模不断扩大的背后是多国政府对可再生能源的积极政策和大量投资的支持。例如，埃及政府大胆估计，预计到2035年，可再生能源将占该国电力总产量的大部分，这些政策预计将推动埃及成为北非可再生能源的领导者。[1]

政府对相关基础设施发展的重视同样保证了市场快速扩展的稳定性。北非国家通过建设新的电网和储能设施，提升了电力供应的稳定性和可靠性。例如，摩洛哥和西班牙之间的跨国电网互联项目不仅提高了电力供应的稳定性，也促进了区域电力市场的一体化。北非地区的清洁能源市场容量和规模在过去十年中取得了显著的增长，太阳能和风能装机容量大幅增加，市场结构逐渐完善。这些成就离不开政府的政策支持、国有企业和私人企业的积极参与以及国际投资者的资金和技术援助。通过多方合作，北非地区不仅提高了能源供应的稳定性和效率，还为全球能源转型和可持续发展提供了宝贵的经验和借鉴。[2]

随着技术的进步和规模经济的实现，太阳能和风能的单位成本已显著下降，这进一步提升了这些技术的市场竞争力。例如，太阳能电池板和风力涡轮机的效率不断提高，成本持续下降，使可再生能源成为许多北非国家最具成本效益的新建电力生产选项之一。同时，区域合作在促进北非可再生能源市场的发展中起着关键作用。通过跨国电网互联和区域电力市场的建立，如非洲联盟推动的非洲单一电力市场，北非国家能够更有效地利用其可再生能源资源，提高电力供应的稳定性和可靠性，同时也为电力出口创造了可能。

## （三）交易模式

交易模式方面，北非国家通过实施一系列政策和机制，如上网电价、竞

---

[1] African Union, African Union Summit on Industrialization and Economic Diversification, 2022, https://au.int/en/summit-africa-industrialization-economic.
[2] African Union, African Union Summit on Industrialization and Economic Diversification, 2022, https://au.int/en/summit-africa-industrialization-economic.

标机制和能源拍卖，促进了市场的竞争和透明度提升。例如，摩洛哥自2010年以来，通过多轮拍卖机制成功授予了大量太阳能和风能项目的开发权，努奥太阳能电站是其中的一个典型案例。埃及也采用了类似的拍卖机制，通过可再生能源管理局管理的项目，成功吸引了大量投资者。例如，2021年埃及签署了一项10吉瓦风能项目的协议，这是世界上较大的风能项目之一。

摩洛哥可持续能源署通过发行绿色债券和使用优惠融资，为100兆瓦的努奥光伏项目提供了资金支持。类似地，埃及通过与国际金融公司和其他多边开发银行的合作，成功融资并实施了多个清洁能源项目。例如，位于阿斯旺的本班太阳能公园，该项目是全球最大的光伏电站之一，总投资额达40亿美元。①此外，国际金融机构和多边开发银行在北非清洁能源市场的发展中发挥了关键作用。这些机构通过提供贷款和融资支持，帮助北非国家实现了多个大规模清洁能源项目的建设。②

综上所述，北非地区的清洁能源市场在市场结构与交易模式方面取得了显著进展。通过引入拍卖机制、上网电价和国际金融合作，北非国家成功提高了市场的透明度和竞争力，促进了清洁能源项目的快速增长。

### （四）与非洲其他地区及国际新能源市场的关系

北非地区与整个非洲新能源市场之间的关系日益紧密，这种关系通过项目合作、技术交流、资金支持和政策协同等多方面的互动得以体现。北非国家在非洲大陆清洁能源发展中扮演着重要角色，通过一系列合作项目推动了区域能源一体化进程。例如，埃及积极参与东非电力池（EAPP），这一合作旨在通过电力基础设施的互联互通，优化区域内的电力资源配置，提高电力供应的可靠性和稳定性。通过这种合作，埃及不仅能向东非国家提供电力

---

① African Union, African Union Summit on Industrialization and Economic Diversification, 2022, https://au.int/en/summit-africa-industrialization-economic.

② World Economic Forum, This is the State of Renewable Energy in Africa Right Now, 2022, https://www.weforum.org/agenda/2022/04/renewable-energy-africa-capabilities/.

支持，还能从其他国家进口电力，形成互补和资源共享的格局。摩洛哥则通过与西非电力池的合作，进一步增强了区域电力市场的整合。摩洛哥的电力公司与西非多个国家的电力公司合作，致力于建设跨国电网互联项目，提升电力传输效率和稳定性。

非洲开发银行和国际可再生能源署等国际机构在推动区域清洁能源项目中发挥了关键作用。通过这些机构的资金和技术支持，北非国家能够实施一系列大型清洁能源项目，促进区域能源一体化。例如，非洲开发银行在2023年为北非地区多个清洁能源项目提供了资金支持，这些资金主要用于发展可再生能源和电力传输基础设施。[①] 这些项目的成功实施不仅改善了北非的能源供应状况，还为其他非洲国家提供了可借鉴的经验和技术支持。

多个具体项目合作案例展示了北非与非洲其他国家在清洁能源领域的紧密联系。例如，摩洛哥的努奥太阳能电站不仅为国内提供了清洁电力，还计划通过跨国电网项目将电力出口到西非和南欧国家；埃及的本班太阳能公园项目在建设过程中吸引了非洲其他国家的技术人员和管理者前来学习和交流，推动了区域内技术和经验的共享；摩洛哥通过与西班牙的电网互联项目，不仅提高了电力供应的稳定性，还促进了区域电力市场的一体化。

总之，北非地区在清洁能源市场中，通过与非洲其他地区及国际市场的合作，逐步提升了其在全球能源转型中的地位。这种多层次、多领域的合作，不仅促进了区域和全球能源市场的融合，也为实现可持续发展的目标提供了有力支持。通过政策协同、资金支持和技术交流，北非清洁能源市场的未来发展前景广阔，必将在全球能源转型中发挥更大的作用。

## 四 中国对北非新能源产业发展的影响

### （一）中国与北非能源合作概况

中国在北非清洁能源市场中的影响力与日俱增，通过多层次、多领域的

---

① Africa Renewable Energy Market Report and Forcast 2024-2032.

合作，推动了北非地区的能源转型和可持续发展。中国与北非国家在太阳能、风能和水力发电等领域展开广泛合作，不仅提供资金支持，还通过技术转让和人员培训，提升了当地的能源生产和管理能力。摩洛哥的努奥太阳能电站、埃及的本班太阳能公园等大型项目都得益于中国的参与和支持，成为区域内清洁能源发展的典范。这种合作不仅促进了北非国家内部的能源供应稳定性和效率提升，也为全球能源市场的绿色发展做出了重要贡献。

中国与北部非洲的能源合作可以追溯到20世纪末，随着共建"一带一路"倡议在北非的不断推进，这种以能源为基础的合作关系得到了进一步的深化和拓展。近年来，中国在北非的能源投资除传统的油气资源外，还涵盖了太阳能、风能和水力发电等多个领域，通过提供资金、技术支持和设备，帮助北非国家提升了可再生能源的生产能力。这种合作不仅增强了北非国家的能源供应稳定性，还促进了当地的经济发展和技术进步。

中国在摩洛哥的投资是中国与北非能源合作的重要组成部分。摩洛哥的努奥太阳能电站项目是世界上最大的太阳能发电项目之一，总装机容量超过580兆瓦。中国通过与摩洛哥可持续能源署合作，提供了大量的技术和资金支持。世界银行、欧洲投资银行和德国复兴信贷银行等国际金融机构也参与了该项目，总投资额超过30亿美元。[1]

在埃及，中国企业也参与了多个大规模清洁能源项目的建设。阿斯旺的本班太阳能公园是全球最大的光伏电站之一，总投资额达40亿美元。通过与国际金融公司和其他多边开发银行的合作，中国在这些项目中扮演了关键角色，为项目的成功实施提供了资金和技术保障。此外，中国还与埃及政府在绿色氢能项目上展开合作，通过技术转让和培训，提高了绿色氢能的生产效率，并计划将其用于出口欧洲市场。[2]

---

[1] VOA, Why China is Investing in Africa's Green Energy Future, 2023, https://www.voanews.com/a/why-china-is-investing-in-africa-s-green-energy-future/7077274.html.

[2] VOA, Why China is Investing in Africa's Green Energy Future, 2023, https://www.voanews.com/a/why-china-is-investing-in-africa-s-green-energy-future/7077274.html.

## (二)中国对北部非洲新能源产业的影响

中国对北部非洲新能源产业的影响是多层次、多领域的,涵盖了政策层面、资金支持、技术转让和培训以及项目实施等多个方面。通过"一带一路"倡议,中国与北非各国在清洁能源领域建立了紧密的合作关系,这种合作不仅推动了北非国家的能源转型,也为全球能源市场的绿色发展做出了重要贡献。

第一,从政策层面来看,中国与北非国家的合作始于政府间的战略性合作协议。这些协议通常涵盖了可再生能源的发展目标、技术标准和合作框架。例如,中国与摩洛哥、埃及、突尼斯等国签署了一系列合作备忘录和协议,明确了双方在太阳能、风能和水力发电等领域的合作方向和具体项目。这些政策层面的合作为后续的项目实施提供了坚实的基础。

第二,资金支持是中国对北非新能源产业影响的重要方面。中国通过提供低息贷款、直接投资和联合融资等方式,帮助北非国家解决了新能源项目的资金难题。例如,摩洛哥的努奥太阳能电站项目和埃及的本班太阳能公园项目,均获得了中国的大量资金支持。这些资金不仅用于项目的建设,还涵盖了技术研发和设备采购,确保了项目的高效推进和顺利实施。

第三,技术转让和培训是中国对北非新能源产业的另一大积极影响。中国企业在参与北非新能源项目的过程中,不仅提供了先进的设备和技术,还积极开展技术培训和知识转让。例如,在摩洛哥的努奥太阳能电站项目中,中国工程师与当地技术人员密切合作,通过技术培训和现场指导,提升了当地技术人员的专业技能和管理能力。

第四,中国企业在北非的新能源项目实施方面扮演了重要的角色。通过EPC总承包模式,中国企业承担了从项目设计、设备采购到施工建设的一系列工作。例如,中国电力建设集团和中国长江三峡集团在摩洛哥、埃及、突尼斯和阿尔及利亚等国成功实施了多个大型太阳能和风能项目。这些项目的成功实施,不仅提高了当地的可再生能源发电能力,还创造了大量就业机会,推动了当地经济的发展。

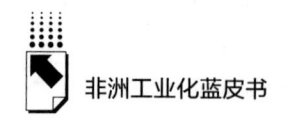

从全球视角来看，中国对北非新能源产业的影响具有重要的现实意义和战略价值。通过在北非地区推广和实施大规模的可再生能源项目，不仅为全球减少碳排放做出了重要贡献，而且加强了中国与北非国家的政治和经济联系，深化了双方在能源、技术和经济等领域的合作。

### （三）新能源产业合作最新进展

中国与北非地区在新能源产业方面的合作近年来取得了显著进展，涵盖了太阳能、风能和水力发电等多个领域，通过这些项目，中国不仅帮助北非国家提升了可再生能源的生产能力，还为当地创造了大量就业机会，推动了北非国家的经济发展和技术进步。

在摩洛哥，中国企业参与了多个新的太阳能和风能项目的开发。例如，中国长江三峡集团与摩洛哥国家电力公司合作，在摩洛哥南部地区建设了多个风能发电项目，总装机容量达600兆瓦。这些项目的实施不仅提升了摩洛哥的风能发电能力，还为当地创造了大量就业机会，进一步推动了摩洛哥的可持续发展。2023年，中国与摩洛哥签署了一项关于新一轮太阳能和风能项目开发的协议，计划在未来5年内新增2吉瓦的装机容量。①

在埃及，中国与埃及在2023年6月签署了一项协议，计划在未来几年内建设多个太阳能和风能项目，总装机容量将达10吉瓦。② 这些项目不仅有助于提升埃及的电力供应能力，还将大幅减少碳排放，推动埃及实现可持续发展目标。此外，埃及与中国企业合作开发的绿色氢能项目也在2023年取得了重要进展，通过技术转让和培训，提高了绿色氢能的生产效率，并计划将其用于出口欧洲市场。

在突尼斯，中国国家电网提供技术支持并帮助突尼斯建设新的光伏电站项目，预计装机容量达200兆瓦。这个项目将显著提升突尼斯的太阳能发电

---

① China Daily, China's Clean Energy Investments Growing Rapidly in Africa, 2022, https://www.chinadaily.com.cn/a/202208/30/WS630d6e5da310fd2b29e74f5e.html.
② China Daily, China's clean energy investments growing rapidly in Africa, 2022, https://www.chinadaily.com.cn/a/202208/30/WS630d6e5da310fd2b29e74f5e.html.

能力，满足该国不断增长的电力需求。2024年，突尼斯还计划与中国企业合作，启动一个新的风能项目，预计装机容量为150兆瓦。①

阿尔及利亚则与中国合作开发多个大型水力发电项目，包括在2023年启动的预计装机容量达350兆瓦的塔斯吉特水电站项目。② 这些项目不仅提升了阿尔及利亚的水电资源利用效率，还为当地提供了稳定的清洁能源供应。

## 五 中非新能源合作实践

### （一）摩洛哥努奥太阳能电站项目

摩洛哥努奥太阳能电站项目是中国与北非新能源合作的一个重要案例，该项目展示了两国在清洁能源领域合作的深度和广度。努奥太阳能电站位于摩洛哥的瓦尔扎扎特，是世界上最大的集中式太阳能发电项目之一，总装机容量超过580兆瓦。该项目不仅对摩洛哥的能源结构转型具有重要意义，也为全球清洁能源市场树立了典范。

努奥太阳能电站项目由摩洛哥国家电力公司负责建设和运营，中国长江三峡集团、中国电力建设集团等多家中国企业参与了项目的设计、建设和资金支持。项目总投资额超过30亿美元，其中包括世界银行、欧洲投资银行和德国复兴信贷银行等国际金融机构的投资。③

摩洛哥国家电力公司的数据显示，努奥太阳能电站每年可发电约1580吉瓦时，相当于摩洛哥电力需求的6%。项目的成功实施极大减少了摩洛哥

---

① China Daily, China's clean energy investments growing rapidly in Africa, 2022, https://www.chinadaily.com.cn/a/202208/30/WS630d6e5da310fd2b29e74f5e.html.
② China Daily, China's clean energy investments growing rapidly in Africa, 2022, https://www.chinadaily.com.cn/a/202208/30/WS630d6e5da310fd2b29e74f5e.html.
③ IRENA, Planning and Prospects for Renewable Power in North Africa, 2023, https://www.irena.org/Publications/2023/Jan/Planning-and-prospects-for-renewable-power-North-Africa.

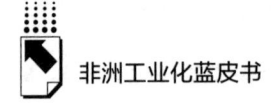

对进口化石燃料的依赖，每年可减少约80万吨二氧化碳排放，对环境保护具有重要意义。并且，项目建设期间创造了超过2000个直接就业岗位，同时带动了相关配套产业的发展。①

努奥太阳能电站项目不仅在能源生产方面带来了显著的环境效益，还在社会和经济领域产生了深远的影响。通过项目的实施，摩洛哥在国际清洁能源市场上的地位得到了显著提升，吸引了更多的国际投资和合作伙伴。这些投资和合作为摩洛哥带来了技术转移和管理经验的积累，有助于推动该国在其他清洁能源领域的进一步发展。此外，项目还带动了当地基础设施的改善。例如，为了支持太阳能电站的运行，摩洛哥政府和项目合作方建设了新的电力传输线路和相关基础设施。这些基础设施的建设不仅支持了项目的正常运营，也改善了周边地区的电力供应状况，提升了当地居民的生活质量。

努奥太阳能电站项目作为中国与北非清洁能源合作的重要成果，受到了国际社会的广泛关注。该项目不仅展示了中国在清洁能源领域的技术实力和投资能力，也为其他发展中国家提供了可借鉴的经验。通过这一项目，中国与摩洛哥在技术转让、人员培训和管理经验方面进行了深入交流，为未来双方在更广泛领域的合作奠定了基础。

### （二）10吉瓦太阳能项目

2023年12月27日，埃及新能源与可再生能源管理局、埃及电力控股公司与中国电力技术装备有限公司签署了一项谅解备忘录，启动了10吉瓦太阳能项目的前期研究和测量工作。该项目是埃及绿色走廊倡议（Green Corridor Initiative）的一部分，旨在增加可再生能源在能源结构中的比重，减少对化石燃料的依赖，推动埃及的可持续发展工作。②

---

① IRENA, Planning and Prospects for Renewable Power in North Africa, 2023, https：//www.irena.org/Publications/2023/Jan/Planning-and-prospects-for-renewable-power-North-Africa.

② Egypttoday, Egypt, China to Study Establishing 10GW Solar Energy Project, 2023, https：//www.egypttoday.com/Article/3/129426/Egypt-China-to-study-establishing-10-GW-solar-energy-project.

10 吉瓦太阳能项目预计将在未来几年内逐步推进，计划于 2025 年开始建设，并于 2030 年全面完成。项目分为多个阶段，每个阶段都涉及大量的技术和资金投入。预计每年将生产约 29784 吉瓦时的清洁电力，帮助减少约 1400 万吨的二氧化碳排放，同时每年节省超过 10 亿美元的天然气成本。[①]

10 吉瓦太阳能项目的成功实施预计将带来以下几个重要成果。项目的实施将显著提高埃及电力供应的稳定性和可靠性，减少对进口化石燃料的依赖，提升能源自主性。每年减少约 1400 万吨二氧化碳排放，有助于缓解全球气候变化，改善当地的环境质量。通过降低能源成本，每年节省超过 10 亿美元的天然气开支，同时创造大量就业机会，推动当地经济发展。[②] 在项目的实施过程中，中埃双方将进行广泛的技术交流和合作，将提升埃及在可再生能源领域的技术水平和管理能力。

10 吉瓦太阳能项目不仅展示了中国在清洁能源领域的技术实力和投资能力，也为其他发展中国家提供了可借鉴的经验。通过这一项目，中国与埃及在技术转让、人员培训和管理经验方面进行了深入交流，为未来双方在更广泛领域的合作奠定了基础。此外，该项目将显著提高埃及电力供应的稳定性和可靠性，减少其对进口化石燃料的依赖，增强其国家能源自主性。同时，每年减少约 1400 万吨的二氧化碳排放，有助于缓解全球气候变化，改善当地的空气质量，促进生态环境的改善。

经济方面，通过降低能源成本，每年节省超过 10 亿美元的天然气开支，显著减轻了国家的能源开支负担。这不仅有助于改善国家的财政状况，还为其他关键领域的发展提供了更多资源。此外，该项目还创造了大量就业机会，为当地居民提供了就业和培训机会，提高了他们的技能水平和收入水平。

社会方面，项目的成功实施增强了中埃两国的合作关系，促进了双方在

---

① List solar, China Electric Power to Power 10-GW Solar in Egypt, 2023, https://list.solar/news/china-electric-1/.

② List solar, China Electric Power to Power 10-GW Solar in Egypt, 2023, https://list.solar/news/china-electric-1/.

经济、技术和文化等领域的交流与合作。通过这一项目,中国不仅展示了其在全球清洁能源市场中的领导地位,也为其他国家提供了可借鉴的经验和模式。这种多层次、多领域的合作,为全球能源转型和可持续发展提供了有力支持,也为中埃两国在其他领域的合作奠定了坚实基础。

埃及 10 吉瓦太阳能项目是中国与北非新能源合作的又一典范,展示了两国在清洁能源领域的深度合作和互利共赢。随着更多合作项目的实施和新技术的引入,中国与北非在清洁能源领域的合作将继续深化,为全球能源转型提供更多支持和经验。

# B.3
# 东部非洲新能源开发报告[*]

韦晓慧 张亚兰[**]

**摘 要：** 东部非洲拥有丰富的水能、太阳能及风能资源，为新能源发展奠定了坚实基础。在开发方面，多国正积极推进水电站、太阳能发电站及风电厂建设，其中，中国企业在埃塞俄比亚、肯尼亚等国的项目尤为显著，如埃塞俄比亚风电厂与肯尼亚加里萨光伏电站，均对当地电力供应做出重要贡献。然而，资金短缺、技术瓶颈及政策环境不完善仍是清洁能源发展面临的主要挑战。为解决这些问题，东部非洲国家正积极寻求国际合作，中国作为关键伙伴，在资金、技术及人才上给予了重要支持。未来，通过深化国际合作与完善政策体系，东部非洲清洁能源有望实现更快发展。

**关键词：** 东部非洲 新能源 中非合作

## 一 东部非洲新能源产业发展现状

### （一）产业禀赋

东部非洲以其丰富的自然资源著称，尤其是水能资源，拥有超过4863条理论蕴藏量不低于50GW·h的河流，总蕴藏量高达5668TW·h/a，占全

---

[*] 本报告受2023年度广东省普通高校特色创新项目"高质量共建'一带一路'数字化基础设施的经济效应研究"（项目编号：2023WTSCX025）资助；本篇未做标注的数据均源自世界银行。
[**] 韦晓慧，广东外语外贸大学国际经济贸易研究院副教授，主要研究方向为国际发展；张亚兰，广东外语外贸大学经济贸易学院科研助理，主要研究方向为国际贸易。

球总量的12.3%，展现出了巨大的开发潜力。这一潜力主要集中于刚果河、尼罗河、赞比西河等广阔流域。尼罗河，作为非洲最长河流，横贯东部与北部，全长达6600多公里，其水源主要源自埃塞俄比亚高原的季节性降水，形成了独特的定期泛滥现象。在流域内，埃塞俄比亚以68.23TW·h/a的理论蕴藏量位居榜首，占比为29.52%，紧随其后的是乌干达（58.45TW·h/a，占比为25.29%）与苏丹（50.97TW·h/a，占比为22.05%）。[1]

此外，东部非洲沿海地区如索马里、埃塞俄比亚、肯尼亚、坦桑尼亚，年平均风速超过6m/s，为风电开发提供了优越条件。以肯尼亚为例，其国土辽阔，最高点海拔达4871米，地形坡度显著，最大可达52.2°。肯尼亚风能资源尤为丰富，特别是距地100米高度处，全年风速变化范围广泛，平均风速为5.3m/s，高风速区主要集中在北部及东部，为大规模风电开发奠定了基础。经估算，肯尼亚风能资源理论蕴藏量高达7662TW·h/a，技术可开发量足以支持1005GW的集中式风电项目，年发电量预计可达2695TW·h，平均利用小时数达2681小时（容量因子约为0.31）。[2]

太阳能方面，非洲大陆同样展现出非凡的潜力，年平均太阳辐照量高达2119kW·h/$m^2$，其中北部、西部、南部地区尤为突出，光伏技术潜力超过7900GW。东部非洲大部分地区，除少数保护区外，均适宜建设大型光伏电站，进一步彰显了其在全球太阳能发电领域的领先地位。[3]

### （二）产业规模与产业结构

截至2023年，肯尼亚清洁能源占比显著提升，低碳电力生产总量达11.47TW·h，其中地热能贡献最大（6.04TW·h），水力次之（约2.7TW·h），风力发电亦不可忽视（约2TW·h）。埃塞俄比亚方面，2022年低碳电力生产总量约为15.41TW·h，几乎全部来自水力发电（14.75TW·h），凸显了其对水力资源的高度依赖。乌干达同样展现出对低

---

[1] 资料来源：全球能源互联网发展合作组织。
[2] 资料来源：全球能源互联网发展合作组织。
[3] 资料来源：全球能源互联网发展合作组织。

碳能源的偏好，2022年低碳电力（主要为水力和生物燃料）产量达5.33TW·h，水力发电占比超过90%（4.81TW·h）。相比之下，坦桑尼亚的电力结构仍较为传统，化石燃料发电量占总量的近2/3，低碳能源（主要为水力和其他）占比相对较低（产量为2.94TW·h）。①

### （三）产业政策

面对能源短缺与气候变化的双重挑战，东部非洲多国纷纷制定清洁能源发展战略，以肯尼亚、埃塞俄比亚为代表的国家更是明确了中长期发展目标，旨在引导国内外资本投入，加速清洁能源产业的成长。为吸引外资，这些国家普遍采取宽松的外资准入政策，确保外资企业在投资、并购、竞标等方面享有与本土企业同等的待遇，从而激发市场活力，推动清洁能源产业的快速发展。

**1. 坦桑尼亚的能源投资环境与政策框架**

坦桑尼亚的营商环境在全球范围内尚显不足，世界银行发布的《2020年营商环境报告》显示，其在190个经济体中位列第141，较上一年度上升3位，在非洲区域内则排名第26（共计55个国家参与评比）。为改善此状况，坦桑尼亚政府已出台一系列积极的可再生能源发展战略，推动电力市场的初步改革，例如，开放发电领域，激励私营企业参与竞争，并采纳发电、输电、配电及售电一体化的市场架构。然而，对于电网建设，政府设定了外资准入限制，明确禁止BOT、PPP等合作模式。尽管如此，可再生能源行业仍被视为优先发展领域，享受税收减免等优惠政策。外资企业虽可申请土地利用，但外籍员工管理政策趋于严格，且所有能源项目均需通过环保评估。

在清洁能源发展目标上，坦桑尼亚的《2020—2025年国家五年发展规划》设定了2020年与2025年可再生能源（含水电）发电量占比应分别达到50%与70%的目标。电力工业结构上，坦桑尼亚采用垂直一体化管理，发电市场部分私有化，其中TANESCO占据主导地位（市场份额为53%），

---

① 资料来源：https://lowcarbonpower.org/zh/。

其余由Songas、IPTL及独立发电商共同分享（47%）。输配电及售电环节则由TANESCO垄断。未来，根据电力发展蓝图，坦桑尼亚计划于2021年开放配电市场，引入竞争机制。在电价体系上，实行阶梯定价，普通用户月用电量75kW·h以内享受4.35美分/kW·h的优惠，超出部分则增至15.23美分/kW·h。

针对外资，坦桑尼亚鼓励其在采矿与发电站等领域的投资，但受限于国家财政与融资能力，此类投资高度依赖外部援助。因主权考虑，电网项目外资合作模式受限。当前，坦桑尼亚尚未建立外资并购的安全审查机制，中国投资者多选择直接设立企业进入市场。为吸引外资，政府为符合条件的可再生能源项目提供"投资优惠证书"，享受包括关税减免、所得税优惠、资本返还及股息汇出自由等一系列财政激励。

在土地与劳工政策上，坦桑尼亚土地归国家所有，外资企业可通过坦桑尼亚投资中心申请用地。外籍劳工需同时具备工作许可证与居住许可证，且管理政策趋严，要求高级管理人员与技术人员具备本科及以上学历。环保方面，坦桑尼亚实施严格的环境影响评估制度，确保所有能源项目符合环保标准。

**2. 肯尼亚的清洁能源投资环境与策略**

肯尼亚以其较为优越的营商环境在东部非洲多个国家中脱颖而出，根据世界银行发布的《2020年营商环境报告》，其在全球190个经济体中位列第56，较上一年度提升5位，在非洲区域内（共55个国家参与评比）则位居第4。肯尼亚的清洁能源发展策略相对稳健，电力市场改革正逐步推进，目前仅发电领域向私营部门开放。

在清洁能源目标的设定上，肯尼亚聚焦风电、水电及太阳能发电的优先发展，规划至2031年，风电与水电的发电占比应分别达到9%与5%。为吸引外资，肯尼亚通过制定《外国投资保护法》提供法律保障，要求外资项目须经肯尼亚投资促进局审批，并设定了10万美元的最低投资额门槛，以确保项目合法且对国家发展有益。

在财政支持方面，肯尼亚政府为可再生能源项目提供长期电价补贴，同时确保外国企业在融资方面享有与本土企业同等的待遇，并对太阳能发电项目免征增值税。在土地政策上，肯尼亚规定农业用地不可交易，但外资企业可通过长期租赁（最长为99年）获得土地使用权。对于外籍员工，肯尼亚实施严格的工作许可制度，侧重于技术及管理型人才的引进。此外，肯尼亚严格执行环保法规，要求所有投资项目在开工前必须通过环境影响评估，违规者将面临严厉的法律制裁。

3. 埃塞俄比亚的能源投资环境及政策深度剖析

在非洲地区的营商环境评估中，埃塞俄比亚的总体排名相对靠后。世界银行发布的《2020年营商环境报告》显示，埃塞俄比亚在全球190个经济体中位列第159，与上一年度持平，而在非洲内部则排第35位（共有55个国家参与评比）。为了推动可再生能源的发展，埃塞俄比亚政府明确将水电开发置于优先地位，并致力于电力市场的改革，尽管目前仍主要由国有资本主导市场。该国对外资持开放态度，未设置专门的法律障碍，且为可再生能源项目提供贷款与高额财政补贴，同时实施优惠的土地租赁政策，对外国劳动力的市场准入限制较为宽松。此外，埃塞俄比亚政府还加强了环保法规的执行，体现了对环境治理的日益重视。

在清洁能源的发展目标上，埃塞俄比亚通过《2013年国家能源政策》明确了水电开发的优先地位，并鼓励太阳能、风能和地热能等可再生能源的多元化发展。《增长与转型计划（2016—2020）》则进一步设定了新增14561MW可再生能源电力的宏伟目标。

从电力行业体制与市场结构来看，埃塞俄比亚已完成了发电与输配电的纵向拆分，形成了国有企业主导的垄断管理格局。具体而言，原埃塞俄比亚电力公司（EEPCO）被拆分为埃塞俄比亚电力公司（EEP）和埃塞俄比亚配电公司（EEU），前者负责发电及高压输电线路的运营，后者则专注于低压输电、配电及终端用户服务。

在能源电力投资领域，埃塞俄比亚政府积极鼓励私人资本参与批量电力生产，并允许其与埃塞俄比亚电力服务公司签订购电协议。私营部门在电力开发上享有高度自由，无生产容量限制。然而，国家电网的电力传输与供给

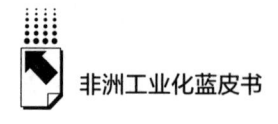

仍由政府独家掌控，而"离网"电力的传输与配送则向国内外私人投资者开放。

为支持可再生能源项目的发展，埃塞俄比亚政府实施了一系列财政政策。其中，《农村电气化基金》为农村地区的可再生能源项目提供贷款与技术援助，并对项目开发商给予高达20%~30%投资成本的财政补贴。此外，《扩大埃塞俄比亚可再生能源计划》（SREP）还明确了针对特定项目的资金支持，如Aluto Langano地热项目和Assela风能项目，同时助力中小型清洁能源企业的设施建设。

在土地方面，埃塞俄比亚实行土地公有制，投资者可通过租赁方式获取土地使用权，部分重点投资区域甚至提供免费土地。对于外籍劳工，埃塞俄比亚要求他们必须持有劳动部颁发的工作许可证，且工作许可证有效期为三年，需定期更换。环保方面，埃塞俄比亚环保局负责制定并执行严格的环保政策与标准，对投资项目进行环境影响评估，并对违规行为实施严厉处罚。

### （四）前景与瓶颈

非洲以其丰富的水能资源在全球占据显著地位，其水能理论蕴藏量占比高达全球总量的12.3%，同时风能资源也极为充裕，技术上可开发的风能占比更是达到了全球的39.8%，全洲范围内集中式风电的平均开发成本仅为每千瓦时4.12美分，展现了显著的经济性。此外，非洲的太阳能光伏资源同样具备巨大潜力，技术上可开发的光伏资源占全球的51.9%，集中式光伏的平均开发成本更是低至每千瓦时2.89美分，为集中开发提供了极为有利的条件。加速非洲清洁能源资源的开发，不仅能有效保障该地区的电力供应，还将成为应对气候变化、保护生态环境的重要举措，为非洲的经济增长注入新动力，推动其向绿色、低碳、可持续的发展路径迈进。

然而，非洲在清洁能源开发过程中也面临着不容忽视的挑战，主要表现在自然条件限制、基础设施薄弱、资金短缺、技术瓶颈、政策环境不稳定及地区安全风险等方面。

在自然条件方面，东部非洲广泛分布的热带草原气候，孕育了丰富的野生动植物资源，众多自然生态系统和保护区在此落户，对清洁能源项目的选址与建设提出了严格要求。特别是埃塞俄比亚、肯尼亚、坦桑尼亚等国家，其大面积的耕地及地质条件的不稳定区域，如地质构造复杂的地区、历史地震多发区，均对大型水电基地的开发构成限制，需避免对耕地、保护区及人口密集区造成负面影响。

在可利用的资金层面，清洁能源项目的高昂建设费用和运营成本与东部非洲国家普遍的资金匮乏形成鲜明对比，直接限制了项目的规模扩张与进度推进，众多潜力项目因此被迫搁置或难以启动。国际能源署的权威数据显示，非洲清洁能源项目的年度资金需求巨大，但当前投资水平远未达标，能源投资占GDP的比重远低于全球平均水平，且在全球清洁能源投资版图中，非洲大陆所获份额微乎其微，难以满足实现气候目标所需的资金规模。

在技术层面，尽管全球清洁能源技术日新月异，但关键技术仍高度集中于发达国家，东部非洲国家在技术创新与应用上显得力不从心。非洲地区整体经济技术基础薄弱，专业人才匮乏，难以支撑起清洁能源项目的高技术要求，这不仅降低了项目效率，还提高了项目成本，加剧了发展的难度。

在政策环境层面，政策的不稳定性也是投资者普遍担忧的问题，清晰、稳定的政策框架是吸引外资、促进清洁能源项目落地的关键。然而，东部非洲部分国家的政策法规透明度不足，能源政策频繁变动，给投资者带来了极大的不确定性，导致投资者的投资意愿降低，融资难度增加。特别是电力市场价格偏低，进一步压缩了清洁能源项目的盈利空间，削弱了其投资吸引力。

## 二　新能源开发与利用情况

### （一）能源类型、储量与地理分布

在东部非洲的能源版图中，埃塞俄比亚以其丰富的水能、风能、太阳能及地热资源脱颖而出，展现出超过60000MW的发电潜力。水力发电在埃塞俄比亚的电力结构中占主导地位，贡献率接近90%，而风能与热能则分别

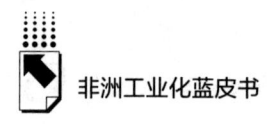

占8%和2%。当前，该国已建成5200MW的发电装机容量，惠及近60%的国民。

埃塞俄比亚被誉为"东非水塔"，其水资源之丰沛，在非洲名列前茅，拥有众多河流与湖泊，水域面积广阔，年地表水径流量高达1220亿立方米，呈现西富东贫的分布格局。全国水力资源蕴藏量约为650000GW·h/a，技术可开发量达48030MW。风能方面，埃塞俄比亚全国风能资源总量惊人，达3030GW，其中潜在开发量约为1599GW，主要集中于索马里州、北部及南部边境地区，尤其是索马里州，其可装机规模占全国总量的近80%。太阳能资源也不容小觑，埃塞俄比亚全境年均太阳辐射能量密度高达1992.2kW·h/（$m^2$·a），总储量估算为$21.99×10^{16}$kW·h/a，北部地区尤为富集，年均太阳辐射能量密度普遍超过2100kW·h/（$m^2$·a）。

此外，非洲地热资源集中在东非大裂谷，未开发潜力预估达15GW。[①] 肯尼亚作为非洲地热发电的先锋，已建成823.8MW的装机容量，而埃塞俄比亚也在积极探索，预计与肯尼亚共同引领未来非洲地热能的发展。

## （二）能源开发利用模式

东部非洲的清洁能源主要通过大型能源基地与东非互联电网实现外送。尼罗河水电基地，作为东非最大的清洁能源枢纽，包括了复兴大坝、吉布-3期等重点项目，其灵活性与调节性优势显著，将促进区域内太阳能与风电的协同发展。通过构建东非交流互联电网，尼罗河水电基地不仅服务于区内负荷中心，还通过特高压、超高压直流输电技术，与南非、埃及等远距离市场实现电力互济，大幅提升了各国的电网输送水平。

埃塞俄比亚的风电与太阳能基地，如吉吉加风电基地与德雷达瓦太阳能基地，依托其地理优势与风光互补特性，通过高效的输电网络，提升了能源传输效率。肯尼亚的风电与太阳能基地同样遵循此路径，通过大规模汇集与远距离输送，满足国内电力需求。

---

① 资料来源：BGR。

## (三)开发与利用的效率

非洲大陆在太阳能发电领域展现出巨大的潜力,其年平均太阳辐照量高达 2119kW·h/m$^2$,特别是北部、西部及南部地区,年辐照量普遍超过 2100kW·h/m$^2$。国际可再生能源署(IRENA)估算,非洲太阳能光伏技术潜力可达 7900GW。然而,尽管潜力巨大,实际开发程度尚显不足,仅少数国家实现了并网太阳能发电站的规模化部署。太阳能已成为非洲增长最为迅猛的可再生能源,2011~2020 年,其发电量年均复合增长率高达 54%,远超风能、地热及水电的增长速度。①

在风能开发方面,非洲北部、东部及南部地区尤为适宜,技术潜力预估为 461GW,但整体而言,风能资源的开发仍待加速,特别是北非部分地区与萨赫勒区域,其开发潜力亟待挖掘。

## (四)使用领域与社会经济影响

当前,东部非洲的可再生能源资源主要集中于电力生产,而针对运输、烹饪、供暖及制冷等终端使用的拓展尚显不足。可再生能源不仅是未来经济发展的强劲引擎,也是环境质量恢复的关键助力。长期以来,非洲因能源服务滞后及对污染性能源的依赖,面临环境退化与气候变化的严峻挑战,其全球碳足迹贡献相对有限。鉴于此,构建高品质的能源基础设施体系,加速向以可再生能源为主导的经济模式转型,是驱动非洲可持续发展的重要战略选择。依据 IRENA 制定的 2020~2050 年温控 1.5℃ 路径规划,每百万美元对可再生能源的投资,年均可催生至少 26 个全年就业岗位,② 相比之下,能源效率与灵活性领域的投资分别可创造 22 个与 18 个岗位,显著超越了转型过程中化石燃料行业岗位减少的负面影响。此外,清洁能源的广泛应用将极大地促进非洲产能与市场的扩张,缓解民众用电难题,为非洲国家的经济增长注入强劲动力。

---

① 资料来源:IRENA。
② 资料来源:IRENA。

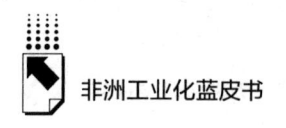

## 三 新能源市场的基本情况

### （一）市场参与主体基本情况

非洲新能源市场的繁荣离不开政府、国际机构及企业的协同努力。政府层面，东部非洲多国通过出台一系列激励政策，如税收优惠与财政补贴，为新能源市场营造了有利的政策环境。肯尼亚政府更是将风电、地热等作为发展重点，力争在2030年前实现可再生能源的全面供电。在国际舞台上，国际能源署等组织积极发声，强调非洲在太阳能、风能及水能方面的巨大潜力，而世界银行等金融机构也通过大额投资，如向西非与中非地区的3.11亿美元注资，彰显了对非洲可再生能源市场的信心。企业方面，国内外企业纷纷抢滩非洲，中资企业尤为活跃。例如，中国水利水电建设集团公司在乌干达建设的卡鲁玛水电站，以及中国江西国际经济技术合作公司在肯尼亚的加里萨光伏项目，均成为非洲新能源市场的标志性成就。

### （二）市场容量与规模

东部非洲，作为非洲人口与经济的重要板块，其总人口约为3.4亿，占整个非洲的28%，GDP贡献率为17%。电力需求方面，2016年用电量达40.0TW·h，负荷高峰达8.5GW，主要由苏丹、埃塞俄比亚与肯尼亚三国支撑。尽管电源总装机达13.6GW，水电仍占据主导地位（56%），但整体电力发展水平较低，人均用电量与装机容量均远低于非洲平均水平。展望未来，随着经济发展与电力需求的增长，预计到2035年，东部非洲总用电量将跃升至202TW·h，负荷峰值接近40GW；到2050年，则分别攀升至500TW·h与96.4GW，其中埃塞俄比亚、坦桑尼亚、肯尼亚与苏丹将成为主要负荷中心。[1]

---

[1] 资料来源：IRENA。

## （三）市场结构与交易模式

非洲清洁能源市场正经历着供给端与消费端市场化程度的深刻变革。供给端，BOT 模式作为主流，通过市场化招标吸引私人部门参与清洁能源项目开发，有效缓解了政府资金压力。例如，喀麦隆与葛洲坝集团合作的乔莱特水电站项目即采用此模式，预计将于 2024 年投产。同时，为应对财政补贴压力，非洲国家正逐步调整电价机制，由政府定价向市场竞价过渡。消费端，即付即用模式的兴起，降低了用户初期投入门槛，促进了清洁能源的普及与应用。

## （四）与非洲其他区域及国际新能源市场的关系

针对非洲新能源市场的现状，东部非洲区域以其丰富的可再生能源储备著称，涵盖水力、风力及太阳能资源，这些资源的有效开发与利用，对于增强非洲整体的能源自给能力及供应稳定性至关重要。在此背景下，中资企业在东部非洲的可再生能源版图中扮演了积极角色，如肯尼亚加里萨光伏发电站的落成，便是国际合作驱动该地区新能源市场蓬勃发展的一个生动例证。

作为全球可再生能源技术的领军者，中国通过与东部非洲国家的深度合作，不仅注入了必要的资金流，更关键的是，输送了前沿的技术解决方案与丰富的管理经验，为当地新能源产业的快速成长注入了强劲动力。东部非洲在新能源技术领域的探索与创新，诸如微电网并网技术的实践应用与氢能技术的初步探索，不仅为解决本土能源挑战开辟了新路径，也为非洲其他区域提供了可复制、可推广的发展模式。

东部非洲国家在推进新能源项目的同时，也致力于电力传输与分配基础设施的完善工作，此举对于提升能源使用效率、促进区域内能源网络的互联互通具有深远影响。通过强化区域电力合作机制，如参与或借鉴西非电力联营项目的成功经验，东部非洲不仅能够优化自身的能源结构布局，还有望成为清洁能源的出口基地，向邻近区域乃至全非洲输出绿色电力，共同推动非洲大陆的能源安全格局与可持续发展进程。

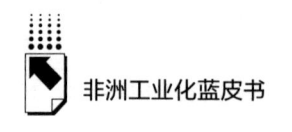

## 四 中国对东部非洲新能源产业的影响

### （一）中国与东部非洲能源合作概览

中国与非洲国家之间构筑了稳固且互利的长期合作伙伴关系，特别是在全球能源转型的大潮中，中非双方在清洁能源领域的协作展现出了广阔的合作空间与前景。结合非洲丰富的自然资源与中国完善的产业链体系，双方合作呈现高度的互补性。

具体而言，中国与东部非洲的能源合作聚焦于两大核心领域。首要领域是风电、光伏等清洁能源产业的深度合作。得益于东部非洲得天独厚的太阳能与风能资源，以及中国在风电、光伏技术上的深厚积累与成本优势，双方合作不仅促进了非洲清洁能源资源的有效开发，还为中国新能源企业提供了海外拓展的宝贵机遇。这一合作模式不仅缓解了东部非洲电力短缺问题，推动了其能源结构的绿色转型，同时也为中国新能源企业开辟了新的增长点，实现了互利共赢，并助力全球气候治理目标的实现。

另一关键领域则是电力基础设施建设的合作，旨在改善非洲民生用电条件，促进经济整体发展。面对撒哈拉以南非洲地区电力供应不足、基础设施薄弱的现状，中国通过技术输出与资金支持，积极参与电网建设等电力基础设施项目，不仅提升了非洲电力供应的可靠性和质量，还带动了当地经济的增长与民生改善。这一系列合作不仅响应了"一带一路"倡议的号召，也为中非双方带来了实质性的互惠利益，推动了全球低碳经济的转型与发展。

### （二）中国与东部非洲在新能源产业合作方面的最新进展

在新能源产业合作方面，中国与东部非洲国家取得了显著进展。以"中国—埃塞俄比亚/斯里兰卡可再生能源三方合作项目"为例，该项目作为南南合作与"一带一路"倡议下的重要实践，旨在增强发展中国家应对气候变化的能力,共同推动可持续发展目标的实现。通过5年的紧密合作,该项目不仅助力斯里兰卡与埃塞俄比亚制定了省级能源发展规划、建立了联合研发与推广中心,还建设了多个可再生能源技术示范点,其成果在国际上获得了广泛认可与赞誉。

此外,肯尼亚作为中国在非洲清洁能源合作的重要伙伴,双方在太阳能与地热发电领域取得了显著成果。肯尼亚丰富的太阳能与地热资源为中国企业提供了广阔的舞台。例如,中国企业承建的加里萨光伏发电站已成为东非地区最大的光伏电站之一,为当地民众带来了稳定的电力供应与显著的环保效益。同时,浙江开山集团承建的索西安地热电站也标志着中国在非洲地热发电领域的又一重要突破,为肯尼亚乃至整个非洲的清洁能源发展贡献了重要力量。

### (三)中国对东部非洲新能源产业的主要影响

#### 1. 加速非洲清洁能源发展的资金与基建支持

通过多层次、多领域的合作,显著增强了非洲清洁能源开发的资金流动性和基础设施建设。波士顿大学全球发展政策研究中心的最新数据显示,2000~2020年,中国进出口银行及国家开发银行累计向非洲可再生能源项目注入资金高达179.57亿美元,有效缓解了其资金短缺问题。此外,通过共建"一带一路"倡议,非洲国家的基础设施水平得以显著提升,为清洁能源项目的实施奠定了坚实基础。例如,中国电力建设集团成功完成的摩洛哥努奥二期200兆瓦槽式及三期150兆瓦塔式光热电站项目,不仅是全球单机容量之最,还应用了最先进的清洁能源技术,实现了零排放发电,标志着中非在清洁能源基础设施合作上的新高度。另一典范是中国航天建设集团在肯尼亚的电力传输扩建项目,该项目通过建设四条输电线路及变电站,极大地提升了肯尼亚电力网络的覆盖率和稳定性,成为肯尼亚电力发展的里程碑。

#### 2. 推动技术转移与本土能力构建

中国作为全球清洁能源技术的领军者,其技术进步对非洲清洁能源的开发产生了深远影响。通过技术共享与合作,中国助力非洲国家跨越技术门槛，加速清洁能源项目的实施。特别是在特高压输电技术方面，中国以其卓越的技术实力，为非洲国家提供了远距离、大容量、低成本的电力输送解决方案，显著降低了水力发电及输电成本，优化了资源配置。然而，技术引进与应用需伴随本土能力的培育。鉴于非洲国家在清洁能源技术领域的相对滞后及人才短缺现状，中国企业积极履行社会责任，通过定制化培训、设立培训中心等方式，如中国电力建设集团在赞比亚下凯富峡水电站项目中设立的中国水电培训学院，为赞比亚培养了急需的基础设施建设领域专业人才，全面提升了非洲在清洁能源开发、管理及运营方面的能力，促进了技术传承与本土化发展。

## 五 案例分析

### （一）中埃水电合作——吉布-3水电站项目

中国与埃塞俄比亚在水电领域的合作亮点非凡，其中，吉布-3水电站项目由中国东方电气集团担任机电总承包，成为非洲大陆上的一颗璀璨明珠。该项目不仅被誉为埃塞俄比亚的"能源巨擘"，其规模之宏大，更使之跻身非洲已建成水电站之最，与中国的三峡工程遥相呼应。

吉布-3水电站坐落于埃塞俄比亚南方州的奥莫河谷，距首都亚的斯亚贝巴约420公里，是奥莫河流域综合开发的标志性环节。该水电站配备了10台混流式水轮发电机组，每台机组容量高达187MW，除了发电功能，吉布-3还兼具防洪与流量调控等多重水利效益，对埃塞俄比亚乃至周边国家的能源安全与经济发展具有深远影响。

该项目的总投资额约为18亿美元，其中，中国东方电气集团负责的关键机电设备及金属结构部分合同金额就达到了4.95亿美元。为确保项目顺利实施，中国工商银行向埃塞俄比亚业主提供了必要的商业贷款支持。此外，特变电工股份有限公司还成功中标了吉布-3至亚的斯亚贝巴的输变电工程，该项目的融资由中国进出口银行提供，进一步巩固了中埃两国在电力传输领域的合作基础。

在吉布-3 水电站的建设过程中，中国电力设备制造企业凭借创新的 EPC+F 模式，有效整合了政策性银行与商业银行的资源优势，不仅解决了项目融资难题，还提升了自身的市场竞争力。

### （二）中埃风电合作——阿达玛风电项目系列

风电作为中埃可再生能源合作的另一重要支柱，阿达玛风电项目系列无疑是其中的佼佼者。中国企业在埃塞俄比亚奥罗姆州阿达玛市先后建成了阿达玛风电一期与二期项目，这些项目不仅展示了中国风电技术的先进性，也促进了埃塞俄比亚风电产业的快速发展。

阿达玛风电一期项目，距离首都亚的斯亚贝巴仅 95 公里，其设计装机容量为 51MW，安装了 34 台由金风科技提供的 1.5MW 风电机组。该项目总投资额为 1.17 亿美元，由中国电力建设集团下属的中国水电工程顾问集团以 EPC 总承包方式实施，标志着中国技术和标准在埃塞俄比亚风电领域的首次全面应用。同时，该项目也是中国进出口银行首次以优惠买方信贷支持的新能源项目，具有重要的里程碑意义。

在阿达玛风电一期项目成功的基础上，中国水电工程顾问集团与中地海外建设集团携手，成功中标了阿达玛风电二期项目的 EPC 总承包合同。该项目进一步扩大装机容量至 153MW，计划安装 102 台 1.5MW 风电机组，进一步巩固了中埃在风电领域的合作成果。[①]

值得一提的是，阿达玛风电项目系列均得到了中国进出口银行的大力融资支持。此外，双方还签署了针对阿伊萨（AyishaⅠ）风电项目的优惠出口买方信贷协议，为该项目的顺利实施提供了坚实的资金保障。阿伊萨风电项目合同总金额高达 2.57 亿美元，计划总装机容量为 120MW，由 80 台单机容量为 1.5MW 的风电机组组成，进一步彰显了中国在埃塞俄比亚风电市场的领先地位。

---

① 资料来源：the Ethiopian Electric Power。

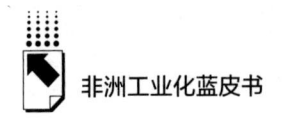

## 参考文献

陈玮冰、刘继森：《非洲清洁能源开发的现状、意义与挑战——兼论中非共建绿色"一带一路"的方向》，《国际经济合作》2024年第5期。

陈长、李彦洁：《当前深化中非清洁能源合作挑战和建议》，《水力发电》2023年第4期。

张锐：《非洲能源转型的内涵、进展与挑战》，《西亚非洲》2022年第1期。

徐秀丽、李小云：《平行经验分享：中国对非援助理论的探索性构建》，《世界经济与政治》2020年第11期。

张锐、寇静娜：《全球清洁能源治理的兴起：主体与议题》，《经济社会体制比较》2020年第2期。

韩冬临、黄臻尔：《非洲公众如何评价中国的对非援助》，《世界经济与政治》2016年第6期。

陈兆源、杨挺、程润涛：《2023年中国对外直接投资趋势展望》，《国际经济合作》2023年第2期。

# B.4 西部非洲新能源开发报告*

西部非洲新能源产业课题组**

**摘　要：** 西部非洲新能源产业虽然拥有丰富的自然资源和人力资源，但面临基础设施建设滞后、资金短缺和技术人员不足等挑战。在中非合作论坛和"一带一路"倡议下，中国企业在西非投资的可再生能源项目推动了当地的能源结构转型和经济发展。中国技术与方案助力西非国家推进绿色建设，如光伏电站、太阳能示范村等项目，创造了就业机会并提高了当地居民的生活水平。然而，高债务水平和投资风险、不完善的监管框架以及人才短缺等问题制约了西非新能源产业的发展。未来需改善营商环境、制定明确的战略方针并改革政策监管体系以吸引私人投资，填补资金缺口，推动西非向清洁能源转型。

**关键词：** 新能源产业　中非合作　基础设施建设

## 一　西部非洲新能源产业最新进展

西非地区拥有丰富的自然资源，包括太阳能、风能和水力资源，为发展新能源产业提供了得天独厚的条件。近年来，西非国家也加快了新能源项目的建设步伐，以减少对传统能源的依赖，促进经济的可持续发展，然而该地区也面临着基础设施建设滞后、技术人员不足、资金短缺、营商环境恶劣等挑战。

---

\* 本篇未做标注的数据均源自世界银行。
\*\* 课题组成员：曾驭然，经济学博士，广东外语外贸大学商学院副教授，主要研究方向为中非经贸合作、创业与创新管理；熊钰菁、郭志毅、娜孜叶尔柯·阿扎提、刘妍、陈浩毅、李赞，广东外语外贸大学商学院科研助理，主要研究方向为中非经贸合作、创业与创新管理。

## （一）产业禀赋

### 1. 人力资源禀赋

西非地区在新能源领域面临人力资源匮乏的主要原因包括两方面。一方面，该地区虽然拥有超过3亿的庞大人口和众多的年轻劳动力，但由于教育资源的不足和质量问题，劳动力在技能和教育背景上分布不均，导致传统行业如农业、渔业和采矿业拥有经验丰富的劳动力，而高科技领域专业人才稀缺。另一方面，经济滞后和有限就业机会导致高学历青年外流，加剧了人才流失。在新能源领域，人力资源匮乏尤为明显，原因包括整体教育水平低下和职业教育的社会偏见。少数学生完成中等教育并有机会继续接受高等教育，他们毕业后大多倾向于进入政府部门成为公务员或者从事白领阶层工作，而不愿意成为蓝领工人。[①] 尽管非洲联盟于2016年发布《非洲职业技术教育与培训振兴战略》，特别强调职业技术教育的重要性，但仍旧难以在短时间内扭转根深蒂固的偏见。

### 2. 技术禀赋

在西非地区，新能源领域的专业技术人才极度匮乏，包括从事新能源开发的技术人员以及负责设备维护的人员都严重不足，极大地阻碍了非洲特别是西非地区新能源的可持续发展。据统计，撒哈拉以南非洲（不包括南非）仅有约1.6万人从事可再生能源相关的研究、生产和维护工作，占比不到全球相关从业人员的0.1%。在西非国家，这一数字更为稀少。西非在新能源领域的人才培养和技术发展上存在巨大缺口，亟须加强人才培养和技术引进以推动新能源产业的发展。[②]

近年来，风能开发涌现出大量先进技术设备，但是在西非，先进的设备

---

[①] 张力玮:《非洲大陆教育战略（2016—2025年）》，《世界教育信息》2016年第12期，第20页。

[②] Forbes Africa, Renewable Power Surge in Africa Faces a Shortout: Not Enough Workers, 2019-01-31, http://gfffg4809d83b4b724b46sqk5fncuw5qxf6pvk.fxyh.librra.gdufs.edu.cn/focus/2019/01/31/renewable-power-surge-in-africa-faces-a-shortout-not-enough-workers/.

主要依靠进口且损耗极快,原因在于缺乏从事维护、保养岗位的技术人员。此外,尽管西非国家坐拥丰富的风能资源,但其在开发和利用这些资源方面存在着严重的不足。西非的风电装机容量低于非洲风电装机总容量的15%。《2018年全球风能报告》显示,截至2018年,整个西非的风电装机容量不到全球装机总量的1%。

西非地区在太阳能技术方面有一定的积累。由于阳光充足、日照时间长,西非国家积极推广和应用太阳能技术,特别是在太阳能光伏发电领域。一些国家已经建立了太阳能光伏发电站,并努力提高光伏发电的效率和可靠性。

水力发电技术也是西非新能源产业的重要组成部分。西非地区拥有丰富的水资源,特别是在几内亚、马里等国家,已经建成一批水力发电站。与此同时,风能、生物质能等领域的研究和应用逐渐展开。部分西非国家正在建设风力发电站,利用自然风力发电。一些废弃物料也被转化为生物质能源,为当地居民提供了热力和电力。

3. 资本禀赋

西非地区的科研经费极为有限,整个区域的科研支出不到国民生产总值的1%,而投入新能源领域的资金更是少之又少。同时,西非国家收到的有限科研援助中,高达总额1/3的经费不得不用于支付外国专家的薪酬。[①] 此外,西非新能源领域投融资手段也较为落后,清洁发展机制难以有效落地,严重影响国际投资者信心。全球风能理事会统计,2010~2017年,西非风能领域吸收的投融资不到15亿美元。

大部分西非国家用于新能源产业建设的固定资本稀缺。作为经济总量位居非洲第一的西非国家尼日利亚,其全国基础设施的建设水平与其经济总量难以匹配。非洲开发银行(African Development Bank)发布的报告显示,2020年尼日利亚的基础设施综合发展指数为23.266,位居非洲第24,低于非洲国家的平均指数(29.633)。可见,保障新能源产业发展的基础设施建

---

① 王涛、赵跃晨:《非洲太阳能开发利用与中非合作》,《国际展望》2016年第6期。

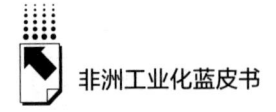

设情况不容乐观。

目前，政府不断增加用于建设新能源基础设施的资金。薄弱的基础设施制约着西非新能源产业的发展，随着冷战结束后非洲政治经济局势趋于稳定，西非国家通过加大公共投资来改善铁路、公路、机场和港口等基础设施条件，显著降低了工业成本，提高了产品的国际竞争力，从而促进了新能源行业的基础设施升级。在过去的15年里，西非国家表现出了持续增强公共投资的强烈意愿，并且拥有了稳定的资金渠道。这些投资在数量上呈现稳步上升的趋势，其中新能源设施的建设得到重点推动。①

西非新能源科研经费有限、基础建设薄弱、政府公共投资匮乏一直制约着产业开发。为改善投融资环境，吸引更大规模的资金流入，自2011年起西非各国就陆续提出"可再生能源独立电力生产商采购计划"，旨在为可再生能源生产商提供公共采购方案，并明确项目的最高关税设定等。因此，西非新能源开发利用项目招标过程日益透明化，为吸引国际组织、外部投融资企业注资提供了良好环境。国际组织及外国政府主要以赠款、无息或低息贷款为主，投融资企业主要以优惠商业贷款为主，积极推进西非能源开发。

## （二）产业规模与产业结构

西非可再生能源市场在预测期内（2024~2029年）的复合年增长率为2%。水电领域占主导，水力发电（包括混合发电）占该地区可再生能源发电总量的90%以上。尼日利亚因高电力需求和政策推动将主导市场。2021年，尼日利亚的水电装机容量为2111兆瓦；2022年11月批准的水电站项目规模为1650兆瓦，位于贝努埃州中北部的劳卢阿坎德。几内亚阿皮蒂水电站也在2021年9月开始商业运营，每年生产1900GW·h清洁能源，并将下游的Kaléta水力发电项目的产量提高至1000 GW·h/年。

---

① Kannan Lakmeeharan, Qaizer Manji, Ronald Nyairo, and Harald Pöltner, *TSolving Africa's Infrastructure Paradox*, 2020-03-06, https://www.mckinsey.com/capabilities/operations/our-insights/solving-africas-infrastructure-paradox#/.

西非国家自身既缺乏资金和技术，也缺乏制造风力涡轮机等设备的能力，因此，开发利用新能源既离不开国际新能源企业的规划、设计、融资和建设，也离不开国际供应商的设备支持。国际新能源企业不仅资金雄厚、技术先进、管理高效，而且也看好西非市场，是当前西非风能开发的主力军。例如，法国韦尔涅公司不仅承建了包括毛里塔尼亚努瓦迪布在内的风电厂，而且针对西非实际情况，生产出易于安装、维护简便的风力涡轮机设备，并且该设备在西非地区得到了很好的推广与利用（见表1）。

表1 国际风能企业参与承建西非风电厂情况

单位：MV

| 项目名称 | 国家 | 参与承建企业 | 装机容量 | 安装年份 |
| --- | --- | --- | --- | --- |
| 努瓦迪布风电厂 | 毛里塔尼亚 | 法国韦尔涅公司<br>法国瓦洛雷姆公司 | 4.4 | 2011 |
| 联邦能源部风电厂 | 尼日利亚 | 法国韦尔涅公司 | 10.2 | 2015 |
| 布列努阿尔风电厂 | 毛里塔尼亚 | 西班牙西门子歌美飒公司<br>法国瓦洛雷姆公司<br>西班牙伊诺公司<br>德国西门子公司 | 102 | 在建 |
| 努瓦克肖特风电厂 | 毛里塔尼亚 | 法国瓦洛雷姆公司<br>西班牙伊诺公司<br>法国特拉克泰贝尔工程咨询公司 | 30 | 2015 |
| 塔巴·恩迪亚耶风电厂 | 塞内加尔 | 法国特拉克泰贝尔工程咨询公司 | 158.7 | 2023 |

资料来源：Wind energy database。

太阳能资源在西非地区分布广泛。随着技术的进步和成本的降低，太阳能发电在西非国家越来越受到重视。2022年11月，法国EDF与Meridiam共同成立的能源投资平台NEoT Offgrid Africa宣布，与合作伙伴将在贝宁开发一个1.7兆瓦的太阳能迷你电网项目，为12个农村地区提供电力。其中包括3兆瓦时的电池容量，可为5000多个家庭和企业提供电力。2022年8月，沃尔特河管理局（VRA）位于卡莱奥（Kaleo）的13兆瓦太阳能发电项目在加纳成功投产。该太阳能发电厂是Kaleo最终将建成的28MW发电厂的第一阶段工程。沃尔特河管理局还将获得德国开发银行（KfW）的1600万美元，用于建设Kaleo太阳能发电厂的二期工程，到2023年中期，为该项目增加15MW的发电能力。①

西非地区虽拥有丰富的太阳能资源，但在光伏发电产业方面尚处于起步阶段。西非光伏发电的装机容量仅占总装机容量的约1%。尽管布基纳法索、加纳、冈比亚和塞内加尔等国拥有光伏并网经验，但它们在技术和管理上仍存在需要克服的问题。预计通过开发低成本可再生能源和实现电网互联电力交易，西非国家的电力价格会降低50%，为光伏发电产业创造更多的市场机会和发展空间。②

与此同时，西非各国正在积极开拓新能源产业。加纳政府的可再生能源总体规划设定了一个目标：到2030年，通过可再生能源产生2514兆瓦电力，占该国预期总装机容量的10%。太阳能发电被视为重点，预计将占新增装机容量的55%。中国企业在加纳的电力基础设施建设中参与了多项电站建设项目，帮助其建立了电力项目管理和协调体系，并为超过80%的加纳独立发电项目提供了融资和技术支持。Fitch Solutions数据显示，2022年加纳的电力装机容量为5516.7兆瓦，同比增长3.7%，电力供应覆盖了85%的人口，位居西非之首。③

尼日利亚于2022年开始建设年产能为21兆瓦的太阳能电池厂，预计未来几年内太阳能光伏将在该国的电力供应中发挥重要作用。此外，冈比亚也在筹建国内首个规模型光伏电站项目，装机容量达20吉瓦，并设有储能系

---

① Mordor Intelligence, West Africa Renewable Energy Market Size and Share Analysis: Industry Report-Growth Trends, 2024-2029.
② 罗魁：《西非可再生能源发展现状及并网技术分析》，《全球能源互联网》2020年第5期，第526~536页。
③ 《2024年非洲（加纳）电力能源展》，搜狐网，2024年4月26日，https://m.sohu.com/a/774518663_121685483/?pvid=000115_3w_a&strategyid=00014。

统，这是冈比亚电力复兴和现代化规划的试点项目之一。①

日前，芬兰拉彭兰塔工业大学（LUT）发布的一项研究结果显示，预计2050年前后，西非国家经济共同体81%~85%的能源需求将由光伏发电供应。

近年来，国际组织和金融机构如欧盟、法国开发署、世界银行等，对西非国家的能源援助主要集中在光伏发电领域。2017年，欧盟和法国开发署出资在布基纳法索建立了当时西非地区最大的33兆瓦光伏电站。2019年，世界银行为西非19个国家提供了超过2亿美元的资金，以支持独立太阳能系统的建设。2020年，贝宁和布隆迪分别从西非国家经济共同体开发银行和世界银行获得2110万美元和1.6亿美元的贷款及捐款，用于各自国内光伏电站的开发建设。②这些资金注入和项目实施不仅促进了西非国家光伏发电技术的进步，也为当地经济发展和能源自给带来了新的希望。

### （三）产业政策

#### 1. 外部政策

为了帮助西非国家发展新能源，国际组织和多个国家达成合作协议。

非洲核能委员会（AFCONE）和世界核协会（WNA）签署谅解备忘录，将合作利用核能支持非洲大陆经济增长和可持续能源发展。加纳、尼日利亚等国已决定发展核电，正在推进相关计划的实施。尼日尔、塞内加尔正在开展将核能纳入本国能源结构的研究。世界核协会在2023年9月发布的《核燃料报告：2023—2040年全球需求和供应情景》中预计，非洲到2040年可能拥有1800万千瓦的核电装机容量。

乌克兰危机导致欧洲对西非能源资源的依赖度上升。欧洲企业增加对该

---

① 《冈比亚筹建国内首个规模型光伏电站项目》，能源界，2018年9月18日，https://www.nengyuanjie.net/article/87998.html。
② 姚金楠：《光伏发电成西非能源最优解》，《中国能源报》2020年4月13日，http://paper.people.com.cn/zgnyb/html/2020-04/13/node_2222.htm#。

区域的投资以减少对俄罗斯天然气的依赖。德国、意大利等国的领导人多次访问尼日利亚、塞内加尔、尼日尔等西非国家,油气供给和能源合作成为主要议题,并启动了多项跨国能源项目。不仅在传统油气项目上加大投入,还在新能源产业如氢能等领域展开布局。国际石油巨头和独立能源公司都在积极寻求与西非国家的新能源合作机会。中国企业面临着在西非传统能源市场竞争加剧的挑战,正努力在新兴能源领域占据一席之地,以保持其在该地区的战略影响力。

2. 内部政策

西非国家为了发展新能源,根据各国情况做出调整政策并鼓励发展。2000年以后西非经济实现持续较快增长,越来越多的非洲国家已经不把重点放在支持或反对产业政策的意识形态辩论上,而是积极借鉴新兴工业国家的成功经验。许多西非国家在借鉴和总结这些成功经验的基础上,把维持宏观经济稳定作为改善工业发展环境的重要举措,改善公共财政状况,降低通货膨胀、稳定汇率和控制外债规模,为工业发展营造一个良好的内部环境。例如,加纳、塞内加尔等国家都在其工业发展战略中突出宏观经济稳定的重要性,将改善工业投资环境作为主要目标,将宏观经济政策、贸易政策和监管框架改革作为重要举措。①

西非国家为保护风电企业不受政治波动影响,促进其可持续发展,实施了高于风电生产成本的固定电价政策,并最终通过法律或政策文件将其正式确定下来。一般而言,西非风力发电成本为0.1~0.15美元/千瓦时,而固定电价往往是这一成本的数倍,有效期一般为10~20年。部分国家还采用"税费递减"政策,以支持可再生能源企业降低生产成本,增强竞争力。尼日利亚政府特别规定,国家电力公司必须购买全国至少50%的风电和光伏发电量,其余由电力贸易公司采购,以保障可再生能源发电的销路。②

---

① Newman Carol, Page John, Rand John, Shimeles Abebe, Söderbom Måns, *Made in Africa: Learning to Compete in Industry*, Brookings Institution Press, 2016, p.49.
② 王涛、崔媛媛:《非洲风能开发利用的潜能、现状及前景》,《中国非洲学刊》2020年第2期,第117~136页。

加纳政府发布了可再生能源总体规划，目标是到 2030 年将非水能的可再生能源占比提升至 10%，以减轻能源消费对环境的不利影响。加纳已经有多个新能源项目正在进行，包括由中国企业承建的水电站和太阳能项目。例如，中国水利水电建设股份有限公司承建的布维水电站年发电量超 10 亿千瓦时，并且加纳首个浮式光伏项目——装机 50MW 的太阳能电站项目也在布维水电站上建成。①

### （四）前景与瓶颈

随着全球对可持续发展和环境保护的重视度不断增强，新能源产业正蓬勃发展，为相关专业的毕业生提供了大量的就业机会。西非国家也逐渐认识到新能源产业的重要性，纷纷出台相关政策，加大对新能源产业的投资和支持力度，推动新能源产业的快速发展。

伴随着技术的进步和成本的降低，新能源技术的推广和应用也变得更加可行。太阳能光伏板、风力发电机等设备的成本逐渐下降，使新能源项目的投资回报率提高，进一步促进了西非新能源产业的融资。

西非地区在新能源产业的投入不足，导致部分新能源项目难以顺利推进，影响了产业的发展速度。大部分非洲可再生能源科研项目依赖外部支援，研究方向自主性受限，项目成效不佳，有的甚至未能完成。非洲对外援的依赖很容易形成一种恶性循环，即"储蓄低—投资低—生产率低—收入低—援助依赖"。部分西非国家曾长期依靠外援来维持国内政治经济稳定，不少国家的外援资金有时超过政府年度预算的一半。②

除西非地区的基础设施建设相对滞后，无法满足新能源产业快速发展的需求外，人才短缺也是制约西非新能源产业发展的一个重要因素。

西非多国因政治动荡、部族宗教复杂、社会安全形势严峻和营商环境不

---

① 《2024 年非洲（加纳）电力能源展》，搜狐，2024 年 4 月 26 日，https://m.sohu.com/a/774518663_121685483/?pvid=000115_3w_a&strategyid=00014。
② 梁益坚：《非洲工业发展的新态势：表现、原因和趋势》，《非洲研究》2022 年第 2 卷，第 61 页。

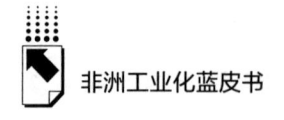

佳，导致新能源投资风险较高。资源国内部部落力量强大，能源行业发展受制于中央与地方政府及部族间利益分配。为维护社会稳定和促进工业发展，政府需合理分配和使用新能源收入。

这些西非国家的政府如果决心推动能源行业发展，就需要制定优于低风险国家的油气投资和对外合作政策，同时要考虑为企业提供便利服务，提高政府行政效率，并完善产业相关法律法规等，从而进一步改善营商环境。

为促进新能源产业的快速发展，西非地区应从已有的清洁能源着手，思考如何利用当地丰富的自然资源来实现真正的绿色转型和经济增长。

## 二 西部非洲清洁能源开发与利用情况

过去十年，以太阳能、风能、水能为代表的清洁能源转型速度超乎预期，清洁能源发电的增速已超过石油、煤炭和天然气发电。

西非地区凭借其地理位置的特殊性和气候条件的优势，正处在能源转型的关键时期。该地区太阳能、风能、水能以及生物质能的丰富储备，为当地乃至全球的清洁能源供应做出了重要贡献。

### （一）能源类型、储量与分布

**1. 太阳能资源**

西非地区位于非洲大陆的西部边缘，赤道横贯其南部，靠近赤道的区域年日照时数长，太阳辐射量充沛，为太阳能发电提供了良好的自然条件。

国际可再生能源署（IRENA）于2024年3月发布的《2024年可再生能源容量统计》（Renewable Capacity Statistics 2024）显示，2023年非洲西部太阳能发电装机容量为1221兆瓦，2022年的非洲西部太阳能发电装机容量为1017兆瓦，同比增长约20.06%（见表2）。

表 2　2020~2023 年太阳能发电装机容量变化

单位：兆瓦

| 年份 | 世界总量 | 非洲总量 | 西非容量 |
| --- | --- | --- | --- |
| 2020 | 728405 | 10756 | 623 |
| 2021 | 873858 | 11635 | 853 |
| 2022 | 1073136 | 12702 | 1017 |
| 2023 | 1418969 | 13479 | 1221 |

资料来源：《2024 年可再生能源容量统计》。

其中，自 2016 年起，位于西非地区的塞内加尔太阳能容量，连续 8 年稳居西非国家太阳能储量首位。这不仅与其热带草原气候特征相关，还与其政府政策支持及国际资金的援助相关（见表 3）。

表 3　2016~2023 年西非国家太阳能发电装机容量变化总览

单位：兆瓦

| 国家 | 2016 年 | 2017 年 | 2018 年 | 2019 年 | 2020 年 | 2021 年 | 2022 年 | 2023 年 |
| --- | --- | --- | --- | --- | --- | --- | --- | --- |
| 贝宁 | 3 | 3 | 3 | 3 | 3 | 3 | 28 | 28 |
| 布基纳法索 | 3 | 38 | 54 | 55 | 56 | 57 | 87 | 177 |
| 佛得角 | 6 | 6 | 11 | 14 | 15 | 17 | 23 | 26 |
| 科特迪瓦 | 0 | 1 | 2 | 4 | 6 | 8 | 9 | 46 |
| 冈比亚 | 1 | 1 | 1 | 2 | 2 | 2 | 2 | 2 |
| 加纳 | 37 | 42 | 72 | 83 | 108 | 165 | 169 | 169 |
| 几内亚 | 0 | 0 | 13 | 14 | 15 | 15 | 16 | 16 |
| 几内亚比绍 | 0 | 0 | 1 | 1 | 1 | 1 | 1 | 1 |
| 利比里亚 | 0 | 2 | 3 | 3 | 3 | 3 | 3 | 3 |
| 马里 | 7 | 10 | 10 | 11 | 62 | 93 | 97 | 97 |
| 毛里塔尼亚 | 35 | 35 | 87 | 88 | 88 | 88 | 89 | 123 |
| 尼日尔 | 8 | 9 | 27 | 27 | 27 | 27 | 62 | 92 |
| 尼日利亚 | 15 | 20 | 25 | 37 | 53 | 73 | 102 | 112 |
| 塞内加尔 | 38 | 109 | 150 | 173 | 173 | 240 | 263 | 263 |
| 塞拉利昂 | 0 | 4 | 4 | 4 | 4 | 4 | 9 | 9 |
| 多哥 | 0 | 1 | 4 | 5 | 7 | 57 | 57 | 57 |

资料来源：《2024 年可再生能源容量统计》。

2014年，塞内加尔政府推出了"新兴塞内加尔计划"（PSE），旨在提高能源普及率，其中光伏能源是重点发展的项目之一。这一政策为塞内加尔的能源发展铺平了道路，尤其是在推动清洁能源领域。

世界银行集团下属机构国际金融公司（IFC）于2015年发起太阳能规模化开发计划，以招标的形式协助非洲国家安装光伏电站。其中，IFC协助塞内加尔新增约200MW的光伏装机量。①

2018年10~11月，塞内加尔电力监管委员会出台光伏余电补贴政策，允许分布式项目所发余电得以并入电网取得部分补贴。这项政策进一步促进了光伏能源的普及并激励了私人投资者的参与。

塞内加尔政府的"新兴塞内加尔计划"以及国际合作项目，共同推动了该国光伏能源的快速发展。因此，其太阳能发电装机容量得以在西非国家中脱颖而出。

### 2. 风能资源

风能作为另一种重要的清洁能源，正逐渐得到重视。特别是在西非的沿海地区和部分内陆国家，由于地理位置优越，拥有较为稳定的风力，适宜风能开发。

《2024年可再生能源容量统计》报告显示，2023年佛得角、冈比亚、毛里塔尼亚和塞内加尔四国的风能发电装机总容量为324兆瓦，与2022年的221兆瓦相比，同比增长约46.61%（见表4）。

表4 2020~2023年西非四国风能发电装机容量变化

单位：兆瓦

| 年份 | 佛得角 | 冈比亚 | 毛里塔尼亚 | 塞内加尔 |
| --- | --- | --- | --- | --- |
| 2020 | 27 | 1 | 34 | 159 |
| 2021 | 27 | 1 | 34 | 159 |
| 2022 | 27 | 1 | 34 | 159 |
| 2023 | 27 | 1 | 137 | 159 |

资料来源：《2024年可再生能源容量统计》。

---

① PVInfoLink:《全球光伏新兴市场需求解析——非洲地区：塞内加尔》，北极星太阳能光伏网，2020年6月16日，https://guangfu.bjx.com.cn/news/20200616/1081544.shtml。

塞内加尔于2019年开始部署风能发电，在西非地区，该国的水能储备位于较高水平。目前，西非首个也是最大的风电厂塔伊巴·恩迪亚耶（Taïba Ndiaye）就坐落于塞内加尔境内。

国际能源署发布的《2023年塞内加尔能源政策评述报告》指出，在100米高度测得的风能密度方面，塞内加尔的陆地面积完全处于最低类别（<260W/m²）。尽管陆地上的风力资源并非最顶尖，但塞内加尔沿海拥有稳定的风力资源，圣路易斯至达喀尔之间的北部海岸线观测到的风速为5.7~6.1m/s。据估计，海上风能潜力约为45吉瓦固定式风能和32吉瓦浮式风能。

塞内加尔虽然在陆地上的风力资源并不突出，但其沿海地区以及海上具有稳定的风能资源，且已经进行了一定的技术评估，显示出较大的开发潜力。在寻求多元化能源供应和减少碳排放的背景下，这对于塞内加尔未来清洁能源的开发无疑是一个积极信号。

在西非各国风能趋于稳定的情况下，毛里塔尼亚在2023年实现同比308.82%的增长，仅次于塞内加尔的风能容量。2021年10月，毛里塔尼亚政府曾与石油巨头英国石油公司（BP）签署谅解备忘录，旨在探索该国大规模生产绿氢的潜力，其中一个重要方面就是评估选定地点的风能资源对于大规模可再生能源发电和绿氢生产的适合性。2022年6月，欧洲投资银行（EIB）和毛里塔尼亚同意加强合作，扩大绿色氢能、风能和太阳能投资，以减少能源价格冲击的影响。①

绿氢作为一种通过可再生能源生产的氢气，其生产过程中不产生温室气体排放。荷兰应用科学研究院可再生能源氢能业务开发经理范德·伯格认为，"绿氢发展的主要驱动因素，是风能、太阳能等可再生能源的大规模发展"。

风能作为生产绿氢的关键能源之一，其开发和利用将直接影响绿氢项目

---

① Charlie Currie, EIB and Mauritania to scale green hydrogen investments, 2022-06-23, https://www.h2-view.com/story/eib-and-mauritania-to-scale-green-hydrogen-investments/.

的实施和成功。随着绿氢项目的推进,毛里塔尼亚对风能的需求也将增加,从而促进风能产业的发展。

3. 水能资源

西非不仅拥有从沿海、平原到内陆高原,再到河谷地带的多样地形,还拥有多条重要河流,如尼日尔河、沃尔特河和赞比西河等,为水能开发提供了丰富资源。这些河流流域面积广阔,流量充沛,配合热带气候的明显干湿季节变化,有助于部分国家利用季节性水流发电。

《2024年可再生能源容量统计》报告显示,西非部分国家水力发电装机年容量趋于稳定。例如,自2020年开始,加纳每年水力发电量稳定在1584兆瓦。尼日利亚的水力发电量于2023年达到2851兆瓦,同比增长约32.54%(见表5)。

表5 2020~2023年西非部分国家水力发电装机容量总览

单位:兆瓦

| 年份 | 马里 | 布基纳法索 | 科特迪瓦 | 加纳 | 几内亚 | 尼日利亚 | 多哥 |
|---|---|---|---|---|---|---|---|
| 2020 | 315 | 35 | 879 | 1584 | 589 | 2151 | 67 |
| 2021 | 315 | 35 | 879 | 1584 | 814 | 2151 | 67 |
| 2022 | 455 | 35 | 879 | 1584 | 814 | 2151 | 67 |
| 2023 | 455 | 37 | 879 | 1584 | 814 | 2851 | 67 |

资料来源:《2024年可再生能源容量统计》。

在西非国家中,几内亚水力资源丰富,降水充沛,地势起伏大,是西非尼日尔河、塞内加尔河和冈比亚河三大河流的发源地,水电蕴藏量高达630亿度。卡拉菲里水电站是几内亚境内最大的水电站,装机容量为7.5万千瓦,总投资为2.38亿美元,1998年正式并网发电。另外,还有金康水电站(3400千瓦)、丁基索水电站(1650千瓦)等。虽然拥有众多水电站,但几内亚的电力供应仍然处于紧张状态,尤其是旱季枯水季节,水电站不能充分发电。全国除首都中心区外,其他地方均需自备发电机发电。①

位于非洲几内亚湾西岸顶点的尼日利亚也在积极开发水力资源。宗格鲁水电站项目坐落在尼日利亚尼日尔州宗格鲁镇东北的卡杜纳河上，是尼日利亚境内最大规模的水电站之一，于2013年开工，直至2023年完成移交。②该水电站共安装4台单机容量为175MW的立轴混流式水轮发电机组，总装机容量为700MW。③

水电站的建设不仅能够提供稳定的电力供应，还有助于调节洪水，改善农业灌溉条件。然而，水电站的建设需要庞大的初期投资，并且可能对河流生态系统产生影响，因此需谨慎规划。

4. 生物质能资源

农业在西非经济中占有重要地位，该地区的大量农业产出可用于生产生物燃料的原料，如甘蔗、棕榈油和木薯，这为生物质能源的生产提供了原料基础。西非部分国家如马里、塞拉利昂、塞内加尔，对生物质能的开发较成熟。

如表6所示，6个国家中，塞拉利昂对生物质能的依赖性更加突出。该国的能源消耗主要来自生物质，占生物能源的80%以上。塞拉利昂生物质能源的最大来源是木材燃料，其次是木炭，而糖业中农作物残渣和甘蔗渣的使用仍然有限。此外，从玉米和木薯等能源作物中生产生物燃料，以及将木炭加工成生物炭，具有相当大的潜力。④

---

① 高铁峰：《商务参赞访谈》，中华人民共和国商务部官网，2010年2月5日，http://interview.mofcom.gov.cn/detail/201605/1543.html。
② 俞昭君：《国机集团中国电工承建的尼日利亚最大水电站完成移交》，国务院国有资产监督管理委员会官网，2023年8月21日，http://www.sasac.gov.cn/n2588025/n2588124/c28658195/content.html。
③ 胡超群、潘阳春：《尼日利亚最大水电站首台机组正式发电》，中华网，2022年3月30日，https://tech.china.com/article/20220330/032022_1040878.html。
④ 《塞拉利昂能源概况：风能和生物质能》，能源界，2018年9月19日，https://www.nengyuanjie.net/article/18735.html。

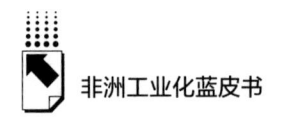

表6　2020~2023年西非部分国家生物质能容量总览

单位：兆瓦

| 年份 | 布基纳法索 | 加纳 | 塞拉利昂 | 马里 | 尼日利亚 | 塞内加尔 |
| --- | --- | --- | --- | --- | --- | --- |
| 2020 | 1 | 8 | 34 | 41 | 13 | 25 |
| 2021 | 1 | 8 | 34 | 41 | 21 | 25 |
| 2022 | 1 | 8 | 34 | 41 | 21 | 25 |
| 2023 | 1 | 8 | 34 | 41 | 21 | 25 |

资料来源：《2024年可再生能源容量统计》。

塞拉利昂拥有非洲首个生物能源厂，该能源厂由阿达克斯生物能源公司于2014年投资创建，地址在塞马凯尼地区的甘蔗种植园，占地约1万公顷，每年生产85000$m^3$乙醇和10万兆瓦/小时可再生能源。[1] 然而在2015年7月，阿达克斯生物能源公司因埃博拉疫情以及雨季，宣布将在未来6个月内减少在塞拉利昂的甘蔗生物乙醇的生产。最终，该能源厂在2016年由太阳鸟生物能源收购。[2]

生物质能源除了在塞拉利昂的能源结构中占比较高，还在尼日利亚的能源结构中占重要地位。

清华大学碳中和研究院联合伦敦大学学院巴特莱特可持续建筑学院、生态环境部环境规划院于2023年12月发布的《新兴经济体二氧化碳排放报告2023》显示，2020年，尼日利亚的生物质能源在其一次能源消费结构中占比高达约92.7%，主要用于家庭及服务行业的能源消耗。该国的生物质资源主要包括木材、木炭、粪肥和作物残留物等。在尼日利亚，由传统生物质能源产生的碳排放占比显著。观察时间序列趋势，生物质能源导致的碳排放总量呈上升趋势，从2010年的793.2百万吨上升至2020年的953.7百万吨。尽管近年来生物质能源的碳排放量仍在增长，但增速有所放缓。

---

[1] 《瑞士阿达克斯生物能源公司宣布在塞拉利昂减产》，中国蓝星网，2015年7月16日，http://www.china-bluestar.com/s/20678-60613-181935.html。

[2] Ben Payton, Bioenergy offers Africa a sustainable future, 2022-11-22, https：//african.business/2022/11/energy-resources/africa-faces-challenges-in-developing-bioenergy.

生物质能在西部非洲的开发与利用正逐渐成为该地区能源战略的重要组成部分，旨在增加能源可访问性、改善电力供应并促进经济发展。该地区虽然拥有丰富的生物质资源，但面临技术、资金和政策支持方面的挑战。部分国家已开始实施生物质能项目并建立生产设施，探索市场机会。国际合作和地区合作计划正在提升当地技术的可行性和可持续性。尽管面临挑战，生物质能在西部非洲的发展前景仍被看好，有望为清洁能源转型和能源安全做出贡献。

## （二）能源开发与利用的方式方法

西非的清洁能源在建筑、工业、机械、发电和传输等领域拥有巨大的能效提升潜力。

《西非经共体2014年可再生能源和能效状况报告》显示，2010年，该地区各个国家的能源强度从佛得角的3兆焦/美元到利比里亚的71.1兆焦/美元。西非经济共同体会员国的平均能源强度为14.5兆焦/美元，而整个非洲大陆的平均值为11兆焦/美元。西非经济共同体之所以能在撒哈拉以南非洲的区域可持续能源框架发展中位于前列，得益于其建立了西非经济共同体可再生能源和能效中心，这是撒哈拉以南非洲首个关注可再生能源和能效技术的区域中心。[1]

除此之外，在西非，清洁能源的开发与利用过程涉及多种项目开发模式、合作方式和技术路径。

### 1. 公私合营模式促进西非能源开发

2013年，尼日利亚央行行长萨努西在参加西非金融和经济管理研究所（WAIFEM）地区性会议时提出，鉴于西非基础设施需求与资金短缺，各国应采纳公私合营（PPP）的模式促进发展。他建议政府投资占主体，私人部门投入不超过25%~40%，并强调不应依赖盈利不高的项目的私人投资。[2]

---

[1] Karin Reiss, Developing Renewable Energy Sectors and Technologies in West Africa, 2016-04-27, https://www.un.org/zh/node/20948.

[2] 千帆：《尼日利亚央行行长：公私合营对西非基础设施发展至关重要》，环球网，2013年11月7日，https://china.huanqiu.com/article/9CaKrnJD3EM。

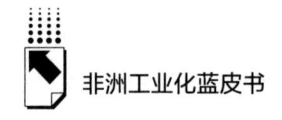

这种多元化的投资结构有助于风险分散和资本的有效配置。

目前在西非国家，采取公私合营进行清洁能源开发的项目有很多。例如，加纳电网公司由多个利益相关者组成，其中包括政府机构、国际金融机构和私人投资者；作为尼日利亚境内最大的水电工程，尼日利亚凯恩吉水电站由联邦电力部审批与监管，主流能源有限公司拥有其长达25年的特许经营权；① 塞内加尔库库塘巴水电站（EPC）项目由塞内加尔当局和国际金融公司联合开展②；2021年塞拉利昂能源部与Winch Energy签署了一项公私合作伙伴关系协议，拟建造24座小型太阳能发电厂，为该国24000余名居民供电；等等。

公私合营模式汇集政府与私营部门资源，优化资金、技术及管理配置，解决资金来源有限和基础设施投资不足问题。通过扩大项目规模，提高资金使用效率，并促进技术创新应用。此外，私营部门追求利润最大化且对市场需求敏感度高，加速了清洁能源项目的推进，提升了市场动力。

2. 西非"五位一体"模式实现能源联动

西非虽然是全球最具发展潜力的地区之一，矿产资源、能源资源和人力资源十分丰富，但是，能源网、交通网、信息网"三网"基础设施建设严重滞后，各国经济体量小、投融资能力弱，区域缺乏一体化发展规划和资源开发协调联动方案，已成为西非自主可持续发展的瓶颈。③

2018年，全球能源互联网发展合作组织主席刘振亚在会上向与会各国元首、高级别官员介绍了针对西非地区的能源互联网规划方案和"电—矿—冶—工—贸"（以下简称"五位一体"）联动发展思路，即统筹区内区外资源，加强各国电网建设和跨国跨区联网，引导区内清洁能源开发，引入区外

---

① 戴晓、田原：《尼日利亚电力市场投资开发研究》，《国际工程与劳务》2023年第6期，第52~55页。
② 《塞内加尔Scaling Solar计划为该国带来清洁和负担得起的能源》，能源界，2019年7月23日，https://www.nengyuanjie.net/article/28643.html。
③ 尹昌洁、黄磊、孙连明等：《西部非洲"五位一体"联动发展模式》，《油气与新能源》2021年第5期，第1~7页。

清洁电能，为西非经济社会发展提供安全、经济、清洁的能源保障。① 直至 2020 年 12 月，该联动发展模式才被纳入《中华人民共和国政府与非洲联盟关于共同推进"一带一路"建设的合作规划》中的"设施联通"合作领域。②

"五位一体"联动发展模式已在西非国家几内亚成功铺展。几内亚具有明显的雨旱季季节性气候，旱季时该国电力供应十分紧张，其目前的电力基础设施无法满足日益增长的电力需求，而"五位一体"联动发展模式能有效解决此问题。该模式将发电方和用电方打包在一起，形成收益共享、风险共担、相互支持的利益共同体。"电"是中心；"矿"是原料；"冶"是转变；"工"是提升；"贸"是创汇。其核心是电力生产，加快水能、风能、太阳能等清洁能源开发，加强各国电网建设和跨国跨洲互联互通，实现清洁能源大范围优化配置，以保障西非人民用上稳定经济的电、工业园用上稳定充足的电。③

### 3. 西非电力池组织赋能电站共享

非洲大陆虽然资源多样化，但各国在电力资源供应和分配方面仍存在巨大赤字。为解决这一问题，自 20 世纪 90 年代以来，五家非洲电力池组织分别在非洲南部、西部、北部、中部、东部逐步建立，通过区域跨境电力贸易和调配的手段实现电力资源更加合理化的配置。

西部非洲电力池（WAPP）成立于 2000 年，该组织与东非、南非电力池组织不同，西非国家电力产能普遍较为充足，因此 WAPP 的主要目标并非促进电力富余国与电力短缺国之间的能源优化配置，而是在降低民众用电成本的同时，集中各国富余电力资源开展重点项目建设，如福米水电站、苏阿皮蒂水电站等大型跨国基础设施建设工程。④

---

① 郭骏：《中国方案助力非洲能源可持续发展》，中华人民共和国中央人民政府官网，2018 年 12 月 23 日，https：//www.gov.cn/xinwen/2018-12/23/content_ 5351371.htm。
② 尹昌洁、黄磊、孙连明等：《西部非洲"五位一体"联动发展模式》，《油气与新能源》2021 年第 5 期，第 1~7 页。
③ 尹昌洁、黄磊、孙连明等：《西部非洲"五位一体"联动发展模式》，《油气与新能源》2021 年第 5 期，第 1~7 页。
④ 于明弘：《非洲电力池组织：电力能源互通、贸易与共享》，《中国投资》（中英文）2023 年第 Z7 期，第 102 页。

"西非的通电率仅为 52%，每月缺电长达 80 小时，而我们这个地区的电力成本却是全球最高的，目前每度电为 25 美分。"利比里亚土地、矿业与能源部部长谢尔曼表示，目前由十几个国家组成的 WAPP 组织致力于一体化的区域电力市场，"现在我们正在实施区域电网，然后由西非电力池来执行，通过 CLSG 项目进行建设，正在取得稳步的进展。"

CLSG 项目属于西非电力池总体框架的一部分，所有 CLSG 国家的议会都已经批准了西非经济共同体的能源议定书这样一个区域互联的条约。① CLSG 项目即"科特迪瓦—利比里亚—塞拉利昂—几内亚"四国电网联通项目，起于科特迪瓦 MAN 站，经利比里亚、塞拉利昂，终于几内亚 Linsan 站，全长为 1303 公里。联网线路穿越 4 个国家，连接起 12 座变电站，被誉为西非的"西电东输"工程。②

现在，西非电网的互联已经产生，电力正在进行跨国交易。这不仅促进了可再生能源的发展，还促进了非洲区域一体化与工业化的进程。

### （三）西非开发清洁能源的影响

目前，西非地区正在将清洁能源用于电力供应、矿产资源开发、推动工业化和电气化等方面，以此来实现区域可持续发展的目标。清洁能源的开发与利用对西非的社会经济发展产生了深远的影响。

首先，开发清洁能源提升了西非国家的能源利用效率，减少了民众对化石燃料的依赖，在提高能源安全性的同时，降低了温室气体的排放，从而保护了环境。西非一些拥有最先进的可再生能源部门和计划的国家（如尼日利亚）已经有足够的清洁能源项目，有望在 2050 年摆脱化石燃料。③

其次，清洁能源项目的开发缓解了西非地区的就业问题，为项目所在地

---

① 杨海霞：《电力互联或给非洲发展增强动力》，《中国投资》（中英文）2019 年第 22 期，第 62 页。
② 《科特迪瓦 MAN 站 SVC 项目顺利投运》，南瑞继保，2021 年 4 月 30 日，https://www.nrec.com/cn/index.php/news/info/1422/forum.php。
③ 顾家瑞：《非洲：推进可再生能源建设摆脱化石燃料依赖》，中国石化新闻网，2024 年 3 月 29 日，http://www.sinopecnews.com.cn/xnews/content/2024-03/29/content_7092169.html。

提供了丰富的就业机会。宗格鲁水电站工程建设解决了当地超过4000人的就业问题;① 马里古伊那水电站项目2016~2021年雇用当地工人2500余人次,属地化比例高达81%,涵盖力工、模板工、焊工、司机、轻重型机械操作手、翻译、会计、医生等16类工种;② 由60台风力涡轮机组成的尼日尔首座风电厂,预计在建设阶段创造超过500个工作岗位。

进一步而言,开发清洁能源提高了当地经济活力,通过吸引外国直接投资促进了基础设施建设和技术转移,增强了非洲西部地区的国际竞争力。国际可再生能源署于2022年1月发布的《可再生能源市场分析:非洲及境内各地区》显示,西非在2000~2009年收到清洁能源投资额约5亿美元,2010~2020年,收到清洁能源投资额约39亿美元。在大力发展清洁能源期间,外国能源开发技术,如"水力—太阳能—风力"智慧可再生能源发电组合、生物质燃料厨灶等都传入西非,提升了西非的能源利用效率和技术创新能力。

此外,居民日常生活质量的显著提升,成为西非开发清洁能源过程中不容忽视的成果。西非对清洁能源的开发提高了能源供应的稳定性。此前,在非洲一些欠发达地区,人们还在使用木柴、杂草等在原始炉灶条件下烹饪食物,这不仅耗费大量人力和资源,还引发普遍的健康问题。这种低效能的生活方式不仅是对能源的浪费,也成为很多家庭的经济负担,而清洁能源的利用改善了这种简陋的生活条件。清洁炉灶可带来环境、社会、经济等多重效益,一台清洁炉灶每年可减排3吨二氧化碳,它还可以极大地减轻妇女、儿童的劳动负担。这些清洁炉灶的设计各有不同,能源使用率皆在50%左右,这与四处漏风的传统炉灶相比,已经是极大的提升。③

总而言之,西非地区的清洁能源开发正逐步实现区域可持续发展的目

---

① 胡超群、潘阳春:《尼日利亚最大水电站首台机组正式发电》,中华网,2022年3月30日,https://tech.china.com/article/20220330/032022_1040878.html。
② 《马里古伊那水电站属地化管理获马里就业培训部"点赞"认证》,中国电力网,2022年3月30日,http://mm.chinapower.com.cn/jiaoyupeixun/xinwen/20210420/67529.html。
③ 郭倩、宋晨:《清洁炉灶进入非洲农家》,国家能源局,2012年6月6日,https://www.nea.gov.cn/2012-06/06/c_131633721.htm。

标，清洁能源的应用在电力开发领域展现出其不可或缺的作用。展望未来，全球新能源市场将继续保持增长态势。预计随着技术的不断进步和成本的降低，以及政府政策的支持和社会对清洁能源需求的增加，西非的新能源市场将迎来更广阔的发展空间。

## 三　西部非洲新能源市场的基本情况

### （一）市场参与主体情况

印度莫多尔情报公司发布的《西非可再生能源市场规模和份额分析——增长趋势和预测（2024—2029年）》显示，西部非洲的新能源发展吸引了多方企业，该市场的一些主要参与者包括中国电力建设集团有限公司（以下简称中国电建）、瓦锡兰公司、Energicity Corp 和 Redavia GmbH。

多年来，中国电建承建了西部非洲多项水力发电站项目：费鲁水电站、古伊那水电站、格西波—波波里水电站等。费鲁水电站是马里、塞内加尔、毛里塔尼亚、几内亚四国政府联合开发的一个水电项目，由欧洲银行和世界银行投资，中国电建承建，位于马里境内塞内加尔河上，已于2011年完工。马里古伊那水电站项目已于2022年3月完工，是中国电建EPC总承包项目，业主为塞内加尔河流域开发组织，项目由马里、塞内加尔、毛里塔尼亚三国政府向中国进出口银行贷款融资。格西波—波波里水电站是由中国电建承建的科特迪瓦在建的最大的水电站。当地时间2024年3月2日，项目实现下闸蓄水这一重大节点，比合同工期提前60天，为后续首台机组发电奠定了坚实基础。①

瓦锡兰公司是一家芬兰公司，主要业务包括能源和船舶。瓦锡兰公司与泛非洲太阳能有限公司签订了合同，在尼日利亚建设了一个75MW的光伏

---

① 邓越：《中国电建科特迪瓦格西波—波波里水电站项目提前60天实现下闸蓄水》，中国电力建设集团官网资讯中心，2024年3月5日，https://www.powerchina-intl.com/show/9/3466.html。

项目。这个项目是尼日利亚第一个并网的光伏项目，同时也是最大的光伏发电站。该项目是尼日利亚政府计划建设的 14 个光伏项目之一，由独立发电商和国家控股企业尼日利亚电商共同修建，于 2016 年 7 月开工。整个项目的装机总量为 975MW，除了上述 75MW 的工程，还包括与尼日利亚太阳能投资合作的 135MW 光伏项目、纳萨拉瓦州 50MW 光伏项目。①

Energicity Corp 由 Nicole Poindexter 和 Joe Philip 于 2015 年创立，是一家为农村社区提供服务的离网微型电网开发商和运营商，在加纳、塞拉利昂和尼日利亚设有子公司。Energicity 与该地区的许多主要合作伙伴合作，已经在西非地区交付了超过 1843797 千瓦时的电力，并在塞拉利昂、贝宁和利比里亚等三个国家运营。该公司安装了 1.7 兆瓦的电力，并为 70 多个社区提供电力服务。通过其子公司 Black Star Energy 和 Power Leone，Energicity 在塞拉利昂拥有 20 年的特许经营权，为 100000 人提供服务，并拥有加纳最大的私人微型电网足迹。②

Power Leone 成立于 2018 年，是 Energicity 在塞拉利昂的子公司。2020 年，Power Leone 与塞拉利昂政府签署了一份谅解备忘录，在塞拉利昂农村地区建设和运营 40 个容量为 1.4MW 的太阳能微型电网站点。2024 年，塞拉利昂将建设和调试其中的 17 个微型电网站点（800kW）。

Weziza Benin 成立于 2019 年，是 Energicity 在贝宁的子公司。2019 年，贝宁政府和贝宁千年挑战基金（MCA）贝宁 II 在竞争过程中选择了 Weziza Benin，为三个地区的 16 个离网社区供电。2023 年，Weziza Benin 成为第一个获得 MCA Benin II 赠款的获得者，成功调试了所有获奖地点，现在为这些社区的 1000 人提供服务。MCA 站点的容量为 300kWp，由于 Oikocredit 的支持，这一努力成为可能。Weziza Benin 正努力在 2024 年通过通用电力设施（UEF）在另外 6 个社区建设和调试站点。

---

① 姚宇：《芬兰瓦锡兰公司中标尼日利亚 75MW 光伏项目》，国际太阳能光伏网，2017 年 11 月 28 日，https://solar.in-en.com/html/solar-2430015.shtml。
② 《发展可再生能源微电网能否使 Energicity Africa 成为未来的公用事业？》，Energicity Crop 官网，2020 年 6 月，https://energicitycorp.com/news-and-events/。

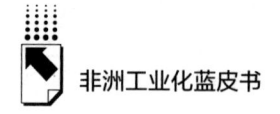

Starlight Energy 成立于 2023 年，是 Energicity 在利比里亚的子公司。到 2024 年，Starlight Energy 将在利比里亚西部地区的 10 个社区安装 1.3 兆瓦的太阳能容量，为至少 4300 名额外客户提供服务。这些装置是在 Mirova Sunfunder、BGFA、利比里亚政府农村和可再生能源局以及利比里亚政府环境保护局的支持下实现的。

Redavia GmbH 是为西非和东非的企业提供太阳能发电厂的企业。它在加纳阿散蒂地区的加纳制药公司 Amponsah Efah Pharmaceuticals 安装了 1.140MWp 的太阳能发电厂，启动了迄今为止加纳最大的太阳能项目。[1]

西非的通电率和清洁能源烹饪率构成了其新能源的需求端。目前，西非经济共同体会员国的人口已超过 3.346 亿，约占撒哈拉以南非洲人口总数的 1/3。可西非经济共同体地区的通电率列世界末位，可用电人口仅约占总人口的 42%，农村居民仅有 8% 可获得电力供应。一些国家仅可为 1% 的农村人口供电，比如几内亚和塞拉利昂。目前，西非通电率包括传统能源发电在内都处于很低的水平，新能源发电只占其中很小一部分。[2]

目前，平均有 85.7% 的居民在使用固体燃料（主要是木材和木炭）烹饪，其中几内亚比绍、利比里亚、马里和塞拉利昂使用固体燃料的人口占 98%，佛得角则低于 30%，需要大量清洁方便的新能源来代替原有能源。

西非新能源供不应求，发电依靠传统能源较多，电力传输基础设施不够完备，电力损耗严重。据统计，2017 年，西非输配电总体损耗达到 39.5%，其中技术损耗为 26.6% 左右，另外 12.9% 为严重偷电及电费收缴不足等导致的电力公司非技术损耗。截至 2019 年底，西非地区的装机容量为 23 GW，可用装机容量为 13.4 GW。这进一步增加了成本，导致西非地区电力均价高

---

[1] Ann Karimi, REDAVIA launches its largest solar project to date at Ghanaian pharmaceuticals manufacturing facility, 2021-06-17, https：//www.redaviasolar.com/redavia-launches-its-largest-solar-project-to-date-at-ghanaian-pharmaceuticals-manufacturing-facility/.

[2] Karin Reiss, Developing Renewable Energy Sectors and Technologies in West Africa, 2016-04-27, https：//www.un.org/zh/node/20948.

于全球均价，平均达到0.25美元/kW·h，是全球平均电价的2倍。①

在西非普及用电成本已经很高的情况下，发展新能源尤其是选择发展风电和光伏发电这一类波动性、随机性很强的波动电源似乎并不是明智之举，因此，西非地区以发展水力新能源为主。但西非的光伏和风电资源并不差，只是对于西非来说发展成本较高。

在全球推行低碳发展，西非能源供求严重不均衡的情况下，西非地区发展新能源是必然趋势。西非民众对电力普及清洁能源的需求得到满足，应该依靠新能源的发展。发展西非新能源，有完善的电力传输基础设施是第一步。但完善西非电力相关基础设施绝对不只是向西非地区投入资金那么简单，西非新能源发展还需要西非人民和多方携手共同努力。

### （二）市场规模与容量

西非新能源发展普遍起步较晚。从非洲开发银行提供的数据来看，西非地区对电力基础设施加固，农村电气化项目，包括新能源发电相关的投资，主要集中出现在2010年以后。

在2010年以前，西非地区出现的新能源直接相关投资较少，起步较晚。在西非地区，较前沿的、发展新能源且具有一定规模的项目较少。塞拉利昂在1990年便已经获得非洲开发银行7400万美元的投资。该项目包括在布姆布纳建设一座50兆瓦的水力发电站、200公里长的输电线路，减轻了该国沉重的经济负担。与其他的非洲国家相比，西非国家的电力设施巩固和新能源发展较晚。例如，马拉维在1970年前后获得非洲投资银行的投资近2000万美元。并且，非洲开发银行对南部非洲的投资比西非早十年左右，大部分投资出现在2000~2010年。

过去，西非有能力进行新能源大规模投资的国家较少，普遍以中小型投资规模为主，例如，2017年马里小型水电站项目。非洲开发银行发布的非

---

① 罗魁：《西非可再生能源发展现状及并网技术分析》，《全球能源互联网》2020年第5期，第526~536页。

洲地图数据显示，西非地区迄今为止尚未经历2009年南非所获得的大规模投资，当时南非从该银行获得了88亿美元的投资。非洲开发银行数据显示，同时期的西非国家尼日利亚（经济和电力部门改革计划）收到的银行资金只有1.31亿美元。

西非地区有限的承载能力让新能源发展商业化难以实现。而基础设施建设较差，使西非新能源发展周期性更长。不过较后发展不一定是劣势，西非可以吸取非洲其他地区的发展经验，转劣势为优势，厚积薄发。

近年来，西非在新能源方面的投资规模有扩大趋势，投资方向也在不断创新。非洲开发银行集团的优惠窗口——非洲开发基金董事会已批准为一个多国电力项目提供3.029亿美元的贷款，该项目将连接毛里塔尼亚和马里的10万户家庭。毛里塔尼亚—马里225kV电力互联和太阳能发电厂开发项目是"沙漠发电"计划的一部分。这些资金包括毛里塔尼亚的2.696亿美元和马里的3330万美元，也包括气候基金在内的其他合作伙伴将为项目成本做出的贡献，估计为8.88亿美元。① 随着西非新能源开发技术的进步，市场看到了在该地区开发更多新能源的可能性，使西非市场规模不断扩大。

西非新能源市场容量是巨大的。该地区虽拥有较好的自然资源，但是受限于较差的电力基础设施建设以及沙漠地貌，新能源发展起步较晚，承载力有限。随着新能源技术水平的发展，"沙漠发电"计划已经开始实施，如果西非可以合理利用后发优势，那么西非新能源发展可及的上限较高。

### （三）市场结构和融资渠道

**1. 市场结构**

随着西非各地修建水坝，预计水电领域将主导市场。1990年，塞拉利

---

① Romaric Ollo Hien, Desert to Power Initiative: African Development Fund approves nearly ＄303 million for Mauritania - Mali electricity interconnection project, 2023 - 12 - 18, https：//www.afdb.org/en/news - and - events/press - releases/desert - power - initiative - african - development-fund-approves-nearly-303-million-mauritania-mali-electricity-interconnection-project-67356.

昂获得非洲开发银行 7400 万美元投资，西非水电发展有较好基础。马里于 2016 年取消太阳能光伏项目，转而在 2017 年开展小型水电项目，可见当时水电发展比太阳能光伏发电更有优势。2021 年 9 月，由中国三峡集团旗下中国水利电力对外有限公司承建的大型国际水利工程西非最大水利枢纽——几内亚苏阿皮蒂水电站开始商业运营。该设施每年将生产 1900 GW·h 清洁能源，并将下游 Kaléta 水力发电项目的年产量提高至 1000 GW·h。2022 年 11 月，尼日利亚政府批准耗资 30 亿美元建设一座 1650 兆瓦的水电站。该项目将根据公私合作安排提供资金，位于贝努埃州中北部的劳卢阿坎德。水力发电（包括混合电厂）几乎占该地区可再生能源发电总量的 94.2%。

太阳能较少但处于增加状态。前文提及非洲开发银行牵头的旗舰可再生能源和经济发展计划——"沙漠发电"计划，该计划涉及的大多数国家均在西非地区，未来将为西非太阳能光伏发电市场做出巨大贡献。国际能源署发布的《非洲清洁能源融资 2023》指出，尼日利亚"太阳能即服务"企业之一 Daystar Power 被欧洲壳牌收购，利用壳牌公司的现金流，戴斯塔计划将其太阳能装机容量从 32 兆瓦提高到 400 兆瓦。这一事件表明西非地区太阳能资源有较大的开发潜能。

与太阳能资源相比，风力发电微乎其微。在目前已有的风力发电中，2010 年建立的佛得角风力发电项目是一个范例。此外，尼日尔首座风电厂于 2022 年开始筹建，其由 60 台风力涡轮机组成，设计装机容量为 25 万千瓦，预计 2025 年并网发电。[①]

**2. 融资渠道**

从融资渠道来看，西非新能源市场私人资金较少，政府组织融资较多，多由国企负责建设。非洲大陆许多地区的债务危机意味着可用的公共资本有限，包括国有公用事业资本。因此，私人资本需要发挥关键作用，但许多私人投资者由于实际风险较高而不愿进入非洲市场。在较新兴的市场中，监管

---

① 王林：《绿色能源之风已吹到非洲?》，《中国能源报》2022 年 4 月 14 日，https://baijiahao.baidu.com/s? id = 1730057027561367357&wfr = spider&for = pc。

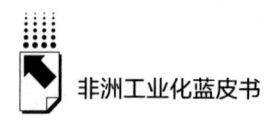

环境往往不完善，可能导致合同不稳定和延误。这种环境的结果是，大多数投资者感到可投资的项目不够多。目前，开发金融机构是该地区最大的清洁能源投资者。

承受能力的限制使项目不太可能在商业上被实施，但考虑到其社会影响，有充分理由采用优惠融资。我们估计，由于承受能力的限制，如果没有降低接入费及其他激励措施，只提供最基本能源服务的新电力接入连接，如电网、迷你电网和独立系统的情况下，只有约一半项目具有商业可行性。由于关税和补贴电器的政策影响，如果没有外部支持，除了改进炉灶之外，大多数清洁烹饪接入项目都无法负担。因此，赠款发挥着关键作用，既可以为最贫困家庭的接入计划提供资金（如尼日利亚农村社区的迷你电网计划），也可以为当地公司（如妇女领导的离网公司）提供早期融资。

此外，优惠融资提供者还可以通过创建更多股权融资工具，如非洲超越电网基金、多哥试点创新的表外融资等方式来推动私人资本进一步参与，支持商业银行提供更实惠的服务长期债务和为生产性用途融资。

有了适当的监管环境和降低风险的支持，西非可以动员全球投资界发挥更大的作用，包括为现有资产融资。

全球机构投资者持有数万亿资产，但目前对非洲国家能源行业的参与有限。了解最适合部署它们的地方并开发正确的工具是关键。《非洲清洁能源融资》报告显示，机构投资者不太可能为绿地项目提供资金，但可以投资棕地项目，要么通过政府资助的资产回收计划（如冈比亚和多哥），要么通过绿色或可持续债券提供再融资（如尼日利亚）。此类投资的另一个优势是可以为其他绿地项目释放建设和开发资金。同时，还可以利用国际债券市场来开发能源效率项目。

### （四）西非与外部新能源市场的关系

#### 1. 西非与非洲新能源市场

西非新能源在非洲整体新能源市场中占比不高，有待进一步开发。近年来，非洲整体处于能源转型的过程中，对于非洲传统能源的投资下降，新能源方面投资保持稳定。

#### 2. 西非与中国新能源市场

国际能源署《2023可再生能源回顾》显示，截至2023年，可再生能源发电装机容量估计达到507吉瓦，比2022年高出近50%，130余个国家的持续政策支持刺激了全球增长趋势的重大变化。该年度全球增长加速的主要原因在于中国蓬勃发展的太阳能光伏（+116%）和风能（+66%）市场的同比扩张。未来五年，可再生能源装机容量将继续增加，其中太阳能光伏和风能占96%，因为它们的发电成本低于大多数国家的化石和非化石替代品，并且拥有政策的持续支持。

对西非来说，中国清洁能源技术具有成本低、适用性强、可对接条件好的优势。加强中非清洁能源技术合作，一方面有利于增强西部非洲的可持续发展能力，另一方面能破解非洲清洁能源领域的技术瓶颈，中国在实践中不断创新，双方可形成优势互补、互利共赢的良性合作局面。

中方是"一带一路"倡议的发起国，"一带一路"倡议强调绿色、低碳发展，中方将与西非共同应对气候变化，推动绿色发展。

## 四 中国对西部非洲新能源产业的影响

### （一）中国与西部非洲新能源合作概览

改革开放以来，中国秉承和平共处五项原则，与非洲国家保持着友好关系；自"一带一路"倡议以来，中国秉持"真实亲诚"理念、正确义利观和共商共建共享原则，在经济、文化、人文等各领域推进中非合作，双方关系进入了高速发展的新时期。

西非地区具有天然的新能源资源优势，但电力基础设施不足、电力供应困难、能源安全程度低等问题严重制约了当地经济发展。中国作为全球最大的可再生能源市场和消费国、最大的可再生能源投资国，在太阳能、风能、

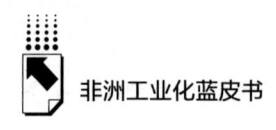

智能输电和电动汽车电池领域拥有高度自主技术能力。① 中国与西非新能源合作契合双方需求，合作潜力巨大。

1. 中非合作论坛：基于绿色发展框架下的中非新能源产业合作理念

中国是非洲绿色转型的重要支持者和参与者。中非以中非合作论坛、"一带一路"等重要会议报告精神为指导，建立和推进了中国与非洲新能源合作具体项目。中非合作论坛自2000年成立至今，一直是中非双方合作交流的重要平台，截至2023年已成功举办8次部长级会议（含3次峰会）（见表7）。② 其会议内涵丰富，深刻反映了中非在历史不同阶段所制定和建立的一系列合作计划。

表7 中非合作论坛历年部长级会议（峰会）

| 会议时间 | 会议名称 | 会议地点 |
| --- | --- | --- |
| 2000年10月 | 第一届部长级会议 | 中国·北京 |
| 2003年12月 | 第二届部长级会议 | 非洲·亚的斯亚贝巴 |
| 2006年11月 | 北京峰会暨第三届部长级会议 | 中国·北京 |
| 2009年11月 | 第四届部长级会议 | 非洲·沙姆沙伊赫 |
| 2012年7月 | 第五届部长级会议 | 中国·北京 |
| 2015年12月 | 约翰内斯堡峰会暨第六届部长级会议 | 非洲·约翰内斯堡 |
| 2018年9月 | 北京峰会暨第七届部长级会议 | 中国·北京 |
| 2021年11月 | 第八届部长级会议 | 非洲·达喀尔 |

资料来源：根据公开资料整理。

其中，2015年中非合作论坛约翰内斯堡峰会、2018年中非合作论坛北京峰会和2021年中非合作论坛部长级会议确定批准的"十大合作计划"③、

---

① 张燕云、王俊仁、罗继雨等：《新形势下深化中非能源合作的战略思考和建议》，《国际石油经济》2022年第11期，第32~39页。
② 《论坛机制》，中非合作论坛网，2024年4月27日，http：//www.focac.org.cn/ltjj/ltjz/。
③ 《穆加贝：中方对非"十大合作计划"具有重大历史意义》，中非合作论坛网，2015年12月8日，http：//www.focac.org.cn/ljhy/dwjbzzjh_1/hyqk/201512/t20151207_7933522.htm。

"八大行动"①和"九项工程"②,其具体内容均涉及绿色发展这一关键命题,为非洲新能源产业建设提供了资金、技术、人才等关键资源(见表8)。

表8 "十大合作计划"、"八大行动"和"九项工程"的具体内容

| 十大合作计划 | 八大行动 | 九项工程 |
| --- | --- | --- |
| 工业化合作计划 | 产业促进 | 卫生健康 |
| 农业现代化合作计划 | 设施联通 | 减贫惠农 |
| 基础设施合作计划 | 贸易便利 | 贸易促进 |
| 金融合作计划 | 绿色发展 | 投资驱动 |
| 绿色发展合作计划 | 能力建设 | 数字创新 |
| 贸易和投资便利化合作计划 | 健康卫生 | 绿色发展 |
| 减贫惠民合作计划 | 人文交流 | 能力建设 |
| 公共卫生合作计划 | 和平安全 | 人文交流 |
| 人文合作计划 |  | 和平安全 |
| 和平与安全合作计划 |  |  |

资料来源:根据公开资料整理。

以第八届部长级会议中提出的"九项工程"为例,作为"九项工程"之一的绿色发展工程,被列入中非双方共同定制的《中非合作2035年愿景》首个三年规划,预示着中非新能源领域合作不断加深。同时,中国政府和企业承建了大量水电站、风电站等项目,推动非洲新能源产业建设。2015年,自习近平主席在中非合作论坛约翰内斯堡峰会上提出着力实施绿色发展合作计划以来,中非双方近年来在绿色低碳合作方面取得了一系列卓越成果,上百个清洁能源和绿色发展合作项目顺利实施,中非可再生能源技术转移成为南南合作的重要典范。

2. "一带一路"合作:着眼"小而美"的中非新能源产业合作项目建设

自2013年以来,"一带一路"倡议逐步推进并得到国际社会,尤其是

---

① 商务部:《中非合作论坛北京峰会"八大行动"内容解读》,2018年9月19日,http://www.mofcom.gov.cn/article/ae/ai/201809/20180902788421.shtml。
② 商务部:《中非合作论坛第八届部长级会议"九项工程"内容解读》,2022年1月14日,http://ne.mofcom.gov.cn/article/sqfb/202201/20220103237203.shtml。

非洲人民的广泛参与和关注。2013年，习近平主席在出访哈萨克斯坦和印度尼西亚期间，先后提出了一带即"丝绸之路经济带"、一路即"21世纪海上丝绸之路"的合作倡议；2015年，中国政府正式发布《推动共建丝绸之路经济带和21世纪海上丝绸之路的愿景与行动》，号召国际社会参与其中，引起了广泛关注；2018年，中非合作论坛北京峰会暨第七届部长级会议将中非共建"一带一路"列为重要主题；2021年，《中非合作论坛第八届部长级会议达喀尔宣言》强调推动中非合作伙伴关系，同期发布的《中非合作2035年愿景》也提出要将非洲建为中国"一带一路"紧密合作伙伴。[1]

中国长久以来致力于佛得角太阳能示范项目推进，2020年4月，中国与佛得角正式建立了"一带一路"能源合作伙伴关系。[2] 中非"一带一路"框架下的能源合作除了大批"超级工程"新能源产业合作，更多聚焦于小规模、关注民生和社区需求的"小而美"项目。[3]

### （二）中国与西部非洲新能源产业合作最新进展

#### 1.中国企业投资西非新能源产业合作概况

中国与非洲新能源合作主要集中在风能、太阳能和水电领域，合作方式以项目投资和工程总承包形式为主。[4] 中国企业投资西非新能源产业不仅促进了西非国家的能源结构转型，也为中国的新能源企业提供了海外发展的机会，展现了中非合作的广阔前景。

中国企业是中非新能源项目合作的重要载体。在中国企业投资西非新能源项目上，截至2022年3月，中国企业以绿地投资方式在非洲赞比亚、埃

---

[1] 推进"一带一路"建设工作领导小组办公室：《中国—非洲国家共建"一带一路"发展报告》，中国计划出版社，2023。
[2] 《伙伴关系成员国-佛得角》，"一带一路"能源合作网，2020年8月5日，http://obor.nea.gov.cn/pictureDetails.html? id=2625。
[3] 王燕、陈梦阳、邰背平：《中非新能源合作让更多"小而美"项目惠及非洲》，中国一带一路网，2023年12月11日，https://www.yidaiyilu.gov.cn/p/04J86IC3.html。
[4] 闫枫、张欣哲、张晗旭等：《非洲可再生能源投资市场潜力可期》，《环境经济》2023年第2期，第56~61页。

及、加纳、摩洛哥、尼日利亚等资源国家投资了 15 个可再生能源项目，投资总价值超过 40 亿美元。

其中，中国企业在西非国家的新能源领域投资项目涉及尼日利亚和加纳的 3 个项目，累计投资额已超过 2 亿美元（见表 9）。①

表 9　中国企业在西非投资的可再生能源项目（绿地投资方式）

单位：百万美元

| 时间 | 投资企业 | 东道国 | 投资金额 | 项目内容 |
| --- | --- | --- | --- | --- |
| 2018 年 9 月 | 中国成套设备进出口公司 | 尼日利亚 | 178.00 | |
| 2016 年 2 月 | 晓程加纳电力公司 | 加纳 | 30.00 | 光伏电站 |
| 2015 年 9 月 | 英利绿色能源 | 加纳 | 10.10 | 光伏项目 |

资料来源：根据文献整理。

### 2. 中国企业与西非新能源最新合作项目概览

中国与西非在新能源合作领域取得了显著的进展，中国在新能源领域的合作模式也为西部非洲国家带来了新的发展机遇。中国企业通常采用公私合营模式，与当地政府和企业共同投资建设新能源项目（见表 10）。这种模式有助于分散风险，吸引私人资本参与，同时也保障了项目的社会效益最大化。

表 10　中国企业与西非新能源最新合作项目概览

| 时间 | 分类 | 企业 | 地区 | 项目概览 |
| --- | --- | --- | --- | --- |
| 2023 年 2 月 | 光伏 | 中国特变电工股份有限公司 | 冈比亚 | 中国特变电工承建的光伏储能和运维项目于 2023 年 2 月在冈比亚举行了奠基仪式。该项目由世界银行和欧洲投资银行投资，特变电工股份有限公司中标承建，西班牙 MAI 公司负责监理。项目范围包括建设 23MWp 光伏电站，8MW·h 储能系统，3km 33kV 输电线路及配套输变电设施等② |

---

① 武芳：《非洲可再生能源的发展与中非可再生能源合作》，《对外经济实务》2022 年第 6 期，第 4~8 页。
② 《驻冈比亚大使陪同巴罗总统出席中国企业承建光伏项目奠基仪式》，澎湃新闻网，2023 年 2 月 6 日，https://www.thepaper.cn/newsDetail_forward_21821059。

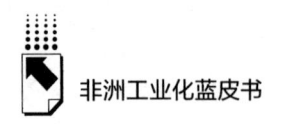

续表

| 时间 | 分类 | 企业 | 地区 | 项目概览 |
|---|---|---|---|---|
| 2023年5月 | 太阳能 | 中国地质工程集团有限公司 | 马里 | 2023年5月,由中国地质工程集团有限公司承建的马里太阳能示范村项目通过竣工验收,此项目为马里科尼奥布拉村和卡兰村当地上万人带来了光明和希望,是中非合作"小而美"措施的生动实践① |
| 2023年5月 | 光伏 | 中国能建中电工程国际公司 | 塞拉利昂 | 2023年5月,中国能建中电工程国际公司与塞拉利昂塞拉动力能源公司签署了塞拉利昂马班达莱100兆瓦光伏电站项目EPC合作协议② |
| 2023年6月 | 光伏 | 北京晓程科技股份有限公司、湖南建设投资集团有限责任公司 | 几内亚比绍 | 2023年6月,第14届国际基础设施投资与建设高峰论坛举行项目签约仪式,共签署了39项具体合作项目,签约价值超67亿美元。可再生能源领域中,北京晓程科技股份有限公司、湖南建设投资集团有限责任公司与几内亚比绍能源工业部签署了《几内亚比绍地面集中式光伏发电并网项目合作框架协议》③ |
| 2023年7月 | 生物质电 | 中国能建国际集团、中国能建建筑集团 | 科特迪瓦 | 2023年7月,由中国能建国际集团和中国能建建筑集团承建的生物质电站项目在科特迪瓦奠基,该电站主要以棕榈油生产过程中的废弃物为燃料,建成后将为科特迪瓦超过170万人带来清洁电能,该项目预计将于2025年竣工④ |

① 《中国援马里太阳能示范村项目通过竣工验收》,中国能源新闻网,2023年5月19日,https://www.cpnn.com.cn/news/gj/202305/t20230519_1602406.html。

② 李扬:《中国能建中电工程国际公司签约塞拉利昂马班达莱100兆瓦光伏电站项目EPC合作协议》,中国能源建设公司官网,2023年5月19日,https://www.ceec.net.cn/art/2023/5/19/art_11019_2527393.html。

③ 《第14届国际基建论坛签约超67亿美元》,中国对外承包工程商会官网,2023年6月5日,https://www.chinca.org/CICA/info/23060508252811。

④ 《西非最大!中国企业承建的科特迪瓦生物质电站项目开建》,国际新能源网,2023年7月24日,https://newenergy.in-en.com/html/newenergy-2425414.shtml。

续表

| 时间 | 分类 | 企业 | 地区 | 项目概览 |
|---|---|---|---|---|
| 2024年1月 | 光伏 | 中电工程国际公司 | 几内亚 | 2024年1月,中电工程国际公司与BEE公司签署了几内亚400MW光伏电站项目EPC合同,该项目的建设将为几内亚当地矿业、工业和农业生产以及民生用电提供充足的可再生能源 |
| 2024年3月 | 新能源汽车 | 比亚迪集团 | 科特迪瓦 | 比亚迪于2024年3月在科特迪瓦首都举办品牌发布会,标志着比亚迪作为首个新能源汽车品牌进入西非市场① |

资料来源:根据文献、新闻资料整理。

中国企业在西非新能源产业建设和推进过程中承担了关键角色,通过投资建设当地光伏、太阳能、生物质能等多种新能源项目,开发清洁能源,优化了当地能源结构,改善了当地民生水平,增进了中国同非洲双边关系,获得了西非政府和人民的高度赞赏。

### (三)中国对西部非洲新能源产业的影响

#### 1. 中国方案助力西非国家绿色建设事业

中国是人类命运共同体理念的提出者,绿色发展是中国式现代化的显著特征。党的十八大以来,在习近平新时代中国特色社会主义思想指引下,中国坚持推崇"绿水青山就是金山银山"的发展理念,积极参与全球环境与气候治理,推动全球可持续发展,为其他国家推进绿色发展事业提供了一系列值得借鉴的中国智慧、中国方案。非洲绿色发展面临基础设施和绿色技术不足等多重挑战,西非国家情况更为严峻。中非新能源合作在中非合作论坛、"一带一路"合作等重要会议中制定了一系列《新时代的中非合作》、《中非合作2035年愿景》以及《中非应对气候变化合作宣言》等战略文件,

---

① 《比亚迪亮相科特迪瓦,开启西非新能源汽车时代》,国际充换电网,2024年4月1日,https://chd.in-en.com/html/chd-2441623.shtml。

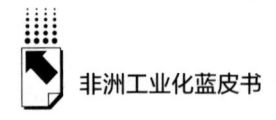

助力西非国家落实制订具体方案，持续加强顶层设计，为具体实践提供了战略指导。

中国在助力西非国家进行绿色建设方面，采取了包括政策沟通、设施联通、贸易畅通、资金融通和民心相通的全面合作策略。中国企业在西非地区承建了多个关键基础设施项目，如水电站、风能和太阳能发电站等，这些项目有助于当地发展可持续能源，减少对化石燃料的依赖；中国不仅为西非新能源产业发展提供资金支持，还注重技术和知识的传递，通过培训本地工程师和技术人员，提高西非国家的自主发展能力；中国推动与西非国家在绿色发展领域的合作，例如，建立环保工业园区，推广清洁能源技术，以及实施节能减排项目；中国的金融机构和多边开发银行为西非国家的绿色项目提供优惠贷款和融资支持，有效降低了项目实施的资金门槛。通过多方面的合作，中国方案有效促进了西非国家的绿色建设事业，推动了当地的可持续发展，同时也加深了中国与西非各国之间的合作关系。

**2. 中国技术促进西非国家当地民生发展**

中国技术助力西非民生发展迈出坚实步伐。2017年11月，中国电建在科特迪瓦承建的苏布雷水电站项目正式交付使用。该水电站为科特迪瓦目前规模最大的水电站，总装机容量为275兆瓦，投资金额超5亿美元。该项目改善了当地以火电为主的供电结构，改用更廉价、清洁的水力发电，同时为当地提供了近3000个工作岗位，劳动用工属地化率超80%，[①] 未来将有益于整个西非地区的电力供应系统。

中国与西非国家的合作模式实现创新，技术转移项目开启合作新篇章。2019年，中国—加纳/赞比亚可再生能源技术转移南南合作项目正式启动，该项目以丹麦（发达国家）提供资金支持，中国（发展中国家）提供技术支持向加纳、赞比亚（发展落后国家）两个非洲国家进行技术转移的新型合作模式开展。在该项目的推进过程中，中国技术专家协助加纳编制了加纳

---

① 南博一：《科特迪瓦苏布雷水电站正式交付，为中国承建的西非最大水电站》，澎湃新闻网，2017年11月9日，https://www.thepaper.cn/newsDetail_forward_1855659。

第一部国家可再生能源发展中长期计划，并结合当地经济发展环境，制订了八类可再生能源技术具体行动方案，该计划通过了加纳国会审议，为加纳新能源发展提供了关键支持。①

中国企业在非洲投资兴产，带动当地经济和就业。2020年，山东建尼科技有限公司在尼日利亚贝努埃州投资成立了精诚生物科技有限公司，根据公司生产规划，该公司每年预计将为该州创造超1000万美元税收，不仅带动了当地工业化，更为当地居民创造了上千个就业岗位。同时，该公司将乙醇加工后的废弃物再回收用于制造生物能沼气，年产2300万立方米，可为当地节约3万余吨化石燃料，有效促进了当地新能源发展。②

中国方案、中国经验、中国技术为西非新能源产业转型、建设和改善提供了有效保障。同时，中国企业、相关机构承办的西非新能源项目为当地创造了大量就业机会，有效优化了当地能源结构，带动了当地经济发展。2024年，作为"一带一路"新十年的起点，展望未来，中非新能源合作前景广阔，中非命运共同体建设将迈向新的高度。

## 五　案例分析

中国与西非地区合作多年，在共建"一带一路"倡议的引领下，大批中国企业在西非诸国投资建设了大量新能源项目。这一过程深化了中国与西非的新能源产业的合作。同时，中国企业在西非诸国投资，也推动了西非新能源产业的发展。

下面将以中国在几内亚合作建设的苏阿皮蒂水利枢纽工程为例，介绍西非国家与中国共同合作达成的新能源方面的成果。

---

① 刘笑宇、付延：《南南合作促进可持续发展的新理念新模式——中国—加纳/赞比亚可再生能源技术转移南南合作项目经验浅析》，《可持续发展经济导刊》2020年第7期。
② 邹松、闫韫明、姜宣等：《中非绿色能源合作惠及民生（新时代中非合作）》，人民网，2022年2月24日，http://world.people.com.cn/n1/2022/0224/c1002-32358365.html。

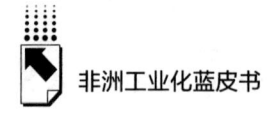

## （一）项目背景

几内亚位于大西洋沿岸，与几内亚比绍、塞内加尔、马里、科特迪瓦、利比里亚和塞拉利昂接壤，是 12 条主要河流的发源地，享有"西非水塔"的美誉。几内亚得益于其热带湿润气候和北部及东北部的亚热带季风气候，平均年降水量为 1200 毫米。首都科纳克里的降水更为丰富，平均年降水量达到 4000 毫米，而其他地区的平均年降水量也普遍高达 1800 毫米。这样的气候条件为该国能源产业，尤其是水力发电的发展创造了极为有利的环境。

几内亚虽然拥有巨大的水力发电潜力，但只有大约 17% 的人口能获取电力，超过 96% 的人口缺乏清洁的烹饪设施。为了提高人民的生活水平，改善健康状况，几内亚需要结合自身优势大力发展电力。[①]

几内亚共和国于 1959 年 10 月 4 日与中国建交，是第一个同中国建交的撒哈拉以南非洲国家。

中国与几内亚合作密切，有着诸多新能源领域的合作案例与经验。中国长江三峡集团公司（CTGC），作为全球水电开发的巨擘和中国清洁能源的先锋，负责开发苏阿皮蒂水利枢纽工程。该集团不仅在国内外享有盛誉，还成功承建了几内亚的凯乐塔水电站，这是其在几内亚承接的第二个重大水电站项目。凯乐塔水电站项目被选为"一带一路"15 个能源国际合作优秀案例之一，基于该水电站的杰出合作成果，三峡集团与几内亚政府再次携手，共迎新的合作机遇。

本次苏阿皮蒂项目的建设资金 15% 由几内亚政府出资，85% 由几内亚政府向中国政府提出贷款申请，并在中国相关银行评审后由中国相关银行提供。

---

① 孙昌浩：《几内亚凯乐塔水电站入选能源国际合作最佳实践案例》，中国水利电力对外有限公司网站，2021 年 10 月 26 日，https://www.cwe.cn/xwzx/gsyw/202110/t20211026_247674.html。

## （二）项目成果

### 1. 工程本身带来的成果优势

苏阿皮蒂水利枢纽项目不仅荣获了中国境外工程鲁班奖，还成功建立了一套完善的管理体系，全面严格执行了国际认可的标准和规范。在施工过程中，设立了专业的试验、测量和监测中心，有效解决了海外项目施工技术的挑战。通过强化过程管控，项目在质量与安全管理方面取得了显著的成效。这些成效不仅体现了项目团队的专业水准，也为西非地区未来新能源建设项目提供了重要的规范化参考标准。

### 2. 附加成果

苏阿皮蒂水利枢纽项目所带来的附加成果不仅彰显了与中国在新能源合作领域的明显优势，更为未来西非国家新能源项目提供了重要的参考价值。这些成果展示了如何通过一个新能源项目更全面地促进西非国家的可持续发展，并为新能源建设带来了创新的思路与方法。

（1）培养了大批新能源基础建设人员

苏阿皮蒂水利枢纽项目一线操作工由来自几内亚全国各地的雇员构成，但缺乏专业的素质技能。项目部专门制定了《当地员工管理制度》等一系列办法，在录用力工前，进行理论培训，由工种对口的中国师傅对力工进行7天左右的施工现场技能培训。经考核测评合格后，才发放工作证上岗，提高了其专业能力。

此外，项目建设过程中推进属地化管理、提升国际化程度——雇佣培养当地人才加入项目管理层，为几内亚提供水利项目优秀的管理人才。

（2）对当地建设有积极影响

工程建设期间，项目部还热情主动地帮扶周边村落，如修公路、建寺庙、建学校等，帮助当地人民建设其基础设施，改善当地居民生活。同时，苏阿皮蒂项目部将凯乐塔项目部原有的菜地扩建至30亩，成为西非地区最大的菜园。1名中国员工带领10多名几内亚雇员专门照料菜园，平均日产蔬菜10多个种类600多公斤，并养有猪、鸡等牲畜，帮助几内亚地区发展

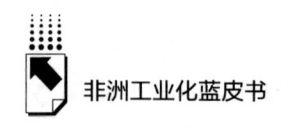

农产品种植业,丰富当地的农业种植作物品种。

同时,提供了大量的工作岗位,改善了当地居民的生活条件和就业情况。项目部会根据工作需要不定期地进行招聘,并为员工提供较好的工作环境和生活环境。另外,项目部专门选址为当地雇员及家属搭建力工营地,并配备了电视、风扇、洗衣机等电器,且在营地外修建了1块标准足球场。当地雇员还能按时领取不低的薪水,平均收入是几内亚首都科纳克里的3倍。水电三局苏阿皮蒂项目部雇用了来自几内亚全国各地2900多名工人,是几内亚提供就业岗位最多的外资企业。

### (三)项目与政策目标的契合度

新能源是几内亚政府颁布长期能源战略的重点,此战略旨在减少对进口化学燃料能源的依赖,提高几内亚的水能利用率。

几内亚苏阿皮蒂水利枢纽所有机组全部投入运营后,使几内亚的水力发电能力增加了一倍,彻底解决了其国内电力供应紧张的局面,减少了对化石能源的依赖,也使几内亚由电力进口国变为电力出口国,通过西非互联互通电网向塞拉利昂、塞内加尔、几内亚比绍、利比里亚等国家输送电力。

苏阿皮蒂水电站的运营有助于几内亚实现其成为完全使用绿色电力国家的愿景。几内亚政府的长期能源战略强调了继续发展太阳能和水电的重要性,这不仅减少了其对化石燃料的依赖,而且有助于其应对全球气候变化挑战。非洲开发银行报道,几内亚的这一战略和苏阿皮蒂水电站项目的成功,显示了该国在能源领域的巨大发展潜力,并可能成为公私合作伙伴关系的典范。

苏阿皮蒂水电站不仅为几内亚的能源自主性和经济多样化铺平了道路,还为该国及其在西非地区的可持续发展树立了标杆。

### (四)项目启示

几内亚与我国的关系源远流长,建交已逾60年。双方在"一带一路"

框架下签署合作文件，特别是在能源领域的合作取得了显著成绩。这一系列合作为几内亚开拓了新的发展机遇，注入了经济新活力，并极大地增进了当地民众的福祉，受到了社会各界的广泛赞誉。

在新能源发展的征程中，几内亚深化了与中国的政策对话和资源共享，双方协同努力，共同开发当地的水力发电潜力。中国方面考虑到各方的具体需求，运用尖端技术和资源，为几内亚量身打造了切实可行的建设方案，从而成就了苏阿皮蒂水电站的今天。

在此次中几合作中，双方在新能源领域互学互鉴，共同提升了自身在全球新能源产业的影响力，为构建人类命运共同体贡献了自己的力量。这种合作模式为西非国家提供了宝贵的借鉴，预示着未来西非各国与中国之间可能会展开更广泛和深入的合作对话。通过资源、技术和市场优势的共享，双方将携手探索新能源的开发与利用。这样的合作不仅有助于推动当地经济社会的快速发展，也将为新能源产业的发展壮大注入活力。

# B.5
# 中部非洲新能源开发报告*

中部非洲新能源产业课题组**

**摘　要：** 本报告聚焦于中部非洲国家在可再生能源利用方面的现状、挑战与前景。研究显示，中部非洲国家普遍依赖公共事业和市政府所有模式推动可再生能源发展，通过发布战略政策和法规定价政策等手段，积极促进当地新能源和可再生能源项目的发展。尽管该地区拥有丰富的水能资源，但其他可再生能源如太阳能和风能尚未得到充分利用。中部非洲地区需要克服财务、法律、监管和组织障碍，加强输配电基础设施和法律框架建设，以实现可持续能源系统发展。研究结论强调了中部非洲在清洁能源转型中的关键作用，以及为实现这一目标所需的国际合作和资金支持。此外，区域合作和支持对于推动新能源技术和市场发展至关重要，本报告梳理了中国与中部非洲国家在新能源领域的合作沿革，并阐述了这些合作对该地区带来的积极影响。

**关键词：** 可再生能源　政策支持　投资风险　区域合作

## 一　中部非洲新能源开发与利用情况

### （一）能源类型、储量与地理分布

中部非洲地区在非洲能源版图中占据较小份额，但拥有丰富的可再生资源，包括太阳能、风能、水能、生物质能和地热能资源（见表1）。

---

\* 本篇未做标注的数据均源自世界银行。
\*\* 课题组成员：曾驭然，经济学博士，广东外语外贸大学商学院副教授，主要研究方向为中非经贸合作、创业与创新管理；袁晨文、王慧、吴士博、李浠媛、李慕涵、蔡乐荣、李赞，广东外语外贸大学商学院科研助理，主要研究方向为中非经贸合作、创业与创新管理。

### 表1 中部非洲可再生能源资源发电潜力

单位：GW

| 地区 | 太阳能 | 风能 | 水能 | 生物质能 | 地热能 |
|------|--------|------|------|----------|--------|
| 中非 | 91.5 | 12.0 | 105.7 | 157.2 | — |

资料来源：Renewable Energy Integration，Ijeoma Onyeji-Nwogu。

### 1. 水能

中部非洲的水能资源不仅丰富，而且极具开发优势（见表2）。《世界水电与大坝简谱》数据统计，非洲水能资源最丰富的10个国家中，中部非洲涉及3个，分别是刚果（金）、喀麦隆和加蓬。[①]

### 表2 中部非洲国家水能资源评级

单位：(GW·h)·a$^{-1}$

| 级别 | 技术可开发量 | 国家 |
|------|--------------|------|
| 丰富 | >60000 | 刚果(金)、喀麦隆 |
| 较丰富 | 20000~60000 | 加蓬 |
| 一般 | 10000~20000 | 刚果(布)、赤道几内亚 |
| 较差 | <10000 | 乍得 |

注：由于缺乏相关数据，圣多美和普林西比等中部非洲主权国家未列入表中。
资料来源：乔苏杰：《非洲水电国际合作重点市场分析研究》，《中外能源》2024年第2期，第1~6页。

首先，中部非洲被赤道横贯，而南北纬10°之间雨量最为丰沛，河网密度大，蕴藏有非洲70%的水能资源。[②] 中部非洲水资源的积累和利用，为水能发电提供了稳定的水源。主要河流刚果河流经此地区，其水文特征年内变化小，流量大且均匀，流域内的瀑布和急流为水能的开发提供了天然条件，

---

[①] 乔苏杰：《非洲水电国际合作重点市场分析研究》，《中外能源》2024年第2期，第1~6页。

[②] 姜忠尽：《非洲水能资源居全球第二位》，《中国能源报》2014年4月28日，第22版，http://www.hrcshp.org/cn/onews.asp?id=1279。

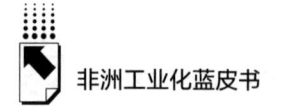

利于水电站的稳定运行，也为后续其他地方的水电站开发提供了参考。虽然目前中部非洲水能的开发利用率不足5%，远低于南部非洲和北部非洲17%以上的开发利用率，但这也意味着当地的开发潜力巨大。①

其次，中部非洲地区地形种类丰富，包括平原、高山、山脉、河谷、湖泊、沙漠和草原等。其复杂的地形能够影响局部气候，造成了中部非洲特殊的地理特征和地质构造，为多样化的水利设施建设提供了基础条件。例如，山地和高原地区的陡峭河流可以提供更大的水能潜力，而平原地区则更适合建设大型水库和水电站。

最后，因为中部非洲水电开发程度整体较低，所以整体开发前景广阔。随着全球化进程的加快，国家政府、公益组织以及私人投资方对于非洲工业化进程的进一步关注，中部非洲的水能开发潜力较大。

以刚果（金）为例，目前，位于刚果（金）的因加水电站是世界上较大的水电站之一，该水电站被认为是非洲未来能源发展的关键项目之一。单从自然条件分析，首先，刚果河发源自降水丰富的赞比西河和卡萨河的交汇处，流经赤道两侧，获得南北两半球丰富降水的交替补给，具有年内变化小的水文特征，不仅流量大，而且特别均匀，河口多年平均流量为4.1万 $m^3/s$，最大流量达8万 $m^3/s$，98%保证率的枯水流量也达2.64万 $m^3/s$。②

其次，刚果河的独特之处在于其全流域有43处瀑布和数以百计的险滩急流，水能理论蕴藏量达3.9亿 kW，居世界大河之首，可开发的水能资源量约为1.56亿 kW，年发电9640亿 kW·h，河口处蕴藏有6000万 kW 的巨大发电能力。③它有靠近河口的大急流和瀑布，并且在14.5公里的河长中总共下降了96米。水电资源理论蕴藏量达2.5亿千瓦时/年，技术可开发量

---

① IRENA, *Renewable Energy*: *Market Analysis*, *Africa and its Regions*, 2022-01-14, https://www.irena.org/Publications/2022/Jan/Renewable-Energy-Market-Analysis-Africa.

② 姜忠尽：《非洲水能资源居全球第二位》，《中国能源报》2014年4月28日，第22版，http://www.hrcshp.org/cn/onews.asp?id=1279。

③ 姜忠尽：《非洲水能资源居全球第二位》，《中国能源报》2014年4月28日，第22版，http://www.hrcshp.org/cn/onews.asp?id=1279。

约为 1.5 亿千瓦。①

因加大坝位于刚果河口上游的因加瀑布上，除运营的因加Ⅰ和因加Ⅱ水电站外，非洲联盟已计划建设因加Ⅲ水电站。根据用电增长情况将分别建设因加Ⅲ的 A、B、C 三个水电站，装机容量分别为 130 万、90 万、130 万 kW。②然而，因加Ⅲ水电站的电力生产主要用于工业用户，不会改善 90%以上无法获得电力的刚果民主共和国人口的能源获取，③加之资金不足和腐败等一系列原因，导致该项目迟迟没有进展。

通过对刚果（金）地理特征和地质构造的分析推理，我们可以得出该地区水能资源发展的必要条件包括：长期稳定且流量巨大的水源、天然或者人为制造的动力装置以及充足的资金与修建技术。水能资源是中部非洲最大的能源优势，若中部非洲的水利工程能满足以上三点，则有利于当地充分利用丰富的水能资源，为当地和周边地区提供可靠的清洁能源。

### 2. 风能

基于中部非洲地区的地形地貌及气候特征，该地区具备开发风能的有利条件。从总体容量看，中部非洲的风能容量为 6491MW，正在建设中的风能容量为 1321MW。④ 从时间上看，在中部非洲的大部分区域，风在夜间和清晨吹得最强，因此风能与仅在白天产生的太阳能非常互补，可以在时间上达成全天候能源覆盖。全球风能协会相关报告显示，目前中部非洲地区的风能资源理论蕴藏量达 2651GW。⑤ 综合来看，部分中部非洲国家具有一定的风能资源潜力，但由于各种因素（如政治稳定性、经济发展水平、基础设施建设等）的限制，风能开发在这些国家中尚未得到充分的利用。

其中，乍得作为全国平均风速超过 5m/s 的国家，其丰富的风力资源为

---

① International Rivers, Congo (FR), https：//www.internationalrivers.org/where-we-work-africa-french/afrique/congo/.
② 姜忠尽：《非洲水能资源居全球第二位》，《中国能源报》2014 年 4 月 28 日，第 22 版。
③ International Rivers, *Inga Campaign*, 2022-03-23, https：//www.internationalrivers.org/where-we-work/africa/congo/inga-campaign/.
④ GWEC：《2024 年全球风能报告》，https：//gwec.net/global-wind-report-2024/。
⑤ 低碳力，https：//lowcarbonpower.org/zh/type/wind。

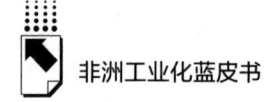

当地风能开发提供了可能性。① 2022年5月，乍得政府与Savannah Energy签订协议，将在乍得建造可提供500MW的可再生能源设施，其中100MW的份额来自风力发电厂，该风力发电厂是乍得的第一个风力发电厂，预计在2025年竣工。②

### 3. 地热能

非洲大陆的地热发电资源潜力高达880亿千瓦时，③ 但依托于高温和火山环境产生的地热资源主要位于东非裂谷系统的东部地区，裂谷系统的西部地区主要是中温、由断层控制的地热资源。在肯尼亚、埃塞俄比亚和吉布提已经证实了高温地热系统，而在裂谷系统西部的中部非洲仍在进行着寻找地热资源的调查，④ 中部非洲尚未建立完善的地热潜力评估的详细研究体系，但当地发现有热水源存在和仍然在活动的喀麦隆火山。并且，作为环印度洋地热带的一部分，刚果（金）东部地区可能具有重要的地热潜力，一些地区存在地热温泉，部分地区的温泉被当地居民用于浴场和休闲。但目前，温泉的利用主要局限于小规模的家庭和民用场所，并没有广泛的应用，这可能是由于技术和资金方面的挑战，以及对其他能源形式（如水力和石油）的依赖。

### 4. 太阳能

从地缘位置来看，中部非洲地区覆盖赤道及其两侧，其平均太阳辐射量高达每平方米2000千瓦时，太阳能技术的潜在装机容量预计为1055吉瓦。适合公用事业发展太阳能的国家主要有乍得、安哥拉和喀麦隆。⑤

---

① 低碳力，https://lowcarbonpower.org/zh/region/%E4%B9%8D%E5%BE%97。
② REVE（Spanish initials that stand for Wind Energy and Electric Vehicle Magazine），Photovoltaics (PV) in the Middle East and Africa (MEA) to grow 15 percent in 2024 with the addition of 17.1 gigawatts (GW)，2024-6-25，https://www.evwind.es/.
③ IRENA, Renewable Energy: Market Analysis, Africa and its Regions, 2022-01-14, https://www.irena.org/Publications/2022/Jan/Renewable-Energy-Market-Analysis-Africa.
④ Aoife Foley, Renewable and Sustainable Energy Reviews, 2024-09, https://www.sciencedirect.com/journal/renewable-and-sustainable-energy-reviews.
⑤ IRENA, Renewable Energy: Market Analysis, Africa and its Regions, 2022-01-14, https://www.irena.org/Publications/2022/Jan/Renewable-Energy-Market-Analysis-Africa。

5. 生物质能

中部非洲具有巨大的生物质能潜力，其拥有世界1/4的热带森林，这是继亚马孙森林之后世界第二大热带森林，面积约5亿英亩，覆盖了从阿尔伯丁裂谷（卢旺达、布隆迪、乌干达）到几内亚湾（赤道几内亚、加蓬、喀麦隆）的重要区域，横跨喀麦隆、中非共和国、刚果（金）、赤道几内亚、加蓬和刚果（布）边界。它的生态系统调节着当地的气候和水流，覆盖率极高的植被对于固碳具有重要作用，林木和植物通过光合作用吸收大气中的二氧化碳，并将其转化为有机物质，同时释放出氧气。

除了森林资源之外，刚果河流域拥有广泛的湿地和沼泽地带，包括刚果盆地和周边地区。这些湿地生态系统是重要的碳汇，通过吸收和贮存大量的碳，有助于减缓大气中二氧化碳的积累。湿地中的植被和水体能够吸收大气中的碳，并将其储存在植物体内和土壤中。由于气候湿润，有机物质在土壤中分解速度较慢，因此大部分的有机碳会被保留在土壤中，形成土壤碳库。这些土壤碳库在地球的碳循环过程中发挥着重要作用，通过稳定地储存碳元素，有助于减少大气中的碳浓度。最后，刚果河排入大西洋，在赤道上形成了著名的刚果羽流，羽流是一个高生产力区域，由河流丰富的营养流产生，在离岸800公里处都能检测到，是世界上最大的碳汇之一，因此对中部非洲也有一定影响。[①]

综上所述，就总体清洁能源分布而言，中部非洲拥有丰富的新能源资源，尤其是太阳能、风能。国际可再生能源署计算估计，中部非洲的太阳能技术可安装容量为1055GW，风能为31GW。乍得的风能潜力最高，刚果（金）的水电潜力最高。目前，乍得是风能开发可行性最高的地点。总体来看，中部非洲可以从水电进一步向太阳能、风能等多样化能源方向发展。

从总体使用领域来看，中部非洲可再生能源使用领域主要依赖水电和太阳能，化石燃料是水电的主要补充。中部非洲的可再生能源发电容量在2020

---

① International Rivers, Congo (FR), https://www.internationalrivers.org/where-we-work-africa-french/afrique/congo/.

年达到8.1GW，占该地区发电总量的65%，几乎全部来自水电。虽然水电的开发也不够完全，中部非洲的总水电潜力估计为133GW，迄今为止开发的水电潜力不到3%，然而与此相比，太阳能的新增容量仅为41.1MW。①

从局部地区发展和总体占比来看，刚果（金）是中部非洲最大的能源市场，占该地区一次能源供应的46%。②就总体能源类型而言，水力发电在中部非洲的一次能源供应中贡献突出，几乎占据了该地区发电能力的2/3，并在非洲可再生水力发电总装机容量中占将近1/4。

但同时我们也应该认识到，目前的中部非洲产业发展状况仍处于初级阶段，主要的挑战包括资金投入不足、技术落后、电力出口机会缺乏、季节性气候变化以及环境和社会问题等。此外，中部非洲的电力需求增长迅速，但电力供应不足，导致许多国家面临电力短缺的问题。为了充分挖掘中部非洲地区的新能源产业潜力，需要国际合作和资金支持，通过国际合作、政策支持和技术创新，有望推动该地区新能源产业的发展，为非洲的绿色发展和能源转型做出贡献。

### （二）能源开发与利用类型和模式

#### 1. 能源开发与利用类型

目前中部非洲主要使用的是一次能源，并且适用领域聚焦于最基本的温饱需求。如表3所示，中部非洲的能源开发与利用类型高度扭曲，其生物质能使用情况主要是指木柴和木炭的使用。传统燃料在非洲能源使用总量中占据主导地位的原因包括：以农民为基础的农业生产在国民产出中占比很大、农村人口占比较大以及大部分人口收入较低。清洁能源的低转换率导致中部非洲传统燃料使用量高于其他地区，生物质能源使用对自然的破坏也高于其他地区。

---

① IRENA, Renewable Energy: Market Analysis, Africa and its Regions, 2022-01-14, https://www.irena.org/Publications/2022/Jan/Renewable-Energy-Market-Analysis-Africa。

② IRENA, Renewable Energy: Market Analysis, Africa and its Regions, 2022-01-14, https://www.irena.org/Publications/2022/Jan/Renewable-Energy-Market-Analysis-Africa。

表3 中部非洲主要国家生物质能使用情况

| 国家 | 生物质能使用情况 |
| --- | --- |
| 中非共和国 | 人口中约有74%依赖生物质能来满足能源需求，主要是木柴和木炭用于烹饪和供暖 |
| 乍得 | 约有90%的家庭使用生物质能，如木柴和木炭，用于烹饪和取暖等日常生活需求 |
| 喀麦隆 | 喀麦隆是一个相对富裕的国家，生物质能在能源供应中的比重较低。尽管如此，仍有很大一部分农村地区依赖于生物质能源，如木柴和木炭 |
| 赤道几内亚 | 赤道几内亚是一个植被茂盛的国家，生物质能燃料在能源供应中起到了重要作用。而统计数据并不充足，据推测，生物质能的使用率较高 |
| 加蓬 | 加蓬是中部非洲国家中较少依赖生物质能的国家之一。该国的城市化程度较高，电力和石油资源起着主导作用，但乡村地区仍可能使用一定量的生物质能 |

资料来源：国际能源署（IEA）。

综上所述，目前中部非洲整体能源开发落后，利用效率低下，清洁能源开发有限。

2. 开发模式

首先，清洁能源联合开发趋势加强。中部非洲国家积极推动跨境电力互联互通项目，以共享清洁能源资源和促进能源交流。例如，喀麦隆与其邻国尼日利亚和乍得之间的电力互联互通项目，通过建设跨境输电线路，实现了电力资源的共享和交换。

中部非洲国家联合制定区域性的能源规划和政策，以推动清洁能源的发展。例如，中非共和国、喀麦隆和乍得等国家参与了中非能源联合委员会的活动，共同制定了区域性的清洁能源规划和政策框架。

其次，中部非洲开始寻求对外合作，中国助力中部非洲清洁能源顶层设计。与非洲大陆的其他地区相比，中部非洲的对外合作意识略弱，基本保持观望态度。少数国家与世界性组织合作制订发展计划，例如，喀麦隆正在与国际可再生能源署（International Renewable Energy Agency，IRENA）合作制定可再生能源发展规划，目标是到2035年可再生能源占总能源结构份额达25%。[①] 但大部分中部非洲国家的可再生能源市场仍处于未开发或萌芽状态。

① 国际能源网，https：//www.in-en.com/。

2015年，中国提出"全球能源互联网"倡议，对此，刚果（金）开发促进署署长先是拒绝洽谈，后得知中国的特高压技术可以助力水电站的电力输送后，又主动提出合作。自此，中部非洲逐渐扩大了对外合作。在此基础上，2018年，合作组织提出"电—矿—冶—工—贸"联动发展模式——推进非洲清洁电能开发和电网跨国跨区跨洲联网，形成"洲内中部送电南北、洲外与欧亚互济"格局。① 以能源电力撬动矿产资源大规模开发利用，构建具有比较优势的现代冶金工业。加快建设现代工业园区，打造支柱产业和特色优势产业。推动贸易出口由初级产品向高附加值产品转变，形成"投资—开发—生产—出口—再投资"的良性循环。②

### （三）开发与利用的效率

2018年，中部非洲的能源供应总量为2507PJ，其中73.8%的能源供应来自生物燃料和废弃物，15.2%来自煤炭，6.9%来自电力和热力，4.1%来自天然气。③

国际可再生能源署2022年的统计数据显示，中部非洲地区电力普及率低，普及速度较非洲其他地区缓慢，2019年该地区的电力普及率为32%，清洁烹饪设施的普及率仅为17%。此外，该地区现代能源获取率较低，基础设施落后，技术发展水平低，导致清洁能源转换率低，清洁能源开发不完全，利用效率低下，因此，截至2023年，生物质能源的使用量仍然较大，生物质仍是该地区的主要能源。然而，不充分和不当的森林管理对中部非洲森林的长期生存能力构成了威胁，极大地降低了其经济潜力和生物质资源使用率，并造成负面的社会和环境影响。刚果盆地超过50%的森林属于商业伐木租约。尽管实施了多项可持续森林管理计划，中非热带森林仍在以惊人

---

① 郭骏：《中国方案助力非洲能源可持续发展》，中华人民共和国中央人民政府官网，2018年12月23日，https：//www.gov.cn/xinwen/2018-12/23/content_5351371.htm。
② 全球能源互联网发展合作组织，https：//geidco.org.cn/。
③ IRENA, Renewable Energy: Market Analysis, Africa and its Regions, 2022-01-14, https://www.irena.org/Publications/2022/Jan/Renewable-Energy-Market-Analysis-Africa。

的速度消失。①

与非洲大陆其他地区相比，通过离网系统获取能源在中部非洲并不普遍，尽管分散式解决方案有可能克服电网限制，并以相对较低的成本在刚果（金）和非洲其他国家提供电力获取。直到2018年，家用太阳能系统开始为能源获取做出根本贡献，据记录曾为14300人提供了服务。2019年，太阳能照明为近350万人提供了服务；同年，29.4万人使用了太阳能微型电网。

截至2020年底，中部非洲的可再生能源发电总量达81亿千瓦时，占该地区总发电量的65%，几乎全部来源于水力发电。2016年（92.9%）和2019年（95.1%）新增的可再生能源发电容量占比极高，反映了安哥拉668兆瓦和334兆瓦Laúca水电站机组以及刚果（金）150兆瓦Zongo Ⅱ水电站的完工对能源结构的影响。相比之下，2011~2020年，太阳能的新增装机容量仅为41.1兆瓦。目前，中部非洲的化石燃料作为水电的主要补充，其中燃油发电在中非共和国和乍得的电力供应中占比超过一半，而在圣多美和普林西比则高达95%。②

中部非洲地区在非洲清洁能源发展中扮演着重要角色，尤其是水力发电和太阳能资源。然而，该地区清洁能源的发展仍面临诸多挑战，包括电力普及程度较低、资源分布不均、资源转换效率低下等问题。由于条件所限，大多数非洲国家持观望态度，并没有把新能源利用列为国家发展的真正战略加以全盘统筹和规划。目前，中部非洲没有一个国家有新能源战略规划，只有喀麦隆制定了国家级可再生能源目标。外部资金和技术是非洲发展的命脉所在，而私营部门的发展通常承担着70%的产出、2/3的投资、90%的就业，而且是商业、竞争、投资、贸易环境改善的重要推手。中部非洲国家缺乏明确的新能源政策，不能给私营投资者提供明确的信号以调动投资，外部也难以与非洲制定长久合作的新能源发展战略和机制。因此，进一步加大对清洁

---

① IRENA, Renewable Energy: Market Analysis, Africa and its Regions, 2022-01-14, https://www.irena.org/Publications/2022/Jan/Renewable-Energy-Market-Analysis-Africa。
② IRENA, Renewable Energy: Market Analysis, Africa and its Regions, 2022-01-14, https://www.irena.org/Publications/2022/Jan/Renewable-Energy-Market-Analysis-Africa。

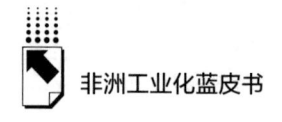

能源的投资和开发力度，促进中部非洲地区清洁能源的可持续发展，对于推动非洲清洁能源转型具有重要意义。

### （四）能源利用领域与社会经济影响

中部非洲可再生能源的利用表现在发电、能源供应和能源转型领域。

非洲大陆的电力供应不稳定，许多国家经常经历电力中断和负荷调节，这给商业和经济增长带来了影响。此外，非洲约有7.3亿人依赖传统生物质能源和不可持续的烹饪能源。非洲的电网可靠性仅为1/3，因此大陆上有超过700万个非公用备用柴油发电机，其产生的碳排放相当于120个燃煤电厂。此外，为满足发电需求还需要额外支出130亿美元用于化石燃料投入。非洲的能源需求将在未来几十年内大幅增长，到2030年需要将发电容量翻倍，到2050年需要增加5倍，否则将对非洲的生活水平和经济增长造成严重影响。

中部非洲的可再生能源利用主要集中在农业和矿业领域。

在农业领域，可再生能源技术可以直接提高农业生产效率。根据联合国粮食及农业组织（以下简称粮农组织）的报道，太阳能光伏面板价格持续大幅下跌，这给利用可再生能源提高灌溉能力注入了新的动力。价格的进一步下降可能会推动撒哈拉以南非洲进行改革，该地区只有3%的耕地拥有灌溉系统。粮农组织表示，全球约有20%的耕地使用灌溉系统，它们产出的粮食约占粮食总产出的40%。灌溉系统通过多种方式提高农业生产力，包括增加每年的种植面积和作物种类。据粮农组织的报告，与依靠柴油或化石燃料发电来抽水的灌溉方式相比，太阳能灌溉系统可以使用于灌溉作业的每单位能源的温室气体排放量减少超过95%。同时，可再生能源技术还可以通过减少食品浪费来间接提高农业效率。[1]

在矿业领域，中部非洲拥有丰富的水力、太阳能、风能和生物质能资

---

[1] IRENA, Renewable Energy: Market Analysis, Africa and its Regions, 2022-1-14, https://www.irena.org/Publications/2022/Jan/Renewable-Energy-Market-Analysis-Africa.

源，但这些资源的开发利用率较低。通过采用可再生能源技术，可以提高矿业的能源效率，减少对化石燃料的依赖，同时也可以降低环境污染和碳排放，改善环境质量，提高人们的生活质量。可再生能源的使用对中部非洲的社会经济有着积极的影响，可以促进经济增长，创造就业机会，提高能源安全和环境保护水平。

落实到具体行动上，部分中部非洲国家根据各自资源禀赋在清洁能源领域制定了不同的计划，这些先行示范有利于根据具体条件改善并推广到整个中部非洲。

中部非洲的可再生能源利用领域对社会经济产生了多方面的影响。首先，可再生能源的普及可以改善经济福利，提供可靠、经济实惠和环境可持续的能源，对发展具有乘数效应，如减少健康影响、改善生计、减贫、创造就业机会、促进性别平等以及增加对水和食物的获取。这些可再生能源的交叉影响是实现联合国可持续发展目标努力的核心。然而，中部非洲地区的可再生能源法规框架整体评分较低，根据世界银行的可持续能源监管指标评分卡，该地区的得分较低。中部非洲的电力接入率较低，人均平均消耗量约为167千瓦时/年，电气化率约为25%，是非洲最低的地区之一，超过1.25亿人没有电力供应。电力供应不稳定，经常出现停电情况，国家电网之间的互联程度较低，无法提高电力供应的可靠性。尽管如此，人们仍然依赖传统生物质能源（80%）来满足能源需求，虽然这种方式对环境、社会和经济都带来了沉重的负担。加速推广可再生能源的部署将促进经济增长，创造新的就业机会，提高人类福祉，并为实现气候安全的未来做出贡献。[①]

## 二 中部非洲新能源开发利用面临的挑战与风险

虽然中部非洲的能源发展机遇巨大，但其发展前景仍将受一系列风险的

---

① IRENA, Renewable Energy: Market Analysis, Africa and its Regions, 2022-1-14, https://www.irena.org/Publications/2022/Jan/Renewable-Energy-Market-Analysis-Africa.

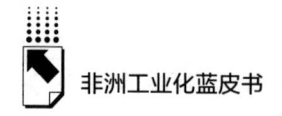

影响和现实问题的挑战。除一般的地质和技术风险外，非洲政治稳定、经济发展、制度建设、与能源发展相关的法律法规以及地缘政治等风险将长期存在，这些大量存在的非技术风险和社会经济风险对于中部非洲的资源和能源发展具有关键影响。

1. 基础设施

与木柴、木炭、汽油和天然气能源供应相比，生物质、水力、太阳能和风能技术仍然昂贵，其资本成本过高，不足以在短期内实现盈利。对于中部非洲地区来说，可再生能源项目的长期支持不佳。对于发电配电等能源服务，中部非洲地区也没有提出相应的解决方案。①

与非洲大陆其他地区相比，中部非洲的电力供应最少，发电基础设施安装最少，促进可持续能源系统发展的监管政策也很少，该地区目前电力接入率估计为26%，而西非和南部非洲的电力接入率分别为53%和48%。因此，中部非洲地区需要花费更多精力用于克服财务、法律、监管和组织障碍。

公用事业的不可持续状态导致电网基础设施不足或维护不善，造成高损失率和其他问题。中部非洲地区加权平均输配电损耗约为23%，刚果共和国和中非共和国达到40%以上。这些电网的开发是为了容纳传统的、主要是化石燃料的资源，因此中部非洲地区比其他地区更加需要投资来实现电网现代化，以扩大太阳能光伏和风能等可变可再生能源的规模。除了公用事业公司的财务状况之外，项目成本超支和效率低下的问题仍然是一个关键问题。中部非洲地区在法律和政策框架方面仍然落后于世界其他地区。② 如果没有必要的机构支持，非洲许多政府将无法实施鼓励可再生能源部署的相关政策。

中部非洲多数国家面临能源贫困问题。世界银行统计数据显示，目前，中部非洲地区通电人口分布不均，除加蓬、加纳、赤道几内亚、喀麦隆等国

---

① Joseph Kenfack, Médard Fogue, Oumarou Hamand Joda, Thomas Tamo Tatietse Promoting Renewable Energy and Energy Efficiency in Central Africa: Cameroon Case study, May 2011.
② International Energy Agency, Africa Energy Outlook 2019.

家的通电率较高以外，多数国家都处于缺电状态，如刚果等。能源转型影响投资者对非洲油气项目的投资热情。当前，全球能源转型趋势不可逆转。此外，制度建设和法律法规的作用将日益突出，投资环境的逐步改善、合同条款的有效性、吸引力和竞争力将成为关键。资源开发和生产后，如何平衡资源收入分配，增加社会和人民收入，吸取尼日利亚、利比亚等国家的经验教训，也是目前中部非洲国家面临的重大挑战。

2. 自然环境挑战

在自然环境方面，气候变化和水体土地污染对新能源的开发利用带来了不小的挑战。一方面，极端天气和干旱等气候冲击可能会加剧中部非洲某些地区本已岌岌可危的局势。在中非共和国等国家，水和牧场等自然资源日益稀缺，可能会加剧土地竞争，加剧族群间紧张关系以及牧民和农民之间的冲突。由于气候变化带来的不确定性和增加的自然灾害风险，中部非洲面临着特殊的挑战，这不仅影响现有能源基础设施的稳定性，也为新能源项目的规划和建设增加了额外的复杂性。另一方面，农业和矿业活动，以及土地和废水管理等造成国家水体污染，都是新能源产业发展面临的挑战。

3. 经济环境挑战

经济不稳定和对外依赖性高使中部非洲国家在吸引投资和支持新能源产业方面面临障碍，财政支持不足和高利息的贷款制度限制了新能源产业的资金流动和增长。

对于中部非洲地区来说，尽管可再生能源的财务和经济可行性在许多地区得到证实，但是在中部非洲地区高投资风险意味着投资者需要更高的回报率，这些情况使当地对经验有限的贷款人吸引力较低。并且，新能源投资回收期可能比化石燃料更长，这也预示着开发阶段前期的大规模资金投入以及多重金融经济和体制障碍，使中部非洲地区在新能源开发和利用方面的进展受到限制。

4. 监管框架与社会因素挑战

非洲大陆在能源转型过程中面临的关键挑战之一是政策和监管框架的不足。具体而言，缺乏促进新能源产业发展的政策和法规成了主要的障碍。在

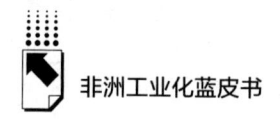

中部非洲，这一挑战尤为显著，一些国家在可再生能源政策类别中的实施程度较低，导致相关行业发展缓慢，需要进一步改革以保证市场的足够开放性，由此吸引私人投资。

社区参与与共识方面，需要更加包容的规划和共识构建。这意味着在项目规划和实施过程中，必须考虑到受影响社区的需求和利益，确保它们的积极参与和受益。通过建立广泛的共识，可以增强项目的接受度和支持度，从而提高项目成功的可能性。

## 三　中部非洲新能源开发利用对策建议与发展手段

中部非洲国家需要对可再生能源部署做出承诺，并需要区域中心的支持来实现这些承诺，在发展和加强机构能力方面需要获得持续支持。从地方、城市层面到国家层面的各个层面的能力建设有助于将知识融入当地机构，并将创新的商业模式和技术规模化。尽管该地区在近年来取得了不错的进展，但仍有很长的路要走。

1. 加强环境评估和全面协调

在中部非洲地区新能源产业部署中，首先应当全面评估当地绿色能源生产的有利条件，包括用于国内使用和用于出口的条件。这些评估可以帮助中部非洲地区摆脱目前新能源产业存在的某些潜在风险以及可能发生的冲突。同时，当地政府应该协同当地能源部门评估非洲向外出口清洁能源的经济可行性，这不仅有利于中部非洲地区在新能源产业发展中获取有力的资金支持，也能够帮助中部非洲地区明确未来发展方向。[①]

对于中部非洲各国而言，应该深入了解当地新能源发电的土地可用性，对本国潜力进行深一步挖掘和了解。同时，技术潜力也应该与中部非洲地区新能源发展分析相结合，这将有助于了解当地能源升级和可再生能源的经济潜力。目前，中部非洲地区可再生能源和清洁能源融资存在数据

---

① Ministère de l'énergie et de l'eau, Système d'information énergétique du Cameroun, report 2007.

缺口，因此，我们应该更多关注这个领域，以便帮助跟踪和监测中部非洲地区新能源和可再生能源投资的规模和资金来源，这类深入的调查也包括对中部非洲地区各个国家计划和能源项目的全面深入分析。在深入分析和研究的工作中，应该适当选取金融工具解决中部非洲地区对于扩大可再生能源规模的障碍，也应该探讨出更多所有权模式，来解决中部非洲地区的能源障碍。①

**2. 加强政府支持和监管**

对于中部非洲国家而言，应当开展政策和监管设计，包括设计化石燃料补贴改革和开发有竞争力的公共采购模式。同时，当地政府也应该为可再生能源项目制定适当的融资结构，培育和支持创新商业模式，推动中部非洲地区长期性能源的规划和发展。从政府层面而言，加强区域举措和机构协作也是推动当地能源长期规划系统发展的重要因素，应该确保执行过程中的一致性，建立协同效应。②

中非国家经济共同体（ECCAS）的数据显示，中部非洲的电气化率为15%。为了实现可再生能源和能源效率目标，有效领导是在中部非洲实现目标的一个关键问题。针对此特殊性，政府需要推动建设支持长期能源系统规划和市场设计的政策，促进支持可再生能源高渗透率的基础设施、供应链、培训计划和能源市场的发展。针对中部非洲地区对化石能源的长期依赖性问题，当地需要采取措施消除有利于化石燃料的市场扭曲问题，尽量避免加剧能源贫困和能源获取问题。由于外部投资在可再生能源投资方面的风险过高，当地应该释放和增加私人和公共部门融资，需要降低可再生能源投资的风险，开发创新金融工具，并增加国际社会对实施这些建议的支持。③

---

① 张燕云、王俊仁、罗继雨等：《新形势下深化中非能源合作的战略思考和建议》，《国际石油经济》2022年第11期，第32~39页。
② Overview of the National Hydropower Study: The Value, Potential, and Role of Hydropower as a Future Energy Source, Proceedings Waterpower: An International Conference on Small Scale Hydropower, U. S. Army Corps of Engineers and U. S.
③ 《2019 全球能源互联网暨中—非能源电力大会隆重开幕》，2020年3月7日。

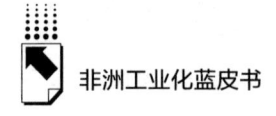

### 3. 加强技术投入

中部非洲地区对新能源利用率较低，当地需要支持实施提高电气、工业和交通能源效率的措施。国际可再生能源署的数据推断，中部非洲的新能源利用方法主要包括供应侧和需求侧两个方面。其中供应侧措施包括升级电网以承载大量可再生能源、升级输电和配电线路以减少技术损失。所有这些领域的效率对于环境可持续性和可负担性都非常重要，低效的电气和工业将需要更多的能源，这将导致成本更高；考虑中部非洲地区的快速增长，这将在未来成为一个重要问题。因此，应当加强中部非洲地区对于提高能源开发效率的技术投入，降低成本。

### 4. 吸取经验，提升认知

中部非洲地区也应该吸取新能源发展中的经验和教训，制定战略和规划，缓解相关部门领导不足以及可再生能源和能源效率政策制定不足的问题。当地政府制定长远规划时必须关注利益相关方。

提升中部非洲地区对新能源产业的认知是推动当地新能源产业发展的一个非常重要的层面。从需求侧来看，政策应该包括采取措施和计划来减少电力需求和使用。例如，推广使用节能设备和改变消费者行为，可以提升公民对采用可再生能源技术的认知，帮助中部非洲地区进行新能源产业推广。

### 5. 加强各方融资

为了实现可持续工业化和经济多样化，中部非洲国家需要增加能源部门的融资，以促进可再生能源的部署。为了支持中部非洲国家的可再生能源发展，国际社会可以提供支持。国际气候融资可以用于支持可再生能源开发，例如，通过双边和多边官方发展援助的形式。同时，中部非洲国家还可以通过国际碳市场等方式筹集资金。此外，债务是非洲最受欢迎的公共融资之一。2010~2020年，债务融资占所有公共融资的88%；其次是赠款融资，占比为10%。在债务方面，标准贷款一直是长期存在的工具，然而，善于使用这些融资工具的主要是东非、北非和南部非洲的国家，在后疫情时代，中部非洲应该加大频率使用流动性便利和担保等风险缓解工具，这有助于中部非洲降低融资成本并动员私人投资。①

6.加大水电投入力度

鉴于风能稳定性差、地热潜力缺失（或未知）以及森林管理不当和不充分对森林的威胁，太阳能和水力供能无疑是该地区推荐的选择。然而，太阳能发电厂的可用性系数非常差，虽然抽水池通常能用于缓解该问题，但是开发抽水泵电站的成本和开发大型太阳能发电厂的成本使该解决方案对该地区的国家来说非常昂贵。由此可知，由于单位成本低、装机容量高和可用性高，水电厂无疑是解决中部非洲地区发电问题的首选，微型水电还可以为小型社区开发能源。

综上所述，首先，中部非洲各国政府应该支持当地新能源系统规划和市场设计，包括创建知识库以及设计和改革相关的政策，这有助于中部非洲地区可再生能源转型。其次，加强中部非洲地区对于项目的融资能力至关重要，政府可以通过较低的利率筹集资金，从而提高新能源和清洁能源项目的生存能力。最后，中部非洲地区在支持和促进当地金融举措和发展的过程中，应坚持走可持续发展道路，实现《巴黎协定》气候目标所需的资金规模。② 对于中部非洲各国政府而言，这需要落实到资金这项最根本的举措上，促使资金流向可再生能源。

## 四 中非新能源市场基本状况

### （一）参与主体

**1.开发和供应主体**

中部非洲地区的新能源供应商通常是拥有相关成熟技术的大型跨国能源企业或国家政府资产控股公司。

---

① 张锐：《非洲能源转型的内涵、进展与挑战》，《西亚非洲》2022年第1期，第51~72页。
② Setting the Pace for a Sustainable Energy Transition in Central Africa The Case of Cameroon School of Energy Systems, Electrical Engineering, LUT University.

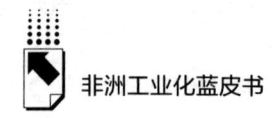

大型跨国能源企业，如中国长江三峡集团有限公司、中广核非洲能源有限公司及美国 GE Renewable Energy、德国 Voith Hydro 和奥地利 Andritz Hydro 等，通过勘探、建设和运营水力发电以及其他新能源项目，开发中部非洲资源，并将清洁电力输送到各个用电区域。这种跨国合作能够为项目提供技术、资金和管理经验，推动中部非洲国家各类清洁能源项目的发展，包括水力、太阳能和风能等，为当地的能源供应和经济发展做出贡献。

设备生产商主要涉及生物质能和水能发电设备的制造和装配。一些国际性的设备制造商在该地区投资建设生产基地，同时也有一些本地企业开始涉足水能设备的生产。这些企业通常提供水电站建设和大流量水电装机技术，并为当地新能源项目提供技术支持和服务。

2. 运输和分配主体

新能源的运输和分配环节在中部非洲地区尚处于发展初期，但随着可再生能源项目的增加和能源市场的发展，运输分配领域的市场也在逐步扩大。运输分配公司主要负责将新能源从发电站输送到终端用户，同时也需要解决能源输送过程中的技术和设施问题。

能源传输和分销主体包括国家能源公司、私营电力公司和国际能源企业，并且通常由政府控制或国有企业主导。许多中部非洲国家拥有国有电力公司。这些公司通常由政府管理，拥有电网基础设施，向城市和乡村地区提供电力。在喀麦隆，国家电力运输公司（SONATREL）于2018年5月开始全权管理喀麦隆全国的输电网络。[①]

尽管中部非洲地区的电力行业通常由政府控制或国有企业主导，然而，一些国家除国有电力公司外，私营电力公司也参与能源传输和分销，通过与政府合作或独立运营来提供电力服务。这些公司可确保可靠的电力供应，满足中部非洲地区不断增长的能源需求。

---

① Babalwa Bungane, SONATREL Takes Over Electricity Transmission Network, 2018-05-10, https://www.esi-africa.com/central-africa/cameroon-sonatrel-takes-over-the-electricity-transmission-network.

### 3. 终端消费主体

中部非洲地区的终端消费主要集中在家庭使用和工业领域，且以家庭消费为主。

数据显示，截至2018年，家庭占最终能源消耗的74.0%，占该地区消费的最大份额，而制造业、建筑业和采矿业等工业生产领域占能源消耗的11.0%，运输业的份额仅为9.6%，用于农业、林业和渔业的能源仅占总量的0.04%。[①]

### 4. 其他相关组织

一些国际组织，如非洲可再生能源和能效倡议（Africa Renewable Energy and Efficiency Initiative，AREEI）、非洲可再生能源基金（Africa Renewable Energy Fund，AREF）、非洲能源委员会（African Energy Commission，AFREC）、国际能源组织（International Energy Agency，IEA）、国际可再生能源署等，针对整个非洲大陆与民生相关的能源问题，致力于为非洲的贫困社区提供可持续能源解决方案，以改善他们的生活条件。

这些国际组织通过政策倡导和资金支持，推动非洲国家采纳可再生能源政策，并为清洁能源项目提供必要的融资。例如，非洲开发银行设立了专门的贷款机制，向增加可再生能源的国家提供优惠资金和技术援助，同时计划投资数百亿美元建设光伏发电项目。技术转移和能力建设也是国际组织工作的重点。它们帮助非洲国家获得先进的可再生能源技术，并提升当地社区和机构的能源管理能力。此外，国际组织还促进公私合作，作为桥梁连接政府、私营部门和民间组织，共同推进能源项目和市场发展。在市场分析方面，国际组织如IRENA与AfDB合作发布深入的能源市场分析报告，为决策者和投资者提供关键数据支持。国际组织还推动非洲国家之间的区域一体化，鼓励区域电网互联和能源共享，这有助于提高能源安全和效率。

---

① Doris Dokua Sasu, Share of Final Energy Consumption in Central Africa 2018, by sector, 2023-04-28.

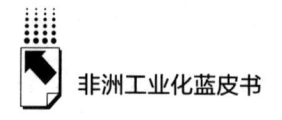

## （二）市场容量与规模

### 1. 能源需求

在电力总体供需方面，中部非洲地区2015年的电力消耗总量约为2.6万千瓦时，比2010年的1.9万千瓦时增长近40%，5年期间年均增长6.6%，安哥拉同期年均增长达13%。电力消费量的增长和电力供应的增长匹配，意味着电力供应不断扩大以满足国民现有需求。预计到2030年，中部非洲地区的总消费量将比目前水平增加约3倍，达到8.5万千瓦时。[①]

### 2. 新能源开发和利用情况

中部非洲的水能资源丰富，电力部门主要由水电供应，约占总电力供应的70%，有数以万计的小微型水电可开发。但是中部非洲地区对其他非水电可再生能源的利用率极低，太阳能光伏和生物质能源的发电量可以忽略不计（<1%）。根据NASA的GEOS-1卫星测量，乍得全国平均风速超过5m/s，有进一步开发风力发电的资源基础。中部非洲地区每天每平方米的太阳能辐射量为5~7.5千瓦时，因此该地区的太阳能（特别是在安哥拉）有巨大潜力。布隆迪、刚果（金）和卢旺达边境沿线的地热潜力，和来自工业化城市的大量剩余生物质及城市废物能亦可进一步开发利用。

在技术可开发水电容量方面，国际可再生能源署的数据显示，中部非洲地区的技术可开发水电容量约为195.6兆瓦，但是由于缺乏维护或者合同以及其他问题，该地区的大量装机容量目前尚未满负荷运行。刚果（金）、安哥拉和喀麦隆占了中部非洲地区水电装机容量的70%，承诺和规划总容量的89%。其中，刚果（金）装机容量为地区最大，境内技术可开发水电容量为10.6万兆瓦，仅刚果河因加瀑布附近就聚集了约4.4万兆瓦。[②]

---

① International Renewable Energy Agency, Roadmap for a Renewable Energy Future, 2015-10, https：//www.irena.org/publications/2015/Oct/Africa-2030-Roadmap-for-a-Renewable-Energy-Future.

② International Renewable Energy Agency, Roadmap for a Renewable Energy Future, 2015-10, https：//www.irena.org/publications/2015/Oct/Africa-2030-Roadmap-for-a-Renewable-Energy-Future.

### 3. 投资规模

非洲在利用可再生资源生产能源方面有着巨大的潜力，而且对为仍然缺乏现代能源服务的数亿人口提供这些服务有着巨大的需求。2000~2020年，非洲吸引了近600亿美元的可再生能源投资（不包括大型水电）。但中部非洲地区对新能源的投资相对比较滞后。2000~2020年，其对新能源的投资仅为13亿美元，仅占非洲总投资额的约2%。[①]

### 4. 市场前景展望

未来，非洲发电将逐步实现清洁化。预计到2030年，清洁能源装机占比超过50%；到2050年，其占比提升至78%。预计到2030年，围绕中部非洲形成的电网将涵盖中非—西非和中非—南部非洲两大电力输送通道，平均每年分别输送电量48TW·h和4TW·h；到2050年，电力输送量分别提升至154TW·h和40TW·h，并新增中非—东非、中非—北非电力输送通道，年均输送电量分别为54TW·h、60TW·h。预计到2030年，中非的清洁能源发电量可占总发电量的93.1%；到2050年，该比重将增加至97.7%。考虑未来电力输送的实际情况，作为输电端的中非，外送电力将来自清洁的水力发电。[②]

综合来看，中部非洲地区的新能源市场面临着一些挑战和机遇。尽管该地区拥有丰富的水能资源，但在其他可再生能源如太阳能和风能的利用方面仍存在较大差距，这可能受技术、资金、政策等多方面因素的影响。电力供需增长迅速，但电力普及率较低，尤其是在农村地区，存在明显差距。这反映了电力基础设施和资金投入方面的不足。然而，随着投资的不断增长、新能源技术的不断进步和政策的支持，中部非洲地区的新能源市场前景仍然广阔。未来，通过加强技术引进和创新，进一步提升投资吸引力，加强基础设施建设优化和政策环境稳定，中部非洲有望实现能源多元化，促进可持续发展，实现经济增长和社会进步。

---

① International Renewable Energy Agency, Renewable Energy Market Analysis: Africa and Its Regions- A Summary for Policy Makers, 2022-01, www.irena.org/publications.
② 全球能源互联网发展合作组织：《非洲能源互联网研究与展望》，中国电力出版社，2019，https://www.geidco.org.cn/publications/plan/2024/6420.shtml#p=6420_11。

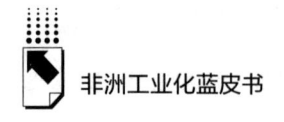

## （三）市场结构与交易方式

### 1. 市场结构

中部非洲地区的能源市场可以归类为部分竞争市场或混合型市场。在这样的市场结构中，既存在一定程度的市场竞争，也存在政府的管制和干预。市场竞争可能受到一些限制，如行业壁垒、政府监管、市场准入限制等，但也有私营企业参与，促进了一定程度的竞争和创新。政府可能会通过管制价格、管理许可证和监督市场准入来影响市场运作。

市场结构方面，尽管中部非洲地区各类可再生能源储备均有开发空间，但水电在该地区仍占绝对主导地位，占所有电力供应的80%以上。中非最大的水电供给国刚果（金），在世界金融机构的帮助下，不断开发因加三期、宗国二期、卡棠德和卡波博拉等水电站的建设。[1]

中非地区的太阳能资源丰富，但利用率较低。安哥拉的太阳能辐射量每天每平方米为5~7.5千瓦时，但开发产量占总电力供应的比重不足1%。另外，中部非洲地区也拥有丰富的风能资源，例如，乍得全国平均风速超过5m/s，具有开发风力发电的潜力，但开发利用仍不充分。[2]

### 2. 交易方式

能源交易方式方面，目前非洲多见长期合同、竞标拍卖和市场化交易三种交易方式。

长期合同是一种常见的能源交易方式，在中部非洲地区相对流行。长期合同通常由政府或大型能源用户与能源供应商签订，以确保稳定的能源供应和价格。这些合同通常覆盖多年甚至几十年的时间，为双方提供了长期的可预见性和稳定性。刚果（金）与中国签订的因加水电站长期合同是一个典

---

[1] 陈震红、王欢、董俊武：《2021年刚果（金）工业发展形势及展望》，载刘继森主编《非洲工业问题研究报告（2022）》，社会科学文献出版社，2022。
[2] International Renewable Energy Agency, Roadmap for a Renewable Energy Future, 2015-10, https://www.irena.org/publications/2015/Oct/Africa-2030-Roadmap-for-a-Renewable-Energy-Future。

型案例。根据合同，中国企业将负责因加水电站的建设和运营，提供稳定的水电供应以满足刚果（金）的电力需求。①

在全球范围内，尤其是发展中国家，竞争性招标计划或拍卖正在成为新可再生能源项目的主要采购方法。② 拍卖利用投标人之间的竞争压力来揭示真实成本并降低价值链上的利润率。政府或能源管理机构发布招标公告，邀请潜在的项目开发商提交竞标文件，最终选定最具竞争力的项目和价格。例如，尼日利亚政府曾通过竞标拍卖的方式选定了一系列太阳能和风能项目。2023年，尼日利亚太阳能项目招标中，吸引了多国新能源开发商，最终选定了一系列具有竞争力的太阳能项目。③

竞标拍卖虽不及长期合同普遍，但也逐渐在中部非洲地区流行起来，尤其是在太阳能和风能等可再生能源领域。政府举办竞标拍卖，吸引了更多的投资者参与可再生能源项目。随着可再生能源技术的成熟和成本的降低，太阳能和风能等清洁能源逐渐受到关注。与水能相比，太阳能和风能资源分布更为广泛，竞标拍卖为各种能源开发商提供了公平竞争的机会，促进了可再生能源项目的快速发展。

市场化交易是指能源市场通过供求关系和市场机制确定电价和交易方式的交易模式。这种交易模式通常通过电力交易所进行，允许各种能源发电厂和能源用户参与到市场中进行交易。市场化交易可以提高能源市场的透明度和效率，吸引更多的投资者参与，推动能源市场的发展。然而，市场化交易要求地区能源供应稳定成熟，并且由于市场监管、基础设施建设等，市场化交易在中部非洲地区的普及仍需时间和努力。在中部非洲地区，市场化交易

---

① 驻几内亚使馆经商处：《刚果（金）政府与三峡集团签署〈建设开发英加水电站第三期合同〉》，http://obor.nea.gov.cn/detail2/5404.html。
② Marie-Christin Haufe, Karl-Martin Ehrhart, "Auctions for Renewable Energy Support-Suitability, Design, and First Lessons Learned," *Energy Policy*, Volume 121, 2018, Pages 217-224, https://doi.org/10.1016/j.enpol, 2018年6月27日。
③ Nigeria Sovereign Investment Authority, President Buhari Commissions 10MW Kano Solar Project, 2023年1月30日, https://nsia.com.ng/president-buhari-commissions-10mw-kano-solar-project/。

尚处于起步阶段，但在南部非洲受到重视。南部非洲地区的一些国家，如南非，已建立了成熟的电力市场和交易所，其他国家也在逐步推进市场化改革。

综上所述，中部非洲地区长期合同在传统能源领域较为流行，竞标拍卖在非洲可再生能源市场逐渐兴起，而市场化交易尚处于起步阶段。这种情况反映了该地区能源市场的特点和发展趋势，同时也提醒各国政府和能源行业需要不断创新和改进，以推动能源市场的可持续发展。

### 3. 政府政策

政府政策方面，中非各国政府都采取一系列优惠政策如税收减免、补贴政策、多边协定等，以鼓励可再生能源项目的投资和发展。赤道几内亚政府提出了一系列鼓励政策，该国能源和电力部门的主要政策框架包含在《碳氢化合物法》（2006年）和《2025年国家电力计划》中。[1]

未来，中非各国政府可以进一步加强政策的执行力度，提高政策的针对性和有效性，以确保可再生能源项目的顺利推进。同时，政府还可以加大对基础设施建设的投入，提高电力传输和分配的效率，为可再生能源项目的发展创造更加良好的环境和条件。继续加强与国际组织和外部合作伙伴的合作，共同推动可再生能源的发展和利用，也是非常重要的。例如，在中非合作论坛、南南合作、共建"一带一路"等机制的引领和带动下，中非多年来并肩携手，在非洲实施了大批清洁能源"超级工程"。除了大型清洁能源项目，中小型新能源发电及储能设备也在非洲遍地开花。通过政府政策的持续支持、产业发展的努力和多方援助，中非地区的可再生能源市场将迎来更加广阔的发展空间。

综上所述，中部非洲的能源市场容量小，因此无法归类到常见的几种市场模式中，只能视作部分竞争市场或混合型市场，而交易方式则是以长期合同和竞标拍卖为主，部分地方小型企业尚未有市场化交易的能力。

---

[1] Africa Solar Industry Association, Africa Solar Outlook 2021——A Country-by-Country Review of the Status of Solar in Africa, 2021年2月。

## 五　中非新能源合作最新进展及贡献

近年来，中国与中部非洲之间的新能源合作已显著迈入了一个新的深化阶段。这一合作关系的拓展不仅体现在合作领域的持续扩大，还反映在合作模式的创新性发展上。中国企业不仅积极参与了中部非洲国家的太阳能、风能、水能项目建设，也在不断地拓展新能源技术领域的合作，如智能电网、能源储存等，共同推动了能源技术的创新与发展。2023年10月18日，习近平主席在第三届"一带一路"国际合作高峰论坛开幕式上，宣布中国支持高质量共建"一带一路"八项行动。习近平主席还指出："中方将持续深化绿色基建、绿色能源、绿色交通等领域合作，加大对'一带一路'绿色发展国际联盟的支持，继续举办'一带一路'绿色创新大会，建设光伏产业对话交流机制和绿色低碳专家网络。落实'一带一路'绿色投资原则，到2030年为伙伴国开展10万人次培训。"[1] 促进中非高质量建设"一带一路"倡议项目，势必要提升当前双边能源合作的深度和广度，预计未来在新能源基础设施项目建设之外，新能源技术合作也会是中国与中部非洲在新能源领域合作的一大重点，这也将为地区经济的可持续发展做出更大贡献。

### （一）中国与中部非洲新能源产业合作的最新进展

中部非洲国家拥有种类多样且储量丰富的可再生能源，本部分将探讨中国与中部非洲在新能源领域的最新合作进展，着重展示双方在项目合作、可再生能源技术和政策支持等方面的最新动态。

中国拥有世界领先的水力发电技术和丰富的水电项目建设经验，与此同时，中部非洲国家拥有巨大的水能资源潜力，这使水能项目成为中国与主要

---

[1] 王珩、周星灿：《全球发展倡议背景下的中非绿色合作》，《浙江师范大学学报》（社会科学版）2023年第6期，第27~35页。

中非国家新能源合作的首选。

2023年9月,为落实《中非应对气候变化合作宣言》,中方在首届非洲气候峰会上宣布实施"非洲光带"项目,将通过合作建设气候友好的"光伏+"项目、推动气候及光伏发展交流对话、开展光伏战略规划和配套政策研究及实施能力建设项目等方式,解决至少约5万户非洲地区无电贫困家庭用电照明问题,助力非洲国家应对气候变化和绿色低碳发展。会后,中国与圣多美和普林西比两个中部非洲国家相继签署了首份和第二份"非洲光带"项目文件及合作谅解备忘录。[①] 根据双方签订的合作谅解备忘录,中国将向圣多美和普林西比提供3100套家庭用太阳能光伏发电系统。这一举措不仅体现了中国对可再生能源推广的承诺,也彰显了对提升伙伴国家应对气候变化能力的实质性支持。此外,双方还将共同探讨举办以应对气候变化为主题的研讨会,并开展联合研究项目。这些活动旨在促进知识共享、技术创新和最佳实践的交流,进一步加强圣多美和普林西比在气候变化适应和可再生能源开发方面的能力和策略。

除了建设光伏电站之外,中国与中部非洲国家还在其他类型的光伏项目上开展了合作。截至2022年,在过去十年中非"一带一路"能源合作的框架下,中国与非洲国家共同努力推动绿色非洲建设,助力非洲"绿色长城"倡议落地,在非洲实施了多领域与立体化的清洁能源项目,其中就包括中非共和国首都班吉烈士大道太阳能路灯维修项目。作为中非合作论坛约翰内斯堡峰会"十大合作计划"的落实成果,中方于2016年在烈士大道等班吉市区主干道援建了200盏太阳能路灯,并于2022年继续提供了100套路灯以更换部分受损路灯,或作为备件,同时维修受损的部分灯柱。[②] 路灯不仅照亮了班吉的夜空、便利了民众的出行,还见证了两国合作的不断丰富与人民

---

① 《中国—圣多美和普林西比应对气候变化南南合作"非洲光带"项目合作谅解备忘录成功签署》,中华人民共和国生态环境部官网,2023年12月16日,https://www.mee.gov.cn/xxgk/hjyw/202312/t20231216_1059228.shtml。

② 邹松:《中非共和国首都班吉烈士大道太阳能路灯维修项目举行开工仪式》,人民网,2022年4月12日,http://world.people.com.cn/n1/2022/0412/c1002-32396773.html。

友谊的持续深化。更重要的是，这些太阳能路灯作为可持续能源解决方案的范例，展示了中非在新能源领域合作的实际成效，同时也反映了中国对非洲可持续发展承诺的具体行动。

随着双边新能源合作模式的不断深化拓展，中国与中部非洲的新能源合作不仅局限于具体的能源开发项目，也体现在帮助中部非洲国家改善能源电力基础设施建设等方面。国家电网有限公司充分发挥公司技术、管理、装备等综合优势，积极参与投标非洲的电网改造工程建设，目前正在推进包括加蓬在内的数个国家相关输变电项目。[①] 通过电网建设和改造，加蓬将能够提升电力供应的稳定性和可靠性，为其工业生产和民生需求提供稳定的电力支持，也为新能源发电提供更稳定的传输和储能保障。

### （二）中国与中部非洲新能源产业合作的影响

中国与中部非洲之间的新能源产业合作不仅在双边关系中具有重要意义，也对中部非洲国家的能源发展、经济增长和可持续发展产生了深远影响。下面将从政策、技术、人才、认知和共建共享等方面展开，分析中国与中部非洲新能源产业合作的影响。

在政策层面，中国政府一直以来都在倡导和支持可持续发展和绿色能源的发展。2023年10月18日，习近平主席在第三届"一带一路"国际合作高峰论坛开幕式上，宣布中国支持高质量共建"一带一路"八项行动，"促进绿色发展"就是其中之一。中国与中部非洲国家签署了一系列合作协议和政策文件，推动双方在可再生能源领域的合作。这些政策文件包括能源合作协议、技术转移协议等，为合作项目的开展提供了制度保障和政策支持。

在技术层面，首先，中国凭借其在新能源领域的深厚积累，正通过与中部非洲国家的合作将先进的技术和经验带到非洲大陆。这种技术交流和转移不仅完善了中部非洲国家的能源基础设施，还提升了该地区在新能源领域的

---

① 《中国国家电网为非洲25国"充电"》，搜狐网，2018年9月4日，https://www.sohu.com/a/251878701_100024156。

自主发展能力。其次，中国与中部非洲国家在新能源领域的技术合作，推动了双方在研发、政策制定、标准设立等方面的交流与协作。这种合作模式鼓励了共同创新，促进了新能源技术的迭代升级和成本效益的提高。最后，技术合作还带动了相关产业链的发展，包括设备制造、安装维护、运营管理等，为中部非洲国家创造了就业机会，促进了经济增长。通过这些合作项目，中国与中部非洲国家共同探索了适应当地环境和需求的新能源解决方案，为全球范围内的南南合作提供了新的思路和模式。

在人才层面，通过新能源项目合作，中国企业在中部非洲国家创造了大量就业机会，也有利于培养本地化新能源技术人才。中国在与中部非洲国家的合作项目中积极开展人才培训和技术交流活动。中国企业常常向当地提供技术培训和技能转移，帮助当地工作人员掌握新能源技术和管理经验。这不仅提高了中部非洲国家的新能源产业从业人员的技能水平，也促进了双方之间的技术交流与合作。此外，中国与中部非洲国家的新能源合作不仅促进了人才培养，也促进了人才输出与引进。一方面，中国企业在项目实施过程中派遣技术人员和管理人员到中部非洲国家工作，为当地提供专业技术支持和管理指导；另一方面，中国的新能源产业发展吸引了一批中部非洲国家的人才前往中国学习和工作，为双方人才的交流和合作搭建了桥梁。

在认知层面，首先，中国与中部非洲新能源产业合作的开展，有助于提升中部非洲国家对新能源的认知水平和意识。通过合作项目的实施，中部非洲国家更加了解到新能源对于能源安全、环境保护和经济发展的重要性，进一步推动了中部非洲国家加大新能源产业的投资和发展力度。同时，中国的成功经验也为中部非洲国家提供了可借鉴的经验和教训，促进了双方在能源领域的交流与合作。其次，合作项目的开展也影响了当地企业的认知观念。中国企业在合作项目中不仅提供了先进的技术和管理经验，还注重技术转移和人才培训，使当地企业逐步接受并应用了新的技术和理念。这有助于提升当地企业的技术水平和竞争力，推动了新能源产业的本土化发展，培育了新的产业增长点。最后，合作项目也对当地民众的认知观念产生了影响。通过合作项目的推进，民众逐渐意识到可再生能源的重要性和优势，开始树立节能减排和环保意识。例如，光伏发电项目的建设不仅为当地提供了清洁能源供应，还促进了民众对太阳能利用的认知和接受程度，鼓励了民众参与清洁能源的利用和环保行动。

在共建共享层面，中国与中部非洲在新能源领域的合作注重共建共享，不仅推动了双方在技术、资金、市场等方面的合作，也注重了项目成果的共享和惠及。合作项目的顺利实施不仅为中部非洲国家提供了稳定的能源供应，也为当地经济发展带来了新的机遇。中国企业在合作项目中不仅收获了商业机会和经济收益，同时也在不断积累海外项目的建设经验，为中国企业开拓非洲新能源市场提供了更多样本和参照。不仅如此，在合作项目中，中国企业与中部非洲国家政府和民众之间形成了利益共同体，双方在项目的策划、实施和运营过程中密切合作，共同分享项目成果和分担风险。这种合作模式有助于维护双方的长期利益和关系稳定，促进了双方的合作共赢。

# B.6 南部非洲新能源开发报告[*]

韦晓慧 张婕婷[**]

**摘 要：** 随着全球能源转型的推进，南部非洲地区的新能源产业发展迅速，对促进地区经济和环境保护具有重要意义。本报告主要通过南部非洲新能源产业的发展现状分析其产业规模、结构和政策环境，并通过案例研究，结合南部非洲发展共同体的政策文件和中国在该地区的新能源项目实例，对南部非洲新能源产业的发展进行了全面的分析。研究发现，南部非洲新能源产业在太阳能、风能和水能领域取得显著进展，南非、纳米比亚等国家的可再生能源装机容量不断增加。中国与南部非洲的合作项目，如德阿风电项目，有效推动了当地新能源产业的发展。然而，尽管发展前景广阔，南部非洲新能源产业在人才、资金和市场化方面仍面临挑战。中国与南部非洲的紧密合作为该地区提供了技术、资金支持，对推动新能源技术领域的可持续发展有着重大作用。未来，双方应继续加强合作，以实现共同的绿色发展目标。

**关键词：** 南部非洲 新能源产业 中非合作

---

[*] 本报告受 2023 年度广东省普通高校特色创新项目"高质量共建'一带一路'数字化基础设施的经济效应研究"（项目编号：2023WTSCX025）资助；本篇未做标注的数据均来自世界银行。

[**] 韦晓慧，广东外语外贸大学国际经济贸易研究院副教授，主要研究方向为国际发展；张婕婷，广东外语外贸大学经济贸易学院科研助理，主要研究方向为国际发展。

## 一 南部非洲新能源概述

### （一）资源禀赋

南部非洲在推动能源转型中显示出了巨大的潜力与优势。氢能作为一种来源丰富、绿色低碳、用途广泛的二次能源，被视为能源转型中的重要选择。国际氢能委员会公布的《氢能源未来发展趋势调研报告》预计，全球对氢能的需求在2050年将达到现有需求的10倍，而氢能产业链的总产值有望突破2.5万亿美元的大关。南部非洲具有开发绿氢能源的独特自然条件。德勤公司发布的相关报告表明，撒哈拉以南非洲是全球绿氢潜力较大的地区之一。欧洲投资银行顾问多纳尔·坎农表示，"绿氢生产对可再生能源用电要求很高，阳光充足的非洲就是一个极好的制氢场所"。行业分析机构睿咨得能源清洁技术分析师拉杰夫·潘迪认为，"非洲蕴藏的丰富矿产储量对于电解槽的生产非常重要，而且该区域具有很大的可再生能源开发潜力"。

### （二）规模与结构

就规模而言，南非作为非洲最大的能源消费国之一，优越的地理环境和丰富的自然资源为其可再生能源的发展提供了巨大的潜力。2013年至今，南非陆续上马多个大型风力、太阳能及光热电站项目，截至2022年底，总装机容量已达6230MW，[①] 其中超过43%源自风能，32%源自水电，其余24%则源自太阳能。纳米比亚计划于2030年前，实现70%能源来源于可再生能源的目标。[②] 博茨瓦纳正大力投资光伏产业，启动大规模光伏项目建设与运营。而赞比亚的下凯富峡水电站，由中国企业承建，安装有五台混流式发电机组，总装机容量高达750兆瓦，是近40年来赞比亚最大的基础设施

---

① 资料来源：科学与工业研究委员会（CSIR）。
② 资料来源：国际能源署（IEA）。

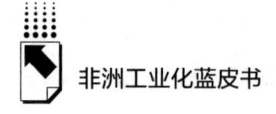

项目,预计全部投入使用后将大幅提升赞比亚电力供应水平。① 此外,赞比亚在水电领域具有明显优势,正积极推动更多水电项目。

就结构而言,南非设定了2030年新增17.8吉瓦可再生能源容量的目标,并推出可再生能源独立发电商计划(REIPPP)以吸引投资。② 南非的新能源市场相对分散,主要参与者包括Vestas Wind Systems A/S、Juwi Holding AG、ACWA Power、Enel Green Power S. p. A.和EDF Renewables。纳米比亚的可再生能源项目主要聚焦于太阳能和风能,政府与私营企业共同参与开发与运营。该国能源政策大力支持可再生能源发展,吸引了众多国际投资者关注。博茨瓦纳的新能源产业以政府为主导,逐渐引入私人资本与国际合作伙伴。该国能源政策尤其鼓励太阳能项目发展。赞比亚的可再生能源产业主要集中于水电领域,政府与国际企业共同参与开发。该国能源政策同样支持水电及其他可再生能源发展,吸引了大量国际投资。莫桑比克的新能源产业也以政府为主导,逐步引入私人资本与国际合作伙伴。该国能源政策鼓励太阳能和风能项目发展。

(三)相关政策

2020年,南部非洲发展共同体(SADC)(以下简称南共体)在其16个成员国内建立了可再生能源中心,以便能够更有效地协调和支援农村电气化以及地域性可再生能源的发展进程。南共体可再生能源与能源效率中心(SACREEE)执行主任德鲁库拉表示,非洲各国在太阳能、风能以及沼气应用等方面展开技术合作,将有助于解决农村电力供应率不足的困境。2021年11月,在《联合国气候变化框架公约》第二十六次缔约方大会期间,由纳米比亚和南非等南部非洲国家主导的非洲绿色氢能联盟宣告正式成立,并于2022年5月正式启动运作。该联盟的宗旨是为那些在氢能发展领域处于领先地位的地区国家搭建一个合作交流的平台,从而推动整个非

---

① 资料来源:《人民日报》。
② 资料来源:Integrated Resource Plan。

洲大陆的能源结构转型升级。同一年，纳米比亚等多个国家还与欧盟达成了一项协议，协议内容明确指出将在这些国家开发绿色氢气并向欧盟输出。2012年，南共体就发布了《区域基础设施发展总体规划》，其中明确将发展风能视为南部非洲国家的一项重要任务，预计到2027年，该地区新增的电力供应将主要来自风电和水电等可再生能源，并且明确将把开发风电作为地区内电力增长的最主要来源。南非政府也发布了《2010年综合资源规划》和《2030年国家发展计划》，这两份文件都强调了对开发和利用风能的大力支持。

近年来，除了成立相关组织和机构、与相关国际组织签订协议，南部非洲各国还纷纷出台了众多相关政策来推动新能源产业的发展。

针对风能的开发利用，南非政府在2008年专门组建了一个隶属于南非矿产资源与能源部的清洁能源办公室，作为南非风能开发的核心机构，主要负责评估风力资源状况并完善相关数据资料库，以此来推动风能开发工作，推进绿色电力保障计划的实施，制定风能开发的长期政策及执行框架，并协调各个政府部门之间的风能开发政策。根据2009年颁布的《可再生能源进口税则》，南非进口风能设备所需缴纳的关税平均降低了42%。在鼓励进口的同时，南部非洲各国也力求加强本土风能装备制造业领域的实力。以马达加斯加为例，当地政府已实施了多种优惠措施，包括为风能设备制造商削减企业所得税、豁免风力发电机组的增值税等；而津巴布韦则为风能设备生产商提供了包括水、电、卫生、交通等在内的各项免税政策，有效期长达10年之久。此外，南非等多个国家均规定，国家电网必须优先采购并使用风电。

针对氢能的开发利用，2023年9月，位于纳米比亚沿海城镇吕德里茨的丘卡卜国家公园迎来了非洲首家绿氢工厂的盛大奠基仪式。此项工程总投资高达35亿纳米比亚元（折合1.85亿美元），包括建设一座占地面积达10公顷的太阳能发电厂、一座绿氢生产工厂、一个加氢站以及一所绿氢研究机构等。项目全面投产后，预计每年将能够产出35万吨氢气，不仅足以满足纳米比亚本国的需求，而且有望实现对外出口，惠及更多国家和地区。当地政府官员巴尔罗阿表示，绿氢项目的蓬勃发展无疑将为城市的繁荣发展注入强大动力。纳米比亚财政和公共企业部部长利蓬布·希米也强调指出，纳米比亚拥有得天独厚的太阳能、风能等丰富的可再生能源资源，实施绿氢战略对于应对全球气候变化等严峻挑战具有举足轻重的作用。值得一提的是，2022年，南非政府公布了国家氢能发展规划蓝图，计划在莫科帕内、约翰内斯堡、德班等地建立氢气生产和出口基地——"氢谷"，构建一个全方位的氢能生态体系。莫桑比克政府也发布了能源转型战略，明确提出要在2030年前成为南部非洲氢能生产领域的领军者。

在太阳能的开发利用方面，南非能源部已经制订了详尽的计划，分别在2023年、2025年以及从2028年至2030年期间，每年分配1吉瓦的太阳能资源。按照这个规划，预计到2030年，南非的太阳能净装机容量将有望突破8吉瓦。2022年，南非依据政府的可再生能源独立电力生产商采购计划，与多家独立电力生产商签署了273兆瓦太阳能项目的购电协议，这将在未来数年内显著提升南非的太阳能发电能力。同一时期，莫桑比克能源监管局也启动了两项公开招标活动，旨在全国范围内开发30兆瓦的太阳能发电厂，作为推动可再生能源拍卖计划（PROLER）的重要组成部分。此外，赞比亚电力公司ZESCO也积极响应，启动了招标程序，计划在赞比亚南部省、西部省和卢阿普拉省开发并建设50兆瓦的光伏电站。赞比亚政府通过推行两项重大举措来支持太阳能发电事业，即扩大太阳能计划和实施赞比亚可再生能源上网电价战略。

### （四）前景与瓶颈

南部非洲清洁能源产业具有巨大的发展潜力。该地区矿产资源极其丰富，电力需求具有较大增长空间，然而当前化石能源占比较大，本土清洁能源资源相对匮乏。因此，未来南部非洲有望成为非洲大陆主要的电力输入中心。与此同时，南部非洲拥有撒哈拉以南非洲地区最为优越的太阳辐射强度和风能潜能。随着太阳能光伏发电（PV）和风能技术成本持续降低，以及部分南部非洲国家探明了低碳经济转型升级所需的转型矿产资源，使该地区逐渐成为可再生能源项目开发商青睐之地，为南部非洲清洁能源产业的发展注入了全新的活力源泉,尤其是在创造就业机会和推动整体经济发展方面发挥着至关重要的作用。

对于很多南部非洲能源进口国来说,采用可再生能源在降低化石燃料价格剧烈波动引发的对外联系压力方面展现出极大的潜力与魅力。值得注意的是,与化石燃料每百万美元投资所能产生的就业岗位数相比,可再生能源在创造就业机会方面无疑具有举足轻重的地位。在实施可再生能源转型升级的道路上,所累计的就业岗位数量将超越淘汰传统能源导致的岗位流失。国际可再生能源署(IRENA)估计,对可再生能源每投资100万美元,每年至少可创造26个全年度就业岗位;而在能源效率方面,每百万美元的投资也可至少创造22个全年度就业岗位;至于能源灵活性方面,每百万美元的投资同样可至少创造18个全年度就业岗位。这意味着在转型期间,新增的就业岗位数量将远超化石燃料行业就业岗位的减少数量。区域性的可再生能源企业有望协助南部非洲充分利用本土丰富的自然资源实现经济发展。在现有的经济架构下,非洲主要依靠出口大宗商品获取收益,而附加值却被全球其他地区占据。清洁能源产业的崛起将有力推动南部非洲内部清洁能源技术、服务以及电力贸易的繁荣发展。如此一来,能源转型将在更大范围内的经济多元化和转型进程中扮演至关重要的角色。基于可再生能源的广泛应用,发展具有强大地方价值链的绿色产业将对现有经济结构产生深远影响。

然而,南部非洲清洁能源产业的发展仍然面临着诸多挑战,如人才紧缺、资金匮乏以及市场化程度低下等问题。

首先,人才短缺问题尤为突出。人力资源匮乏主要源于两个方面的因素,一方面是非洲整体教育水平相对较低,另一方面则是社会大众对职业教育持有歧视和偏见。相关数据显示,南部非洲地区的高等教育体系尚处于精英化阶段,该地区2005年的平均入学率仅为6.3%,相比之下,同期全球平均水平高达23.8%。按照当时的发展趋势预测,即便到了2050年,该地区的平均入学率也只能勉强达到16.3%,[1]可见其高等教育供应严重不足。完

---

[1] 世界银行:《在撒哈拉以南非洲少数人以外共享高等教育承诺》。

成中等教育的学生在毕业之后，大多数人更倾向于进入政府机关成为公务员，或是从事白领阶层的工作，而不愿成为蓝领工人。2017年，非洲接受职业技术教育的年轻人仅占适龄人口的2.4%，占中学生总人数的6%。以南非为例，企业招聘风力涡轮机检查员的基本学历要求为电气工程专业本科，尽管当地有多家高校开设此专业，但大部分学生由于课程通过率低等选择在前两年放弃学业，能够坚持到最后并顺利毕业的学生比例甚至不超过最初入学人数的10%，而这些毕业生往往会选择赴欧美国家继续深造或在海外谋求工作机会，因而南非国内难以找到合适的人才担任风力涡轮机检查员。

其次，资金匮乏。波士顿大学全球发展政策研究中心、南共体开发性金融资源中心（SADC-DFRC）以及南共体可再生能源与能源效率中心发布的最新报告指出，目前南共体及国际层面上的初步可行性资金并不足以满足需求，其结构设计并不能在项目开发的初期阶段为项目开发商提供足够的支持。尽管该地区有七家南共体开发性金融机构致力于为本地项目开发商提供项目前期筹备资金，然而仅有三种项目准备资金能够支持非本地任务——南部非洲开发银行（DBSA）的项目准备资金、南部非洲开发银行管理的南共体项目准备发展基金（SADC PPDF），以及南部非洲电力联盟项目咨询部（SAPP PAU）管理的项目准备资金。更为重要的是，该地区并未设立专门的可再生能源项目准备资金，而且在申请初步可行性资金的条款和条件方面，七家南共体开发性金融机构之间，乃至南非的两家开发性金融机构——南部非洲开发银行和南非工业发展公司之间均未能达成统一标准。

最后，市场化程度低下。以风力发电为例，由于电力行业的高额税收，非洲各国政府普遍采取国有企业垄断式开发与管理模式。风电开发也被国有企业牢牢掌握，这虽有助于实现一定规模的资源整合，却也引发了开发效率低下的问题。当控制火力发电、水电的国有企业涉足风电领域时，必须打破现行的能源利益格局才能推动新能源的进一步发展，然而这种改革动力明显不足。例如，自2017年以来，南非国家电力公司利用搁置协议，使多家国际能源巨头推迟了对南非风能与太阳能项目的 40 亿美元投资。此外，一些非洲国家的国有企业试图垄断风能开发，导致行政指令式管理盛行，阻碍了部分风电项目的顺利建设及运行。为此，部分非洲国家已开始进行电力行业的私有化改革，然而其实际效果尚待观察。

## 二 新能源开发与利用情况

### （一）能源类型、储量与地理分布

南部非洲地区拥有极其丰富的清洁能源资源，主要包括水能、风能、地热能、太阳能以及生物质能等多种形式，其中以马达加斯加、莫桑比克、南非等国最为显著。

南非作为清洁能源的主要产地，太阳能资源尤为丰富。南非是世界上接受阳光照射较充裕的国家之一。该国大部分地区每年的日照时间超过 2500 小时，每日每平方米平均太阳辐射水平为 4.5~6.5 千瓦时。而南非全年 24 小时全球太阳辐射平均值约为 $220W/m^2$，而美国各地约为 $150W/m^2$，欧盟约为 $100W/m^2$。

马达加斯加不仅拥有世界领先产量的香草及储存量在非洲排行居首位的石墨等宝贵资源，更因其独特的生态环境和丰富的矿物储备而备受瞩目。由于当地独特的地形条件，全岛各地的气候差异显著。东部地区属典型的热带雨林气候，全年湿润，年降水量可高达 2000~3800 毫米；而中部则为高原地带，属于热带高原气候，阳光充沛，年降水量也达 1000~2000 毫米；至于西部地区，因处于背风面，呈现热带草原气候特征，日照充足，降水稀少，年降水量为 600~1000 毫米；而南部地区则属于半干旱气候，年降水量低于 600 毫米，但因其常年受到季风影响，风力资源丰富。得益于此独特的地形地貌和气候条件，马达加斯加在清洁能源领域的资源优势尤为突出。世界银行估算，马达加斯加全境可供开发的水力发电装机容量约为 7800 兆瓦，然而至今为止，水能资源仅被开发了不到 3%，尚有 2045 座中小水电站坝址亟待开发，其装机规模涵盖了10千瓦到600兆瓦的各种类型。此外，马达加斯加的光伏资源优越，全境总光照辐射强度约为每平方米1500~2100千瓦时，年均光照时间超过2800小时，平均光照强度为每平方米2000千瓦时。除此之外，马达加斯加还蕴藏着丰富的石墨、铬铁、铝矾土、石英、铅、云母、镍、锰、钛铁、锌、煤炭、铁等多种矿产资源，这些对于电解槽的生产至关重要，有助于推动氢能的开发和实现能源转型。

莫桑比克全国大部分地区，尤其是中部和南部地区，都具备较高的太阳辐照度，有望成为太阳能开发领军国家。同时，莫桑比克也是非洲水电潜能较大的国家之一，预估水电潜力超过12000MW。莫桑比克是非洲第二大水电站——卡奥拉巴萨水电站的所在地，该水电站装机容量高达2075兆瓦，占据了该国能源潜能的80%以上。卡奥拉巴萨水电站的电力输出已经成为一项常态化业务，这使莫桑比克成为周边国家的主要电力供应国，同时也为多方进一步开展电力贸易提供了理想的选择。此外，莫桑比克的风电潜能为4.5吉瓦，其中约25%可以直接接入现有电网。世界银行发布的全球风能地图集数据显示，莫桑比克风力资源最为优质，平均风能密度较高的地区集中在太特省中部以及楠普拉省和赞比西亚省交界处。通过风能地图集分析和应用程序（WAsP）微观模型的展示，发现莫桑比克的海岸线，特别是印度洋沿岸，风力条件优良，是建设风电厂的理想选址。最后，莫桑比克拥有丰富的生物质资源，全国约50%的土地被森林覆盖，生物质能潜能超过2吉瓦，约占能源消耗总量的80%。①

### （二）能源开发与利用模式

南部非洲清洁能源的开发与利用模式主要可以划分为独立自主开发以及寻求对外合作开发两大类型。

在南共体地区内已经设定了众多结构性框架，制定了丰富多样的政策措施，旨在推动清洁能源的广泛应用和高效开发。例如，南部非洲电力联盟

---

① 资料来源：https://developmentreimagine.b-cdn.net/。

（SAPP）在2020年推出了全新的联盟规划，其核心目标在于到2040年，在南共体地区实现全面的能源普及覆盖，并且将可再生能源在区域能源结构中所占的比重由目前的29%提升至53%。依据该项规划，预计南共体地区每年新增的可再生能源装机容量将达到2.8吉瓦，直至2040年累计装机容量达到52.8吉瓦。[①] 此外，南部非洲各个国家也纷纷颁布各类相关政策，例如，南非政府成立了清洁能源办公室，积极推动风能的开发利用；马达加斯加则针对风能设备制造商实施了减免企业所得税以及豁免风力涡轮机增值税等税收优惠政策；南非等部分国家还明确规定国家电网应优先采购并使用风电；纳米比亚更是在2023年9月斥资35亿纳米比亚元（折合1.85亿美元）成功建成了非洲首家绿氢工厂；等等。

与此同时，南部非洲清洁能源的开发利用也因得天独厚的资源优势而吸引了来自世界各地的投资者踊跃参与。据统计，[②] 美国"繁荣非洲"倡议在2017~2022年对非洲能源投资项目进行了详尽统计，共涵盖66个项目，南部非洲地区占16个席位，其中绝大部分项目都借助融资手段展开能源开发和基础设施建设工作，同时还提供了相应的技术培训支持。在南非境内，美国国际开发金融公司（International Development Finance Corp，DFC）、通用电气（General Electric）、海外私人投资公司（Overseas Private Investment Corporation，OPIC）、巴威公司（Babcock & Wilcox）等知名企业均已涉足9个不同的投资项目，涉及领域包括天然气、太阳能、风能、电力基础设施以及技术培训等方面。

### （三）开发与利用效率

综合来看，南部非洲清洁能源的开发利用水平和效率虽然尚有待进一步提升，但蕴含的巨大开发潜力不容忽视。以太阳能和风能为例，非洲拥有全球最为庞大的太阳能发电潜能，非洲大陆的年平均太阳辐照量高达

---

① 资料来源：https://www.bu.edu/。
② 资料来源：https://www.prosperafrica.gov/services/invest-in-africa/。

2119kW·h/m², 尤其是非洲南部的多数国家, 其年平均辐照量甚至超过了 2100kW·h/m², 这无疑预示着其所蕴含的太阳能发电潜能极为惊人。然而, 尽管潜力颇丰, 但目前仅有少数国家成功部署了联网式太阳能发电站, 因此南部非洲的太阳能资源仍有着广阔的开发前景。至于非洲风力发电的技术潜力, 国际可再生能源署估计其潜在值可高达 461GW, 其中, 阿尔及利亚、埃塞俄比亚、纳米比亚以及毛里塔尼亚等地的潜力尤为突出。毕竟, 非洲南部地区的年平均风速最高可达 7m/s。然而, 总的来说, 非洲大陆的风能资源尚未得到充分开发, 特别是非洲南部地区, 诸多地域拥有 10~20 吉瓦的风能潜能, 却缺乏相配套的基础设施用以有效利用这些潜在资源。

### （四）应用领域与社会经济影响

目前, 南部非洲各国对于清洁能源的应用主要聚焦于电力连接方面, 相关的政策也大多局限于电力产业范畴内, 而针对供热、制冷以及交通运输领域的可再生能源政策则相对落后。

新兴能源的研发与运用将会为当地社区乃至全世界带来诸多益处。首先, 这一举措有助于创造新型就业岗位以及商业机遇。国际可再生能源署与非洲开发银行合作发布的《非洲地区可再生能源市场分析》指出, 非洲能源转型的宏伟蓝图与全球气候治理目标相契合, 预计到 2050 年将额外创造出 2600 万个就业岗位, 其中, 由能源转型所带来的新增就业机会将是化石能源行业所减少的就业机会的四倍之多。其次, 新兴能源的广泛应用也有望提升南部非洲整体社会福祉水平。IRENA 借助其福利指数对能源转型所产生的福利效应进行了量化评估, 结果表明, 非洲各个地区的福利状况都得到了显著改善。最后, 新兴能源的快速崛起还有助于推动全球可持续发展目标的实现。非洲新能源的飞速发展不仅可以有效缓解全球气候变化所带来的负面影响, 同时也将为非洲大陆的经济繁荣注入强大动力, 助力数百万民众脱贫致富。

## 三 新能源市场的基本情况

### (一)市场参与主体基本情况

正如前文所述,非洲清洁能源的开发与利用对于推动全球可持续发展目标具有至关重要的作用,它既是非洲能源转型的核心要素,也是世界各国以及国际组织在新一轮全球新能源产业链布局中的关键环节。因此,非洲能源市场呈现开发与投资主体多元化的发展态势。

作为新兴能源发展的主要推手和需求方,政府部门通过制定相应的政策法规、提供财政补贴以及税收优惠等措施,积极鼓励新能源项目的建设与运营。政府对于新能源的需求主要涵盖电力供应、交通运输、农业灌溉等多个领域,旨在提高能源自给率、降低碳排放量并推动经济的可持续发展。例如,2021年,南非政府发布了《关于南非新能源汽车发展的绿皮书》,制定了本地生产电动汽车及其零部件的拟定路线图,同时计划兴建并运营大量电动汽车充电设施。除政府之外,企业和居民同样是新能源市场的重要买家,对于稳定、可靠的电力供应有着较高的需求,以便支撑其生产经营活动以及日常生活所需。伴随着环保意识的日益增强以及能源成本的逐步攀升,越来越多的企业和个人开始转向采用新兴能源。

新能源市场的重要供应商包括电力公司、能源开发商、设备制造商等在内的全球范围内的能源企业,它们承担着新能源项目的投资、建设与运营任务,提供太阳能、风能、水能等多种新能源发电解决方案,以及相关的设备与技术支持。例如,Vestas Wind Systems A/S、Siemens Gamesa Renewable Energy SA、Scatec Solar ASA 等知名企业正积极在南部非洲开展新能源开发业务,提供各类先进的设备与技术服务。

### (二)市场容量与规模

随着非洲步入发展新阶段,南部非洲的新能源市场规模正在持续扩充,

以水资源、风力、光伏等资源为核心的清洁能源产业也日益繁荣。根据国际能源署的预期,从当前的发展态势来看,到2030年,可再生能源将超越传统能源,成为非洲新增电力供应的主导力量。

除水电外,现代可再生能源(太阳能、风能、地热能以及生物质能)尽管蕴含着无比广阔的潜能,然而在南部非洲的能源结构中其做出的贡献依然相对有限。尽管存在丰富的资源基础,但是当地的可再生能源发电装机容量在全球范围内所占比重尚不足3%。同时,非洲开发银行的相关数据显示,如今非洲的用电普及率仅仅维持在40%左右,仍有超过6.4亿的非洲人民生活在无电的环境之中,再加之跨境电网以及电网互联项目所带来的邻国共享备用电力以及参与电力交易的可能性,使当地对于电力的需求缺口显得尤为巨大。

### (三)市场结构与交易模式

南部非洲的新能源市场结构呈现高度分散与逐步集中相互交织的特点。现阶段,南部非洲的新能源市场相对较为分散,涵盖了众多国家以及各种规模的企业。然而,随着大型项目以及跨国合作的不断涌现,市场正逐渐朝着集中化的方向发展。诸如南非这样的大型经济体在可再生能源领域表现卓越,吸引了大量的投资,进而形成了相对集中的市场格局。此外,新兴国家与地区如赞比亚等,也已开始积极投身于清洁能源的发展事业。一批国际一流的电气工业能源企业纷纷进军南部非洲市场,与本地企业展开激烈的竞争。这些跨国公司具备尖端的技术实力和丰富的实践经验,而本地企业则更为熟悉当地市场情况,具备明显的地缘优势。在风电、太阳能等领域,技术竞争尤为白热化。同时,为了降低成本并提升效率,跨国公司与本地企业也开展了广泛深入的合作。

南部非洲的新能源市场的交易模式主要包括政府采购、中间产品与最终产品交易、国际融资等。

南部非洲许多国家政府通过招标、补贴等方式支持清洁能源项目,直接参与市场交易。例如,南非政府通过拍卖项目吸引投资,并承诺为中标项目提供资金支持和政策优惠。

南部非洲的新能源产业链上中下游涉及大量设备和技术交易。产业链的上游主要为清洁能源开发和储能技术，清洁能源开发包括光伏发电设备、风力发电设备及水力发电设备，储能技术包括电池、超级电容器、储氢技术等。中游主要是电力传输与配电，包括输电线路、变电站、配电网等，这些设施和技术能够将绿色电力从发电厂传输到用户，确保电力的高效流动和供应。下游主要为清洁能源的使用和消费，包括电动交通及分布式能源应用等。

鉴于清洁能源项目需要大量的资金投入，南部非洲各国普遍依赖于国际融资渠道。国际金融机构、多边开发银行等为这些项目提供了重要的资金支持。近年来，一些创新性的融资模式也开始在南部非洲市场出现。例如，区块链技术被用于解决偏远地区的太阳能项目资金问题，通过在线平台将投资者与消费者连接起来。

在消费端，非洲多国开始采用即付即用（pay-as-you-go）的商业模式，用户仅需要支付少量预付款便可以获得设备，按月或者按周支付余款。

## （四）与非洲及国际新能源市场的关系

南部非洲新能源市场的发展不仅推动了本地区的能源转型，也对整个非洲大陆和国际新能源市场产生了积极影响。

在与非洲新能源市场的关系方面，南部非洲国家积极投身于区域合作以及建立联盟的行列之中，例如，南非、纳米比亚等国是非洲绿色氢联盟的成员。非洲绿色氢联盟的成立标志着非洲国家在新能源领域的合作进入了一个新的阶段，联盟成员国致力于通过绿色氢能技术来降低对化石燃料的过度依赖，从而推动可持续发展的进程。此外，南共体在促进区域内的经济和能源合作方面发挥了关键作用。SADC 的成员国通过共同制定政策和实施项目，大力推进区域内的能源基础设施建设和可再生能源的开发利用。SADC 的存在不仅加强了成员国之间的紧密联系，还进一步提高了南部非洲乃至整个非洲在国际能源市场中的竞争实力。同时，南部非洲国家通过区域合作和政策协调，推动了新能源项目的落地实施。例如，南非的可再生能源独立发电商采购计划通过公开招标吸引了众多国内外投资，推动了风能和太阳能项目的快速发展。其他非洲国家也在借鉴南非的经验，制定并实施相似的政策措施，以期加快可再生能源的开发和利用。这种区域内的政策协调和经验分享，无疑将有助于提升整个非洲大陆的能源转型效率。

在与国际新能源市场的关系上，南部非洲各国凭借其丰富的自然资源储备和优越的政策环境，吸引了大量国际投资者的关注。例如，德国、埃及、阿联酋等国家与非洲各国签署了氢能合作谅解备忘录，推动氢能项目的发展。另外，中国企业也积极参与到多个大型光伏和风电项目的建设过程中。这些国际合作不仅为南部非洲各国和整个非洲地区提供了必要的资金和技术支持，更为国际技术交流和合作创造了良好的条件。国际能源署等国际组织在支持非洲的新能源项目方面也发挥了重要的作用。这些机构提供资金和技术支持，协助南部非洲国家突破在新能源开发过程中面临的资金和技术难题。例如，非洲开发银行设立了专项基金，用于支持小型可再生能源项目，并计划在撒哈拉以南地区投资200亿美元，建设一个覆盖11个国家的太阳能发电区。[①]

## 四 中国与南部非洲新能源合作与影响

### （一）中国与南部非洲能源合作概览

中国提出的"一带一路"倡议和中非合作论坛等机制平台，为双方在新能源领域的合作注入了强劲动力，也催生出更加广阔的合作空间及诸多宝贵机遇。同时，中国正在推行的能源改革与绿色发展战略，与南部非洲各国的能源需求以及未来的发展规划高度契合，双方通过强化政策对话和战略沟通，携手推进新能源产业的深度合作与共同发展。相关媒体报道，中国与南

---

① 资料来源：IRENA。

部非洲各国正逐步加大在绿色能源领域的合作力度，主要集中体现在以下两大方向：一是以风力发电、水力发电、太阳能光伏发电等为主导的清洁能源产业；二是电力基础设施的建设。这些合作项目对于推动非洲地区的绿色转型和可持续发展发挥了显著作用，已经取得了一系列丰硕的合作成果。例如，中国龙源电力集团南非公司所运营的南非德阿风电站，以及山东电工电气集团有限公司联手浙江南都电源动力股份有限公司与纳米比亚国家电力公司正式签署的 54 兆瓦时电力储能项目 EPC 总承包合同等，均已成为当地发展清洁能源的代表性工程。

### （二）在新能源产业方面合作的最新进展

近期，中国与南部非洲各国在新能源产业领域的合作取得了众多新的突破，尤其是在博茨瓦纳、纳米比亚、马达加斯加、莫桑比克、南非共和国等国，合作范围之广、程度之深令人瞩目。

博茨瓦纳光伏电站项目。中国交通建设集团旗下的中国港湾海南公司、中水对外海南公司与博茨瓦纳当地的合作伙伴共同宣布，计划在博茨瓦纳朱瓦能地区投资建设并运营一座装机容量高达 100 兆瓦的光伏电站项目。该项目总投资金额预计为 7832 万美元，将采用最尖端的太阳能光伏技术，预计每年能够产生数亿千瓦时的电能，对于缓解博茨瓦纳日益严重的能源短缺问题、推动当地经济社会的快速发展具有举足轻重的作用。

纳米比亚电力储能技术项目。山东电工电气集团有限公司联手浙江南都电源动力股份有限公司与纳米比亚国家电力公司正式签署了 54 兆瓦时电力储能项目 EPC 总承包合同。这是纳米比亚历史上首次开展电力储能技术项目，旨在解决当地电力供应不足的问题，提升居民的用电品质，同时还可以大幅降低二氧化碳的排放量。

马达加斯加太阳能发电站项目。马达加斯加全岛计划到 2024 年初安装 78 座太阳能发电站，这些发电站将为国家水电公司（Jirama）带来共计 77 兆瓦的发电能力。其中，46 座由政府出资建设，另外 32 座则作为与世界银行合作的 DECIM 项目的组成部分进行安装。此举旨在降低对化石燃料的过

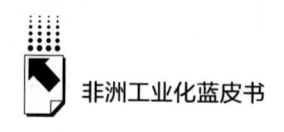

度依赖，提高可再生能源在整个能源结构中所占的比重。

莫桑比克天然气项目。中国石油天然气集团公司积极参与了莫桑比克天然气项目，尤其是在鲁伍马盆地莫桑比克4区块科拉尔气田浮式液化天然气项目中拥有重要的股权份额。该项目的启动标志着莫桑比克正式迈入了天然气商品化的新时代，对于推动当地经济繁荣和能源转型具有深远影响。

南非共和国综合合作。2023年6月13日，中国—南非新能源投资合作大会在南非约翰内斯堡成功举行。此次大会的核心宗旨在于贯彻落实两国元首达成的重要共识，搭建起中南两国相关企业及机构信息交流与对接合作的平台，从而吸引更多的社会力量投身于南非新能源产业的蓬勃发展之中。南非作为南部非洲地区的经济巨头，与中国在新能源产业领域的合作范围广泛且深入。近年来，双方不仅在光伏、风力发电等可再生能源领域展开紧密合作，同时也在能源科技、人才培育等多个层面加强了交流与协作。南非丰富的太阳能和风能资源为中国企业提供了巨大的市场潜力。

综上所述，中国与南部非洲国家在新能源产业方面的合作取得了显著进展，双方通过政策对接、项目合作、技术交流等方式，共同推动新能源产业的发展和普及。未来，随着双方合作的不断深入和拓展，相信将取得更多互利共赢的成果。

### （三）对新能源发展的主要影响

中国与南部非洲国家在新能源上的合作对这些国家的新能源产业产生了多方面的积极影响。

政策制定方面，中国与南部非洲各国在新能源领域的深度协同合作，有力地推动了这些国家在政策制定方面的逐步完善和提升。例如，南非政府出台了一系列政策来加快新能源项目的实施，包括上网电价政策和独立发电商采购计划；纳米比亚计划到2030年实现国内电力来源中70%来自可再生能源，并正在推动能源转型政策的实施。

产业开发方面，中国企业积极踊跃地参与南部非洲各国的新能源项目建设进程。比如，由中国电建集团旗下山东电建三公司承建的南非红石100兆瓦塔式光热太阳能项目已顺利实现首次并网成功；中国龙源电力集团负责运营的南非德阿风电项目，其总装机容量达24.45万千瓦，每年的发电量更是超过了7.5亿千瓦时。

资源利用方面，南部非洲国家拥有丰富的太阳能和风能资源，中国企业则通过技术和资金的大力支持，协助这些国家更加高效地利用其自然禀赋。例如，纳米比亚在2023年9月成功建成了非洲大陆上的首家绿氢工厂，目前正在全力推动光伏和绿氢项目的快速发展。

共建共享方面，中非新能源合作论坛等重要平台的设立，极大地促进了中国与南部非洲各国在新能源领域的共同建设和共享发展。该论坛的主要目标就是要推动双边新能源合作迈向更高层次的跨越式发展。

技术与人才方面，中国在新能源技术方面的优势显著，有力地帮助南部非洲国家提升了技术水平。例如，中国企业在南非建设的光伏和风电项目，均采用了先进的技术和现代化设备。中国的新能源技术具有成本低廉、适应性强等特点，符合非洲地区的实际需求和现状。

综上所述，中国与南部非洲国家在新能源领域的合作，不仅推动了这些国家在政策、产业、资源、技术与人才等方面的进步，更为其在未来的可持续发展和经济繁荣奠定了坚实基础。

**参考文献**

李昕蕾：《全球清洁能源转型与中国角色》，《当代世界》2023年第2期。
王倩：《南非新能源产业发展现状及启示》，《中外能源》2019年第3期。
王涛、崔媛媛：《非洲风能开发利用的潜能、现状及前景》，《中国非洲学刊》2020年第2期。
王宇栋：《马达加斯加清洁能源发展潜力分析》，《中国投资》（中英文）2021年第Z8期。
闫枫、张欣哲、张晗旭等：《非洲可再生能源投资市场潜力可期》，《环境经济》2023年第2期。
张锐、张云峰：《撒哈拉以南非洲电力供应：进展、问题与展望》，《中国非洲学刊》

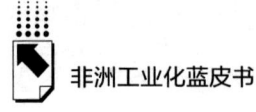

2021年第3期。

岳鸿飞：《全球绿色就业问题的聚焦与国际新动态》，《环境与可持续发展》2017年第1期。

周立志、张鹏飞、麻常辉等：《南非碳中和实现路径及减排措施研究》，《全球能源互联网》2022年第1期。

周亚敏：《全球发展倡议下的中非绿色发展合作》，《中国非洲学刊》2023年第1期。

# 专题篇

## B.7 非洲清洁能源开发与新型工业化发展研究*

杨霞 周博康**

**摘 要：** 非洲大陆是全球富有自然资源的地区之一，它拥有广阔的土地，以及丰富的太阳能、风能、水能和各种矿产资源，清洁能源发展潜力巨大。非洲清洁能源的开发，会带动其产业链上中下游发展，推进新型工业化进程，促进当地资源利用和经济发展。但是非洲的清洁资源开发大多处于勘探阶段与项目规划阶段，少数进入了项目建设与实施阶段，几乎没有进入产业链的下游，受政府、市场、技术、人才、融资等多方面因素的制约，非洲清洁能源开发的产业链尚未形成。中国作为世界上最大的发展中国家，尤其重视清洁能源的发展，在中非合作论坛和"一带一路"倡议下，中国已然成为非洲清洁能源合作的重要伙伴，帮助非洲逐渐完善清洁能源开发的产业链。本文通过分析中国与埃及、苏丹、埃塞俄比亚、乍得、南非等国开展能

---

\* 本篇未做标注的数据均源自世界银行。
\*\* 杨霞，经济学博士，湖北工业大学国际学院院长、教授、硕士生导师，主要研究方向为国际金融；周博康，湖北工业大学经济与管理学院科研助理，主要研究方向为能源经济与金融。

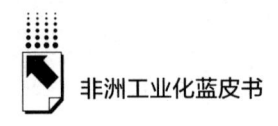

源合作的案例，从推动基础设施承建、深入推进技术合作、拓展区块链融资、多渠道加强人才培养、推动更多支持政策出台、加强与国际接轨、推动建设一体化市场等方面提出推进中非清洁能源进一步合作的建议。

**关键词：** 清洁能源 产业链 新型工业化 能源开发

非洲大陆是全球富有自然资源的地区之一，它拥有广阔的土地，以及丰富的太阳能、风能等资源，清洁能源发展潜力巨大。非洲清洁能源的开发，会带动其产业链上中下游发展，推进新型工业化进程，促进当地资源利用和经济发展。中国作为世界上最大的发展中国家，尤其重视清洁能源的发展，在政策、技术、制造方面拥有独特优势。在中非合作论坛和"一带一路"倡议下，中国已然成为非洲清洁能源合作的重要伙伴。

## 一 非洲清洁能源开发的现状

非洲拥有丰富多样的能源资源，其中既包括石油、天然气、煤炭等传统化石能源，也包括水能、太阳能和风能等可再生能源。国际能源署相关报告显示，非洲拥有丰富的清洁能源资源，太阳能、风能和水能储量分别占全球的40%、32%和12%，清洁能源发展潜力巨大。

### （一）水能资源居世界前列，开发程度相对较低

非洲理论水能蕴藏量达40000亿千瓦，占世界的21%。技术可开发水能和经济可开发水能资源分别为17500亿千瓦和11000亿千瓦，约占全球的12%以上，仅次于亚洲和拉丁美洲。这些水能资源主要分布在尼罗河、刚果河、尼日尔河流域等地，其中刚果河的水能资源尤为丰富，其水能理论蕴藏量居世界第一。尼罗河、刚果河、赞比西河等9个主要流域水能资源理论蕴藏总量可达3790TW·h/a。水系分布方面，非洲流域众多，拥有尼罗河、

刚果河、赞比西河等多条世界著名河流，主要集中在中部、东部和南部非洲。非洲境内流域面积超过3万平方公里的一级河流共有43条，这些河流的总流域面积合计达1843万平方公里，约占非洲总面积的60%。据统计，在非洲，理论蕴藏量在50GW·h及以上的河流共有4863条，这些河流的理论蕴藏总量共计5668TW·h/a，占全球总量的12.3%。非洲水能资源的待开发潜力主要集中在刚果河、尼罗河、赞比西河等大型流域。①

尽管非洲水能资源丰富，但其开发程度却相对较低。整个非洲大陆的水能资源技术可开发潜能大约为283GW，但实际上开发的比例不到10%。目前，非洲水电装机容量不超过世界的4%，水电开发利用率只占技术可开发水能资源的7%，非洲现有水电站多数为50MW以下的小水电站，大型水电站稀缺。例如，装机容量超过200万千瓦的大型水电站非洲只有两座，分别是埃及的尼罗河阿斯旺高坝水电站和莫桑比克的赞比西河卡博拉巴萨水电站。非洲不同地区对于水资源开发程度不同，非洲北部和非洲南部对水资源的开发利用程度较高，非洲北部地区对水电开发利用率已达到17%以上。然而，水力资源最为丰富的中部地区的开发利用程度却不超过5%。非洲水能资源理论蕴藏量前十位的国家如表1所示。

表1 非洲水能资源理论蕴藏量前十位的国家

单位：亿kW·h/a

| 国家 | 水能资源理论蕴藏量 | 技术可开发量 | 经济可开发量 |
| --- | --- | --- | --- |
| 刚果（金） | 13970 | 1000 | <4000 |
| 埃塞俄比亚 | 6500 | >2600 | 1620 |
| 喀麦隆 | 2940 | 1150 | 1050 |
| 莫桑比克 | >1034 | >376 | 317 |
| 加蓬 | 800 | 420 | <325 |
| 南非 | 730 | 140 | 47 |
| 肯尼亚 | 700 | 400 | 300 |
| 刚果（布） | >500 | 100 | — |
| 科特迪瓦 | 460 | 124 | — |
| 尼日利亚 | >427 | 324 | 298 |

资料来源：中国大百科全书。

---

① 全球能源互联网发展合作组织：《非洲清洁能源开发与投资研究》，中国电力出版社，2020，https://www.geidco.org.cn/publications/yjcgbg/qjnyyjfj/2023/5675.shtml#p=5675_8。

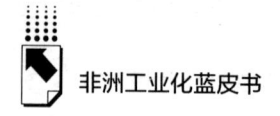

## （二）风能资源丰富，开发规模极小

风能资源蕴含的电力为5000万亿～7000万亿千瓦时/年，约占世界的30%，主要分布于非洲沿海及撒哈拉地区。[①] 非洲风能理论蕴藏总量可达366.1PW·h/a，占全球总量的18%；适宜集中式开发的装机规模约为52208.5GW，主要集中在北部非洲的撒哈拉沙漠及周边、西部非洲的大西洋沿岸、东部非洲的印度洋沿岸和南部非洲的部分内陆地区，年发电量为140.9PW·h/a，现有开发规模尚不足技术可开发量的1‰。从分布上看，非洲技术可开发的风能资源主要集中在撒哈拉至地中海沿岸的北部地区，占全洲总量的70%以上。[②] 尽管风能资源丰富，但非洲的风能开发进展相对有限。国际可再生能源署（IRENA）的数据显示，目前仅有埃及、摩洛哥和南非这三个非洲国家的风能装机容量超过1GW，而其他国家的风能开发仍处于起步阶段。不同地区风能资源的开发存在显著差异。北非地区，如埃及和摩洛哥，由于较早启动可再生能源计划，其风能开发相对较为成熟。南非则通过定期招标等方式推动风能发展，取得了显著成效。相比之下，东非和中非地区的风能开发相对滞后。[③]

## （三）太阳能资源富足，市场潜力巨大

非洲是世界上阳光充足的地区之一，拥有世界上约60%的最佳太阳能资源。特别是北非的埃及、利比亚，东非的索马里、肯尼亚，以及南部非洲的纳米比亚等国，平均年水平面总辐射量在每平方米2200千瓦时以上。非洲太阳能资源可开发规模约为13750亿千瓦，超全球总量的50%。非洲太阳能光伏资源理论蕴藏总量高达63464.5PW·h/a，占全球总量的30%；适宜集中开发的装机容量为

---

[①] 《探索中非能源合作之路（二）｜非洲能源电力发展概况》，https://mp.weixin.qq.com/s/P04ZCWmI72y7xdvnzahQ_A。

[②] 全球能源互联网发展合作组织：《非洲清洁能源开发与投资研究》，中国电力出版社，2020，https://cn.geidco.org.cn/publications/yjcgbg/qjnyyjfj/2023/5675.shtml#p=5675_8。

[③] 刘振亚：《全球能源互联网跨国跨洲互联研究及展望》，《中国电机工程学报》2016年第19期，第5103～5110+5391页。DOI：10.13334/j.0258-8013.pcsee.160788。

1374.8TW，主要分布在非洲中北部的撒哈拉沙漠及周边地区、南部非洲的大西洋沿岸地区和东部非洲的部分内陆地区，年发电量为 2670.2PW·h。

随着非洲人口的增长，能源需求也呈现快速增长趋势。而光伏储能技术因其清洁、可再生的特点，在非洲地区具有广阔的应用前景。许多非洲国家已经采取了政策措施来推动太阳能的发展。例如，一些国家实施了太阳能补贴计划或制定了可再生能源法规，为光伏储能项目提供了财政和法律上的支持。近年来，非洲新增太阳能装机容量呈现高速增长态势。非洲太阳能工业协会（AFSIA）发布的报告显示，2023 年非洲新增太阳能装机容量达 3.74 吉瓦，同比增长 19%，总装机容量达 16.3 吉瓦。南非是非洲太阳能装机容量的领导者，2023 年新增装机容量达 2.96 吉瓦，占比高达 79%。光伏储能技术的不断进步也推动了非洲太阳能市场的发展。更高效的太阳能电池板、先进的储能系统和智能化管理控制系统的应用，降低了光伏储能系统的成本，提高了其性能和可靠性。

### （四）天然气探明储量不断增加，有待开发

20 世纪 90 年代以来，非洲天然气探明储量也在不断增加，其占世界天然气探明储量的比重总体上也较为稳定，维持在 7%左右。2018 年，非洲天然气探明储量达 14.4 万亿立方米，占世界天然气探明储量的 7.2%。2021 年，天然气在能源供应份额中占比 16.5%。2000 年，天然气供应总量达 1976712TJ；2020 年，天然气供应总量达 5900418TJ。2000~2021 年非洲天然气供应量的演变如图 1 所示。

然而，非洲的天然气生产、消费高度集中在少数国家，分布极不均衡。北非地区以石油和天然气为主，而撒哈拉以南地区则以固体生物质燃料和可再生能源为主。非洲天然气出口量占世界总量的 8%，且出口增长潜力依然巨大，尤其是液化天然气的出口能力预计将持续增长。天然气开发过程中也面临诸多挑战。首先，许多非洲国家是石油和天然气的净进口国，资源储量潜力未发展成为产量与出口优势。其次，非洲的能源结构目前仍以高排放、高污染的传统能源为主，天然气在能源结构中的占比有待提高。图 2 所示为 2000~2021 年非洲天然气贸易的变化情况。

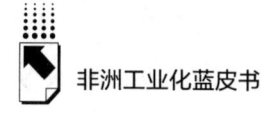

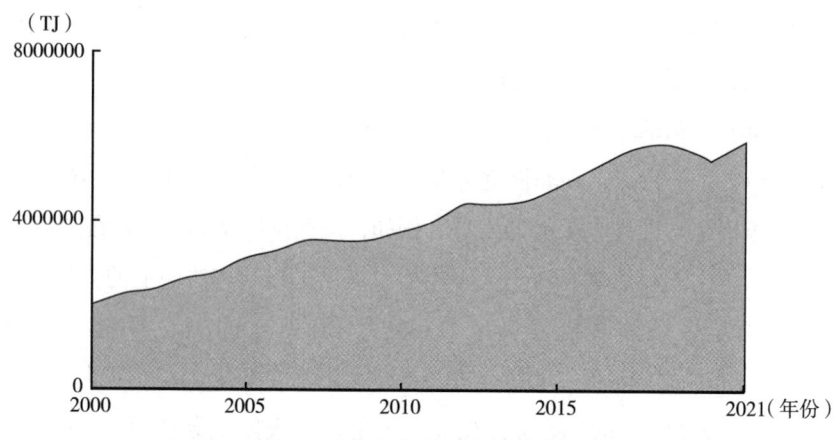

**图 1　2000~2021 年非洲天然气供应量的演变**

资料来源：国际能源署，https://www.iea.org/。

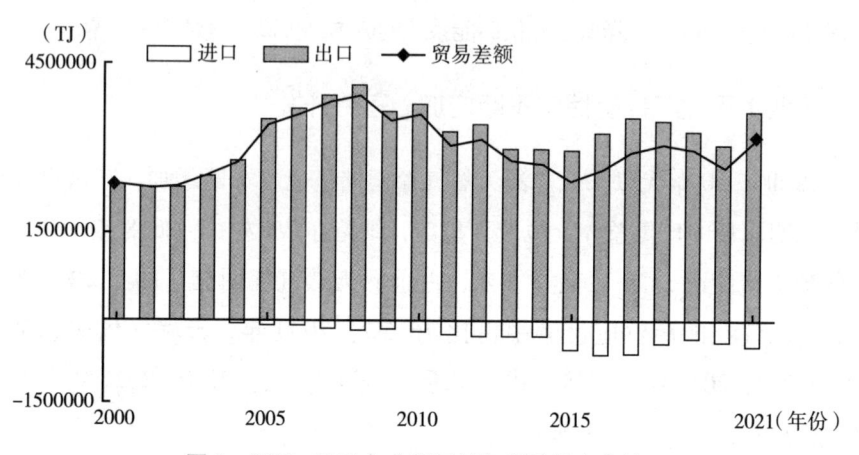

**图 2　2000~2021 年非洲天然气贸易的变化情况**

资料来源：国际能源署，https://www.iea.org/。

## 二　非洲新型工业化发展现状

传统工业化包括机械化生产的普及、煤炭和蒸汽作为主要能源、重工业如钢铁和机械制造的兴起，以及铁路和通信技术的发展。非洲工业化水平整体较低，部分国家工业化进程缓慢，甚至尚未进入工业化阶段。不同地区、国家之间工业化差异显著。新型工业化道路以信息化带动工业化，注重可持续发展、绿色生态工业、人文关怀与信息化融合。

新型工业化是知识形态下的工业化，以经济效益好、资源消耗低为特点，以可持续的和包容性的增长模式发展。非洲等发展中国家可以通过新型工业化缩小和发达国家之间的差距，甚至实现赶超，借助知识文明尽快达到工业文明的繁荣。非洲新型工业化发展现状的多样化和差异性，反映出非洲各国在资源禀赋、经济基础、政策导向和国际合作方面的不同。当前，非洲新型工业化发展呈现以下特点。

## （一）新型工业化水平参差不齐

非洲各国工业化水平存在显著差异，从完全未进入工业化阶段的国家，到工业化水平较高的国家，如南非和北非的利比亚、突尼斯等。工业化水平较高的国家，其工业发展也呈现不同的特征，有的侧重于资源密集型产业，有的则侧重于制造业、服务业等领域。利比亚的工业化水平在非洲国家中较高，特别是在石油加工业方面。除了原油出口，利比亚还致力于石油化工业的深加工，生产乙烯、聚乙烯、丙烯等化工原料，以及用于农业的化肥产品。南非不仅矿产资源丰富，而且在交通、通信、电力、水利等基础设施建设方面表现良好，科技和教育水平也相对较高。南非的矿业实力雄厚，矿产品出口占重要地位。除此之外，南非的制造业种类齐全，技术先进，包括钢铁工业、汽车制造业等。坦桑尼亚、埃塞俄比亚、莫桑比克这些国家的经济发展较为落后，被列入世界最不发达国家名单。坦桑尼亚的经济以农业为主，工业原始且技术落后，日常生活用品主要依赖进口。埃塞俄比亚的经济同样以农牧业为主，工业基础薄弱，国内政局动荡和边境冲突阻碍了工业发展。莫桑比克则面临自然灾害、政治动乱和疾病流行等问题，导致经济严重受挫。布隆迪、卢旺达、布基纳法索等国家的国土面积狭小，资源匮乏，经济发展落后，工业发展条件有限。它们的经济发展水平尚不足以解决国民的基本生活问题，工业化发展更是难以进行。

## （二）新型工业化探索路径不同

非洲国家在探索新型工业化模式时，根据各自的国情和资源禀赋，采取了不同的路径。尼日利亚以资源驱动新型工业化。尼日利亚政府的目标是将制造业对经济的贡献从目前的8%提高至10%，使其成为创造就业和包容性经济增长的驱动力。南非形成了以能源业、矿业、制造业、建筑业为主的四大工业部门，制造业对国内生产总值的贡献相当大。毛里求斯主要是以服务业为先导的工业化。毛里求斯的第三产业，尤其是旅游业，对该国的工业化贡献巨大。其旅游业不仅吸引了大量游客，还带动了相关产业，尤其是服务业的发展，提供了众多的就业机会，提升了基础设施接待能力。同时，毛里求斯还积极发展金融服务业、信息技术通信业以及新媒体业。[①] 肯尼亚注重发展新型生态工业，尤其在清洁能源方面，特别在地热能和风能的利用上。肯尼亚的奥尔卡里亚地热田是非洲最大的地热发电站之一，提供了该国大部分的电力需求。肯尼亚还在沿海和内陆地区建设了多个风电厂，旨在减少对化石燃料的依赖，推动绿色能源的发展。摩洛哥以发展循环经济促进新型工业化发展，其面临着严重的水资源短缺问题，在水资源管理方面采取了循环经济的原则。该国通过建设海水淡化厂和废水处理设施，将处理后的废水用于农业灌溉，有效缓解了水资源压力。同时，摩洛哥还推广滴灌等节水灌溉技术，提高了水资源的使用效率。

## （三）工业化发展的重点领域不同

非洲新型工业化在重点领域的发展涉及多个行业和部门，旨在促进经济增长、创造就业并减少对进口的依赖。肯尼亚以现代农业推动新型工业化发展。肯尼亚是非洲最大的花卉出口国，通过采用现代化温室技术、灌溉系统和物流链优化，能够全年供应高质量花卉到全球市场。这不仅提高了当地农民的收入，还创造了大量就业机会，并促进了相关产业如包装材料和航空运

---

① 朱华友、赵雅琼：《非洲国家工业化水平的综合评价和提升》，《非洲研究》2016年第1期，第106~121页。

输的发展。赞比亚大力发展矿业和资源加工业促进新型工业化发展。赞比亚是世界上主要的铜生产国之一，为了减少对原材料出口的依赖，该国正在推动铜的下游加工，包括电线电缆、管道和其他金属制品的制造。通过建立铜加工区，吸引更多的投资者，开发更复杂的铜产品，从而提高出口收益。南非在技术教育方面进行了大量投资，培养高技能的劳动力，满足清洁能源行业对人才不断增长的需求。该国的大学和学院与相关的能源企业合作，提供实习和工作机会。摩洛哥对清洁能源进行了大规模投资，建设了多个大型发电站，如努尔太阳能复合体。这些项目不仅满足了国内日益增长的电力需求，还促进了摩洛哥成为非洲清洁能源的领导者，并为邻国提供了电力出口的机会。

## （四）资源依赖型工业化模式仍在继续

非洲拥有丰富的自然资源，如石油、天然气等矿产资源，这些资源为非洲国家的工业化初期提供了必要的资金和物质基础。这些资源的出口往往能够带来外汇收入，支撑国家经济的初步发展和基础设施建设。然而，非洲国家对于资源出口的过度依赖，使其缺乏对这些资源进行深加工和增值的能力，这意味着大部分的附加值在资源出口后才在国外实现，非洲国家只获取了产业链中最低端的利润。与此同时，资源的价格波动会对资源依赖型国家产生较大影响，当国际市场资源价格下跌时，这些国家的经济往往会遭受重创，财政收入锐减，引发经济衰退。利比亚的工业化进程主要得益于其丰富的石油、天然气储量。石油、天然气的开采和加工是其经济的核心，带动了国内经济的发展。然而，这也导致了利比亚经济对单一资源的严重依赖，缺乏经济的多元化和弹性。突尼斯从资源依赖型向更加新型的工业化结构转变，通过完善基础设施，如公路、码头和工业园区，以及发展机械加工、电子配件等新兴工业，取代传统的资源消耗型工业。[1]

---

[1] 朱华友、赵雅琼：《非洲国家新型工业化道路选择及实现路径》，《浙江师范大学学报》（社会科学版）2016 年第 6 期，第 73~80 页。

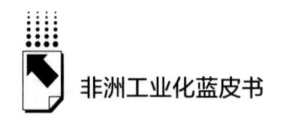

## 三 清洁能源开发及其对新型工业化发展的影响

### （一）清洁能源开发产业链

清洁能源开发不仅促进了清洁能源技术的进步和应用，还带动了从原材料供应到最终产品和服务的整个价值链的发展。对于产业链上游，主要是原材料的供应与资源勘探，清洁能源产业的发展需要特定的原材料，这些原材料需求的增加会促使相应的供给上升，例如，在太阳能光伏和电动汽车电池等领域对相关材料的需求较大，这些需求推动了相关矿产的开采和提炼，促进了上游供应商的技术改进和产能扩张。对于产业链中游，主要是装备制造与技术服务，清洁能源的开发带动了相关装备的制造需求，一些国家开始吸引外资建立清洁能源装备制造工厂，促进了当地制造业的发展。随着外资的进入和技术的转移，该国逐步掌握了清洁能源装备的制造技术，并不断提升产品质量和生产效率。在产业链下游，主要是清洁能源应用以及带来的社会经济效益，清洁能源的开发能有效地降低用电成本，有助于解决电力短缺问题。与此同时，清洁能源的开发和应用带动了相关产业的发展，创造了大量的就业机会，有助于缓解就业压力，促进经济发展。

**1. 产业链上游：原材料的供应**

清洁能源开发产业链的上游阶段涵盖了原材料的供应与相关产业升级，这是整个清洁能源行业得以运转的基础。随着清洁能源技术需求的增长对相关原材料的需求会增加，促进了上游供应商的产能扩张和供应链优化，以确保原材料的稳定供应。清洁能源开发的同时对技术创新提出了更高要求，推动了上游产业的技术升级和改造。例如，在光伏制造领域，通过研发高效率、低成本的光伏电池技术，提高光伏转换效率，同时加强晶硅材料的高效生产关键技术的研究。锂电储能领域同样重视电池级碳酸锂、高能量密度正极材料等关键技术研发，以突破产业化瓶颈。另外，致力于打造千亿级光伏产业集群、锂电产业集群及化工新材料产业集群。在光伏产业，加快实施多晶硅、单晶硅棒等项目，完善光伏配套制造产业链。锂电储能产业方面，布局电池、电控系统等项目，发展锂电池材料和配套产业，如隔膜、电解液等，并推动动力锂离子电池的回收利用。

2. 产业链中游：技术服务和装备制造

在清洁能源开发产业链中，中游环节专注于将上游提供的原材料转化为具体的产品和服务，这是清洁能源技术得以实现和应用的关键阶段。清洁能源开发对装备制造的技术水平提出了更高要求。为了适应市场需求和提高竞争力，装备制造企业需要不断进行技术创新和升级。技术服务方面，非洲太阳能、水力和风力资源丰富，"水—风—光—热—储一体化"项目通过数字化和智能化手段，提高了电网建设的效率和质量，改善了居民生活条件，促进了电力系统技术创新。

装备制造方面，清洁能源项目的增多，对清洁能源装备的需求急剧上升，对太阳能光伏组件、风力发电机、储能系统、电动汽车充电站需求的上升，直接推动了装备制造企业的生产活动，促使它们扩大产能，以满足市场的需求。供应链端也相应强化，以确保原材料、零部件的稳定供应。企业可能会在当地设立生产基地，促进技术转移和本地化，提升制造能力和技术水平。中国政府在2015年发布了《国务院关于推进国际产能和装备制造合作的指导意见》。中国企业在政府的引导下，积极进入非洲市场，参与太阳能等清洁能源项目的建设。葛洲坝集团、中国水利水电工程公司等参与了埃塞俄比亚的水电站建设项目，如芬恰—阿莫提—奈舍水电站和泰克泽水电站的建设。中国东方电力公司为埃塞俄比亚的吉贝Ⅲ期水电项目提供了全套发电机组，阿达玛一期风电项目采用中国标准，这一系列清洁能源项目的建设标志着中国的风电技术、标准和设备向非洲的整体输出。[①]

3. 产业链下游：能源应用及运维服务

清洁能源产业链的发展不仅有助于缓解电力紧张，也为经济社会发展提

---

① 郭元飞、张聪杰：《论中国与埃塞俄比亚清洁能源合作的内容与机制》，《沧州师范学院学报》2019年第3期，第96~99页。

供了新的动力。随着清洁能源的普及和规模化应用，其成本逐渐降低，使能源价格更加稳定。这对下游产业链中的能源密集型行业，如制造业、化工业等，具有显著的正面效应，有助于降低生产成本，提高竞争力。

新能源开发带来能源使用成本的下降。非洲集中式风电的平均开发成本为4.12美分，各国的平均开发成本为2.88~7.03美分。非洲集中式光伏的平均开发成本为2.89美分，各国的平均开发成本为2.09~7.02美分。[①] 根据国际能源署在《2022年非洲能源展望》报告中的预测，到2030年，非洲光伏度电成本可能降至0.018~0.049美元/kW·h。这一成本远低于当前许多非洲国家依赖的柴油发电机发电成本（1美元/kW·h），也低于天然气发电成本。

能源供应方面，中国企业在乌干达先后承建伊辛巴水电站、卡鲁玛水电站，项目的建设使该国供电能力在十年间增长近80%，为乌干达工业化提供了强大助力，并使乌干达电费降至每度5美分以下。[②] 中非共和国的光伏电站项目，显著提高了班吉地区的电力供应稳定性。以前该区域每天只供电6小时且经常停电。现在由于光伏电站的并网发电，供电时间超过12小时，且限电时间大为缩短。这种能源供应稳定性和可靠性的提升，直接降低了居民和企业对高成本、不稳定的柴油发电机的依赖。

经济效益方面，清洁能源产业链的开发和建设需要大量的劳动力，这直接促进了当地就业市场的繁荣。从清洁能源项目的规划、设计、施工到运营和维护，都需要大量的专业人员和技术工人。清洁能源产业的发展还带动了相关配套产业和服务业的发展，进一步增加了就业机会。风能、太阳能等清洁能源项目的建设和运营，直接创造了大量与清洁能源相关的岗位，包括研发、工程、制造、安装、运维等工作。随着清洁能源产业的发展，上游、中游的材料供应、装备制造，以及下游的物流、服务、维护等行业也得到了发

---

[①] 全球能源互联网发展合作组织：《非洲清洁能源开发与投资研究》，中国电力出版社，2020，https：//www.geidco.org.cn/publications/yjcgbg/qjnyyjfj/2023/5675.shtml#p=5675_8。

[②] 张锐、孙天舒：《全球发展倡议下的中非清洁能源合作》，《中国非洲学刊》2023年第1期，第62~82+155页。

展,这些关联产业的扩张进一步创造了就业机会。例如,风电设备的制造和维护、太阳能板的生产,以及与此相关的物流运输服务等,都带来了额外的工作岗位。① 根据 IRENA 的估计,到 2050 年可再生能源领域将在世界范围内提供 1800 万个工作岗位,其中非洲可以提供的工作岗位超过 160 万个。清洁能源巨头马斯达尔公司报告预测,非洲丰富的太阳能与风能资源到 2050 年可年产 3000 万~6000 万吨绿氢,该行业或将创造 190 万~370 万个工作岗位,并推动非洲 GDP 增长 600 亿~1200 亿美元。纳米比亚的氢能项目全面投运后,预计每年将生产 35 万吨绿色氢气,并创造 3000 余个永久性工作岗位,以及 15000 个临时建筑工作岗位。②

## (二)清洁能源开发产业链对新型工业化发展的影响

清洁能源开发不仅促进了经济的绿色转型,还推动了技术创新、工业绿色发展,带动相关产业上下游发展等,具体表现在以下几个方面。

### 1. 推动技术创新和产业升级

技术创新和产业升级是清洁能源发展的重要驱动力,清洁能源技术的进步不仅局限于能源生产本身,还深刻影响着相关产业链和整体经济结构。清洁能源技术的研发与应用伴随着智能电网、储能技术、高效光伏组件和风力发电机等科技创新,不仅推动了工业技术升级和产品更新换代,还促进了电动汽车、智能设备制造、新材料和信息技术等相关配套产业的蓬勃发展,形成了一个相互促进的生态系统。技术的快速发展还催生了一系列新兴产业的蓬勃兴起。电动汽车行业作为其中的佼佼者,随着电池技术、充电基础设施及智能网联技术的不断突破,正逐步替代传统燃油车,引领汽车产业向电动化、智能化方向转型。

例如,风力发电机和太阳能电池板的技术不断进步,要求装备制造商不断研发更高效、更可靠、成本更低的产品。这种技术创新不仅提升了装备制造业

---

① 阿尔组古丽·麦麦提祖农:《新疆能源开发对就业的影响研究》,新疆大学硕士学位论文,2019。
② 黄培昭:《非洲以氢能撬动能源转型》,《中国能源报》2024 年 4 月 22 日。

的竞争力，也推动了整个工业体系的现代化。清洁能源装备的生产往往涉及多个环节，包括原材料供应、零部件制造、总装集成等，这促进了装备制造业内部产业链的延伸和上下游企业的协同发展。同时，清洁能源项目的集中建设也带动了装备制造业的产业集群效应，形成了规模效应和协同效应。随着清洁能源项目的增多和规模的扩大，运维和售后服务市场也迎来了快速增长。这为服务业提供了广阔的发展空间，同时也促进了服务业与制造业的深度融合。

光伏能源的开发形成了"多晶硅—单晶硅切片—太阳能电池—电池组件—光伏组件—光伏电站"的完整产业链，构建了上游制造保障下游发电、下游发电促进上游制造的循环体系。在清洁能源的上游领域，促进了上游产业链的完善，如多晶硅、太阳能电池、电池组件、光伏组件等。这不仅推动了新材料的研发与生产，还带动了装备制造行业的发展。清洁能源的下游应用，如光伏电站和风电厂的建设，带动了电力生产和消费的绿色转型。这不仅提高了清洁能源在能源消费中的比例，还促进了电力系统的智能化和现代化。[1]

**2. 促进工业绿色发展**

清洁能源的广泛应用，无疑是工业企业转型升级、迈向绿色发展的关键一步。它不仅能显著降低工业企业的能耗成本，减少对传统化石燃料的依赖，还能从根源上显著降低温室气体的排放以及有害物质的释放。这对于缓解全球气候变化、改善空气质量、保护生态环境具有不可估量的价值。通过大规模部署太阳能光伏板、风力发电机等可再生能源设施，将自然界中的太阳能、风能转化为电力，直接驱动工业生产流程，这种清洁、可再生的能源供应模式，为工业体系注入了绿色发展的新动能。清洁能源产业链的发展，进一步催生了技术创新与产业升级的良性循环。从清洁能源的采集、转换、储存到应用，每一个环节的技术突破都带动了相关产业链上下游企业的成长，促进了新材料、新技术、新设备的研发与应用。在

---

[1] 《西宁市人民政府关于印发西宁市贯彻落实青海打造国家清洁能源产业高地任务分工方案的通知》，《西宁市人民政府公报》2021年第11期。

制造业中，采用清洁能源驱动的智能制造系统，不仅提高了生产效率，还显著降低了生产过程中的能耗与排放，生产出的产品往往具备更高的能效比和更低的碳排放。

以新能源汽车产业的发展为例，可通过盘活存量产能、招引整车制造商、健全核心部件产业链等措施，提升新能源汽车产业链的整体实力，显著推动当地工业化的进程。加大对核心部件如动力电池、电机电控系统、轻量化材料等的研发与生产，构建完整的产业链。鼓励车企提升科研投入比重，推动整车集成技术、关键零部件技术研发，以及创新研发支撑平台的建设。优化产业空间布局，结合资源分布特点，培育新能源电池及配套产业集群。产业链协同发展，推动新能源汽车与能源、交通、旅游等产业融合，发展后市场服务，培育新业态新模式。[①] 中国新能源汽车市场在本土企业和品牌的推动下，销量屡创新高，2023年占据了全球63.5%的市场份额。当前，中国新能源汽车产业正处于黄金发展期，是推动绿色低碳新型工业化进程的关键力量。[②]

### 3. 就业创造与减贫效应

清洁能源产业的兴起催生了大量新的就业岗位，比如风力发电站、太阳能光伏电站的建设，这些项目在规划、建设、运营和维护过程中都会创造出大量工作机会。从研发人员、工程师、技术工人到销售和售后服务人员，这些岗位为劳动力市场注入了活力，促进了就业市场的多元化。与传统能源产业相比，清洁能源产业往往需要具备更高技能的劳动力，这有助于提高整体劳动力素质和就业质量。

2020年《美国能源与就业报告》数据表明，截至2019年底，美国能源和能效行业就业680万人，新增就业岗位总数超过120300个，在创造就业方面的表现优于其他经济体。2022年，中国清洁能源行业的从业人员数量

---

① 毛锐、张海月：《新能源汽车产业赋能贵州新型工业化发展》，《新型工业化》2023年第7期，第60~69页。

② 于潇、李经贤：《绿色发展视角下中国新型工业化实现路径研究》，《工信财经科技》2024年第3期，第23~34页。

就增长了近30%。国家还出台了一系列政策，鼓励企业加大对清洁能源技术的研发和投资力度，为行业发展提供了强大动力。截至2023年，舟山市清洁能源发电总装机容量已达434.5万千瓦，液化天然气接收站的接收能力已达500万吨/年。这一规模的清洁能源产业为当地创造了大量与清洁能源发电、储能、传输和设备制造相关的就业岗位。①

国际能源署近期发布的报告指出，清洁能源技术的迅猛发展提振了全球能源行业对劳动力的需求。数据显示，2022年，全球能源行业就业规模达到了6700万人，与新冠疫情前相比，新增就业350万人。清洁能源领域的就业岗位占据了整个能源行业就业岗位的一半以上。在2022年的就业增长中，超过半数来自太阳能光伏、风能、电动汽车与电池制造、热泵生产和关键矿产的开采。其中，太阳能光伏行业展现出强大的就业吸纳能力，直接贡献了400万个就业岗位，而电动汽车和电池行业以惊人的速度扩张，自2019年起，短短几年间就新增了超过100万个就业机会。

**4. 扩大贸易和带动投资**

清洁能源的开发需要大量的资金投入，这些投资不仅来自政府，还来自众多私营企业和投资者。这些项目往往能够吸引大量的国内外投资，促进资金的流动和经济的增长。清洁能源的发展还推动了新材料、新技术等领域的研发和应用，进一步拓宽了投资领域。另外，清洁能源技术的推广和应用促进了相关产品的国际贸易。例如，太阳能光伏板、风力发电设备等清洁能源产品的全球贸易量不断增加。

2020年，中国共向19个非洲国家出口风力发电机，总金额共计9844万美元，占中国风力发电机出口总额的8.87%，主要出口市场为南非和埃塞俄比亚，两国合计占对非风电机组出口额的99.9%，② 中国企业在这两个国家承建或投资风电项目，带动了国内相关设备出口。2021年，我国光伏组件出口量为98.5吉瓦，同比增长25.1%。其中，对非洲地区光伏组件出

---

① 徐盈：《"双碳"背景下舟山清洁能源产业发展的路径研究》，《经济师》2024年第4期。

② 武芳：《非洲可再生能源的发展与中非可再生能源合作》，《对外经贸实务》2022年第6期。

口量约占3.1%。

### 5. 节约资源和改善环境

清洁能源的开发对节约资源与改善环境具有显著贡献，通过减少温室气体排放、降低能源消耗、优化能源结构，有效推动了节能减排目标的实现。同时，它也显著改善了空气质量，降低了水污染和土壤污染的风险，保护了生态环境。清洁能源的应用减少了化石燃料的消耗，降低了温室气体排放，有助于缓解全球气候变化。风能、太阳能、水能、生物质能在利用时几乎不产生空气污染物，能够有效减少化石燃料燃烧而产生的温室气体排放。清洁能源的利用效率通常较高，且多数为可再生能源，能够持续供应，减少了对传统能源的依赖。例如，光伏发电和风力发电等清洁能源技术，在适宜的条件下能够稳定供电，减少了对煤炭、石油等化石燃料的消耗。

## 四 非洲清洁能源开发面临的挑战

非洲丰富的清洁能源资源是发展清洁能源的有力保障，也是推动新型工业化的内在动力。非洲大陆坐拥丰饶的清洁能源宝藏，水能资源尤为突出，其技术可开发量高达1.75万亿千瓦，占全球总量的12.2%，并拥有尼罗河以及刚果河两大水系。风能资源方面，非洲的蕴藏量为5000万亿~7000万亿千瓦时/年，约占全球风能资源的30%。太阳能资源方面，3/4的区域能够直接受到太阳的垂直照射，其太阳辐射量相当于地球陆地面积接收总量的51%。

### （一）政府层面

首先，许多非洲国家尚未制定全面的国家清洁能源政策，缺乏明确的政策框架会导致清洁能源项目的规划和实施缺乏方向和协调。在一些国家，即使有清洁能源政策，这些政策也可能缺乏具体的实施细则和操作指南，导致政策在实际操作中难以落实。其次，缺乏清晰的法规和标准可能会导致项目审批过程复杂且耗时，增加了项目的不确定性和风险。没有统一的技术标准

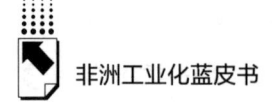

可能会导致设备和技术选择上的不一致,影响项目的效率和可靠性。再次,政府更替和政策变化可能会导致清洁能源政策的不连续性和不一致性,影响项目的长期规划和投资信心。一些政策可能因政治或经济压力被撤销或修改,这使清洁能源投资环境变得不稳定。最后,清洁能源开发涉及多个政府部门(如能源部、环境部、财政部等),但缺乏有效的跨部门协调机制可能会导致政策执行中的障碍。部门之间的政策和法规可能存在冲突,影响清洁能源项目的顺利推进。

### (二)市场层面

市场层面面临着诸多挑战。①许多非洲国家的电力市场尚不成熟,缺乏充分的市场竞争和有效的市场机制,这限制了清洁能源项目的盈利能力和市场进入机会。②电力需求的不稳定性和波动性使清洁能源项目难以预测和计划,增加了项目的商业风险。③在一些国家,电力价格受到严格控制且低于市场成本,导致清洁能源项目难以实现商业可行性。④补贴机制不完善或不可持续,使清洁能源项目的经济吸引力下降。⑤清洁能源项目通常需要大量的前期资本投资,而许多市场缺乏合适的融资渠道和金融产品,导致项目融资困难。⑥投资者对市场风险的担忧使资本成本高昂,进一步限制了项目的进展。

### (三)技术层面

技术层面的诸多挑战体现在以下几方面。①非洲许多国家缺乏足够的技术专家和工程师来设计、实施和维护清洁能源项目,这导致项目的开发和运营效率低下。②清洁能源技术的研发和创新投入不足,限制了技术进步和本地化适应能力。③大多数先进技术依赖进口,增加了成本和依赖性。④清洁能源设备和材料的供应链不健全,导致项目建设和维护成本高昂。同时,进口设备的运输和关税问题也增加了项目成本。⑤电力传输和分配基础设施的落后也限制了清洁能源的接入和利用,老旧的电网和不可靠的电力供应系统影响了清洁能源项目的稳定性和效率。

### (四)人才层面

首先,清洁能源领域的技术专家和工程师数量不足,导致项目的设计、建设和维护缺乏专业支持,这影响了项目的质量和效率。其次,与清洁能源相关的教育和培训项目有限,缺乏专门的课程和培训计划来培养技术人才和管理人员,现有教育机构无法满足快速增长的市场需求。再次,许多受过良好培训的专业人才可能会迁移到其他国家或行业,导致本地技术和管理人才的流失,高技能人才的流动性增加了项目的不确定性。最后,清洁能源技术的研究和开发能力有限,缺乏足够的科研人员和设施来进行技术创新和本地化适应,这限制了技术进步和本地化解决方案的开发。

### (五)融资层面

清洁能源项目通常需要大量的前期资本投资,而许多非洲国家的金融市场不发达,缺乏足够的资金来源来支持这些项目。由于非洲市场的风险较高,贷款利率和融资成本往往比其他地区高,增加了项目的总体成本,降低了项目的经济可行性。许多本地金融机构对清洁能源项目缺乏了解,对其盈利能力和风险管理感到不安,因而对这类项目的贷款和投资持保守态度。尽管国际社会对清洁能源项目有一定的支持,但非洲国家在获得国际融资方面仍面临诸多障碍,包括复杂的申请流程、严格的条件和竞争激烈的环境。

## 五 中非清洁能源合作成绩及推进其进一步合作的建议

### (一)中非清洁能源合作成绩

中非清洁能源合作近年来取得了显著进展,中国在非洲多个国家投资建设了太阳能、风能和水电项目,并通过技术转让和能力建设提升了当地清洁能源的技术水平。此外,中国政府和多边开发银行提供了资金支持,通过中

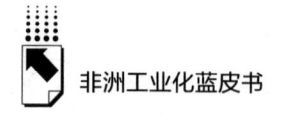

非合作论坛等平台加强政策合作，推动项目顺利实施。尽管面临基础设施薄弱和政策协调等挑战，但这些合作有效推动了非洲的可持续发展，并加强了中非之间的经济和技术联系。

依托中阿务实合作机制和中国—非盟能源伙伴关系推动项目实施，建议中国企业在埃及设立属地机构以获取信息和本土化运营，加强与国内同行的合作建立战略联盟，初期放宽考核指标注重市场培育和资源投入，并探索"能源+产业"联合投资模式以优化资源配置。这些建议旨在帮助中国企业更好地在埃及开展可再生能源项目，实现合作共赢。

自20世纪90年代中期开始，中油国际在苏丹的油气合作中，利用其独特的勘探技术克服困难，发现了大型油田并建设了炼油厂，极大促进了苏丹的石油工业现代化，使其从石油进口国转变为出口国。中油国际在苏丹的成功不仅直接创造了大量就业，还通过人才培养和本地化运营策略，帮助苏丹建立了完整的石油工业体系，同时也积极参与社区建设和公益活动，提升了当地民众的生活水平，增进了中苏两国的友好关系。

中埃合作涵盖了工程承建、技术转让、人才培养及资金融通等方面。中国企业在埃塞俄比亚承建了多个清洁能源项目，如水电站、风电厂，引入了中国先进的技术标准，为当地清洁能源设备的利用提供了技术支持。此外，中国还通过设立人力资源开发基金等方式，对埃塞俄比亚技术人员进行培训，提高其清洁能源开发能力。在资金支持上，中国金融机构为埃塞俄比亚的清洁能源项目提供了大量贷款和融资，助力其实现清洁能源发展目标。在合作机制上，中埃双方在中非合作论坛框架下推进清洁能源合作，通过多边和双边合作机制，如中非科技伙伴计划和中埃合作协定，加强了清洁能源领域的深度交流与合作。①

中油国际与乍得政府合作建设了乍得炼厂，填补了该国石油炼化行业的空白，实现了成品油自给自足，降低了当地成品油价格，显著促进了乍得的

---

① 郭元飞、张聪杰：《论中国与埃塞俄比亚清洁能源合作的内容与机制》，《沧州师范学院学报》2019年第3期。

经济发展。中油国际在乍得的项目不仅重视业务发展,还在人文环境建设、企业社会责任、人才培养等方面做出了积极贡献。

中南合作聚焦于可再生能源项目,尤其是太阳能和风能。中国企业在南非承建了多个标杆项目。例如,红石100兆瓦塔式光热太阳能项目是撒哈拉以南非洲首个此类项目,德阿风电项目是中国电力企业在非洲首个集投资、建设和运营于一体的风电项目。这些项目不仅提升了南非的清洁能源产能,缓解了电力短缺,还促进了当地就业和经济发展。

### (二)推进中非清洁能源进一步合作的建议

#### 1. 推动基础设施承建

中国针对非洲当地基础设施建设薄弱等问题,积极参与清洁能源的项目建设。中国企业在肯尼亚建设了多个大型光伏电站,如加里萨的光伏电站,这是东非最大的太阳能发电项目之一,显著提升了当地电网的稳定性和供电能力。在南非,中国企业参与建设了多个风电项目,如德阿和金伯利地区的风电厂,这些项目有助于南非减少对煤炭的依赖,促进可再生能源的发展。在埃塞俄比亚的地热电站项目,利用该国丰富的地热资源,提高可再生能源比例。在尼日利亚和马里的水电站项目中,中国企业参与了卡杜纳河上的扎姆法拉河水电站的建设,承建了塞内加尔河上的塞古水电站,这些项目不仅解决了非洲部分地区的电力短缺问题,还带动了就业,提升了当地的技术能力和管理水平,推动了非洲各国的工业化发展,是中非合作在清洁能源领域取得的显著成果。

#### 2. 深入推进技术合作

在储能、电力运输方面推广"新能源+"模式,结合储能系统提高新能源的利用率。例如,国家电力投资集团有限公司等中国企业在非洲实施的"光伏+储能"项目,通过结合太阳能光伏发电和电池储能系统,有效解决了可再生能源间歇性的问题,保证了电力供应的连续性和稳定性。对于非洲各国地域较广、人员分布不集中的情况,中国拥有的特高压输电技术能以更低的损耗远距离输送大量电力,这类技术对于非洲这种特殊的地势来说尤为

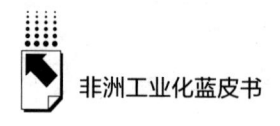

重要，它可以将偏远地区的清洁能源高效地输送到负荷中心，解决电力供需不平衡的问题。

合作发展分布式能源系统和特高压输电技术能有效地缓解用电紧张问题，尤其是小型的太阳能光伏和风力发电系统，非常适合非洲的农村和偏远地区。它们可以独立于主电网运行，为那些尚未接入国家电网的社区提供可靠的电力供应，同时减少长途输电的损失和成本。利用先进的信息技术优化电力资源配置，提升电力运输效率。例如，运用大数据分析、云计算和物联网等技术，可以实现对电力网络的实时监控和优化调度，提高电力系统的灵活性和响应速度，从而提升电力运输效率和电力服务质量。

#### 3. 拓展区块链融资

区块链技术在解决非洲清洁能源融资难题方面展现了巨大的潜力，通过提供透明、安全且高效的融资渠道，帮助克服传统金融体系的局限性。对于非洲地区风险高、融资难的问题，法国和南非的区块链公司都曾推出基于区块链技术的可再生能源交易平台，利用去中心化金融解决乡村电力融资难题，推动电气化进程，通过分散投资到多个清洁能源项目中，可以帮助投资者分散风险。① 如果某个项目遇到问题，其他项目的成功仍然可以提供回报。区块链技术被认为是一种可以为清洁能源发展提供新资金，并分散投资风险的技术。因此，可以建立中非清洁能源区块链投资平台，促进风能、太阳能等清洁能源项目的落地。

#### 4. 多渠道加强人才培养

加强对非洲技术人员的培训，帮助他们掌握新能源设备的安装、运维和管理技能，促进技术本地化，为非洲培养自己的新能源行业人才，确保项目的可持续运营。在中国电力建设集团负责的赞比亚下凯富峡水电站项目中，创立了中国水电培训学院。自2017年起，该学院已经培养了332名学员，为赞比亚的基础设施建设行业输送了一大批具备专业技能的人才。2018年9月，习近平主席在中非合作论坛北京峰会上宣布，将在非洲设立10个"鲁

---

① 王林:《非洲探索利用区块链技术开发清洁能源》,《中国能源报》2022年6月6日。

班工坊"。截至2020年12月,多个非洲国家如吉布提、肯尼亚、南非、马里等国的鲁班工坊项目落成,鲁班工坊的建立,为非洲各国培养了大量的专业型人才,对当地经济社会发展和技能人才培养产生了积极影响。① 华为在多个非洲国家设立技术学院,提供ICT和清洁能源领域的职业培训,提升当地技术工人的技能水平。

5. 推动更多支持政策出台

中非双方应加强政策层面的沟通和协调,明确清洁能源合作的优先领域和目标。通过制定联合政策和规划,确保合作项目与各自的国家发展战略相契合,形成互利共赢的合作格局。2021年11月,中国发表《新时代的中非合作》白皮书,提出加强中非在应对气候变化、应用清洁能源等生态环保领域交流合作。中非双方共同制定了《中非合作2035年愿景》,明确提出中非双方能源合作向清洁、低碳转型,共同探索绿色发展新模式。这要求中非双方在政策层面为清洁能源项目提供更有力的支持,包括财政激励、税收优惠、技术转让和知识产权保护等。② 政策推动还应鼓励民间组织、私营企业和金融机构的广泛参与,通过发展公私合作伙伴关系等形式,拓宽清洁能源项目的融资渠道,激发市场活力,促进可持续发展。

6. 加强与国际接轨

与国际接轨是中非清洁能源合作不可或缺的一部分,它不仅扩大了合作的视野和影响力,还引入了国际标准和最佳实践,增强了项目的可持续性和吸引力。通过中非合作论坛,中国与非洲各国的单边、双边协议,建立起中国与非洲国家之间的重要合作平台。中国承诺向非洲提供资金、技术援助和政策支持,推动清洁能源项目。与此同时,中国作为世界银行和国际货币基金组织(IMF)的成员国,可以利用其影响力和资源,推动世界银行和IMF支持非洲国家的清洁能源项目。另外,中国还可以通过这些平台分享自身的清洁能源发展经验和教训,协助非洲国家制订更有效的项目方案。

---

① 吕景泉:《非洲鲁班工坊项目建设、发展策略及管理政策研究》,《职业教育研究》2021年第5期,第10~17页。
② 林子涵:《中非清洁能源合作风头正劲》,《人民日报海外版》2022年5月10日。

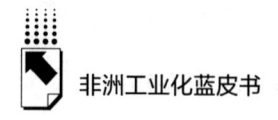

### 7. 推动建设一体化市场

非洲新型工业化的关键在于实现区域内资源的优化配置。通过建设市场一体化，非洲国家可以促进区域内资源的有效利用，降低生产成本，实现专业化分工和人力资本聚集，帮助新型工业化与农村建立起直接的联系，优化资源的自由流动。市场一体化实现的规模经济可以减少对自然资源的依赖，降低生产成本，提高竞争力。同时形成产业集聚，有利于形成规模经济比较优势，减少资源消耗和环境污染。这需要非洲转变发展模式，从依赖自然资源的传统工业化模式向可持续发展的模式转变，发展方向应向生产资料的"非稀缺化"和生存环境改善，从而减少对不可再生资源的消耗和环境的破坏。①

---

① 梁益坚：《非洲新型工业化与市场一体化建设的路径》，《非洲研究》2017 年第 2 期。

# B.8 共建"一带一路"与非洲新能源产业发展*

杨霞 游怡 梁朵**

**摘　要：** 新能源在全球范围内发挥着日益重要的作用，尤其是在减少温室气体排放和促进经济可持续发展方面。非洲，作为拥有丰富的可再生资源的大陆，正致力于发展新能源产业，以应对日益增长的能源需求和促进经济多元化。"一带一路"倡议为非洲国家提供了新能源发展的新机遇，通过促进技术交流、资金投入和政策协调，加强了非洲新能源产业的国际合作。中国在这一过程中扮演了关键角色，通过与非洲国家在可再生能源领域的合作项目、技术转移和人才培养等，推动了非洲新能源产业的发展，并为未来经济的绿色转型和可持续发展开辟了新的研究方向。

**关键词：** 新能源产业　绿色发展　中非合作　"一带一路"倡议

在21世纪全球化与可持续发展的双重背景下，"一带一路"倡议已经成为国际合作和共同繁荣的核心动力。该倡议自2013年提出以来，有效地促进了参与国家之间的基础建设和贸易流通，还深刻融入了绿色发展的全球议程，旨在构建一条和平、繁荣、开放、绿色、创新、文明的丝绸之路。2022年3月28日，国家发展改革委等四部门联合发布了《关于推进共建"一带一路"绿色发展的意见》。该文件强调了加强绿色基础设施连接和绿

---

\* 本篇未做标注的数据均源自世界银行。
\*\* 杨霞，经济学博士，湖北工业大学国际学院院长、教授、硕士生导师，主要研究方向为国际金融；游怡，管理学博士，湖北工业大学经济与管理学院副教授，主要研究方向为国际企业管理；梁朵，湖北工业大学经济与管理学院科研助理，主要研究方向为国际企业管理。

色能源合作的重要性，以推动国际能源合作朝着绿色和低碳的方向发展，确保绿色发展成为"一带一路"建设的核心理念。①

非洲大陆，作为全球最具潜力的新兴市场之一，面临着巨大的能源需求与供应缺口，同时拥有太阳能、风能等多种可再生能源资源。然而，非洲能源产业长期依赖传统化石燃料，新能源产业发展尚处于起步阶段，面临着资金不足、技术瓶颈、基础设施落后等多重挑战。国际能源署（IEA）2023年的数据显示，如今仍有超过40%的非洲人口无法用上电力。在此背景下，非洲各国政府、国际组织及私营部门纷纷寻求新能源解决方案，以期通过可持续的方式满足不断增长的能源需求，并实现《巴黎协定》设定的气候目标。

"一带一路"倡议与非洲新能源产业的融合成为推动非洲绿色转型的重要引擎。从安哥拉的凯凯水电站到坦桑尼亚的国家光缆骨干网项目，再到肯尼亚的蒙内铁路，一系列合作项目不仅显著提升了非洲的基础设施水平，还直接促进了当地就业，增强了能源自给能力，为非洲新能源产业的崛起奠定了坚实基础。这些合作不仅促进了政策与法律环境的优化，还加速了非洲能源结构的转型升级，助力其实现经济、社会与环境的协同发展。

## 一 "一带一路"倡议与绿色发展

### （一）"一带一路"倡议的提出与发展

习近平主席于2013年提出的"一带一路"倡议，通过建设"丝绸之路经济带"和"21世纪海上丝绸之路"，推动共建国家实现经济发展和区域互联互通。这一重大国际合作倡议已成为全球范围内各国共同关注和参与的焦点，自提出以来，经历了从理念到蓝图、从方案到实践、从愿景到现实的

---

① 魏敏、郑思达：《"一带一路"倡议与中东绿色能源基础设施的发展与前景》，《宁夏社会科学》2023年第4期。

多个阶段，逐步成为全球范围内的重要国际公共产品和构建人类命运共同体的重要实践平台。在"一带一路"倡议的推进过程中，始终秉承共商、共建、共享的原则，坚持开放、绿色、廉洁的理念，并设定高标准、可持续性以及增进民生福祉的目标。截至2023年，中国已经与150多个国家和地区以及30多个国际组织签署了超过200份合作文件，建立了90多个双边合作机制，"一带一路"倡议成为全球覆盖范围最广、规模最大的国际合作平台。[1]

2020年，面对全球新冠疫情，中国发起"健康丝绸之路"倡议，为"一带一路"共建国家提供医疗援助和抗疫物资，增强了国际社会对"一带一路"倡议在公共卫生领域合作的信任与支持。2021年，中国与中东欧国家领导人峰会举办，双方确认了多项涉及"一带一路"合作的具体项目，进一步加强了中国与中东欧国家在基础设施、绿色经济等领域的紧密合作，并推动了"17+1"合作机制向更深层次发展。第三届"一带一路"国际合作高峰论坛，充分展示了"一带一路"在过去十年里所取得的显著成就，并展望未来发展方向，提出更多创新合作模式，如绿色丝绸之路、健康丝绸之路等，强化了其在全球治理中的角色。世界银行2023年报告显示，在过去的十年，参与"一带一路"项目的各国在贸易方面实现了4.1%的增长，同时外资也有5%的提升，低收入国家的GDP也增长了3.4%。据预测，到2030年，"一带一路"的共同建设将每年为全球带来1.6万亿美元的经济效益，占全球GDP的1.3%。[2]

在共建"一带一路"背景下，经济合作的范围不仅超越了传统的基础设施建设，而且拓展到了数字经济、绿色经济、公共卫生等领域，通过这些合作，不仅帮助参与国家提升经济韧性，还促进了技术转移和产业升级。

---

[1] 《共建"一带一路"：构建人类命运共同体的重大实践》白皮书（全文），中华人民共和国国务院新闻办公室，2023年10月10日，http：//www.scio.gov.cn/zfbps/zfbps_2279/202310/t20231010_773682.html。

[2] 《第三届"一带一路"国际合作高峰论坛主席声明（全文）》，中国政府网，2023年10月18日，https：//www.gov.cn/yaowen/liebiao/202310/content_6910132.htm。

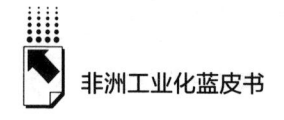

同时,"一带一路"倡议的多边化和机制化,如与国际组织的合作、规则标准的对接,以及对全球发展议程的贡献,使该倡议成为全球公认的公共产品,这不仅增强了倡议的国际认可度,也为解决全球发展不平衡问题提供了新思路。

### (二)"一带一路"倡议对绿色发展的推动作用

首先,"一带一路"倡议对促进绿色发展的作用表现为政策规划和顶层设计。2022年3月,国家发展改革委等四部门联合发布《关于推进共建"一带一路"绿色发展的意见》,提出了到2025年和2030年的主要目标和15项具体任务,内容涉及绿色基础设施、绿色能源、绿色交通等关键领域,突出绿色发展理念。

其次,"一带一路"是以环保、可持续发展为重点的倡议,共同推动建设"绿色丝绸之路"。"一带一路"在推动绿色基础设施、清洁能源、绿色交通、绿色融资等领域开展了广泛的国际合作。例如,中国与联合国环境规划署(UNEP)签署《关于建设绿色"一带一路"的谅解备忘录》,并与多个国家及国际机构开展绿色发展合作,不仅推动了中国绿色科技与解决方案的推广,同时也有助于改善我国的生态环境,增强应对气候变化的能力。

最后,构建绿色发展的机制和平台也是"一带一路"建设的一个重要方面。"一带一路"绿色发展国际联盟(BRIGC)通过国际会议和论坛等形式,广泛开展绿色技术交流、政策对话等,推动"一带一路"各国绿色低碳发展的共识和行动,搭建了一个有效的平台。

然而,也存在绿色转型初期投资大、发展绩效不明显、投资区位选择需优化、绿色发展理念推广不足等挑战和问题。尽管共建国家已经开始实施绿色发展政策,但生态环境问题依然普遍。而且,绿色转型初期需要大量投资,共建国家的绿色发展绩效并未立即显现,甚至出现了初期下降的现象。这表明在推进绿色"一带一路"建设中,还需要进一步优化绿色投资区位选择,加大绿色发展理念、经验和实践的推广力度。

## 二 非洲新能源产业发展现状

### （一）非洲能源需求

非洲的能源需求与现状，是一个既复杂又多样的局面。非洲大陆拥有丰富的可再生能源——占全球40%的太阳能、32%的风能和12%的水能储量。中南部非洲蕴藏着丰富的矿物，是电池、风力发电机以及其他低碳科技的关键材料。然而，尽管拥有巨大的潜力，非洲的能源转型仍面临着诸多挑战。

在过去20年里，非洲所获投资仅占全球可再生能源投资的2%，而撒哈拉以南非洲的电化率一直停留在46%，大约9.06亿人没有机会使用干净的烹调油和先进的科技。非洲现在很大程度上依靠矿物燃料来提供能量，大约70%的电力来自矿物燃料。[1] 预计到2030年，非洲国家的能源需求将增长30%~40%，电力需求将增长1倍，这主要是由于电气化扩张、工业化发展以及人口和经济增长。[2] 联合国非洲经济委员会预测，到2050年，非洲人口将增加1倍，达到近24亿，这意味着到21世纪中叶，全球约1/4的人口将居住在撒哈拉以南的非洲。这种快速的人口增长将带来巨大的能源和基础设施需求缺口。非洲大约有6亿人用不上电，而且已经供电的地方也出现了不稳定、不可靠的情况。联合国报告指出，预计到2050年，非洲太阳能光伏装机容量将增长至650吉瓦。[3] 非洲可再生能源转型将释放1.2太瓦的可再生能源潜力，带来1400万个新工作岗位，并拉动地区生产总值增长约6.4%。

此外，非洲经济快速发展，面临能源转型的现实诉求，这为非洲大陆发

---

[1] 《可再生能源市场分析：非洲及其地区》，国际可再生能源署网站，2022年1月，https://www.irena.org/publications/2022/Jan/Renewable-Energy-Market-Analysis-ZH。
[2] 《非洲可再生能源发展前景广阔》，《人民日报》2021年2月1日，http://paper.people.com.cn/rmrbwap/html/2021-02/01/nw.D110000renmrb_20210201_3-16.htm。
[3] 《非洲仍有6亿人用不上电》，世界经济论坛，2018年5月10日，https://cn.weforum.org/agenda/2018/05/6-9615191c-3371-4086-b71e-3cec67e13d8c/。

展可再生能源提供了广阔空间。国际能源署发布的《2023年电力市场报告》显示，2023~2025年，非洲新能源发电能力将增加600亿度，在全球发电总量中所占比重为24%，到2025年，这一比重将达到30%。非洲对能源的需求及目前的状况说明，非洲各国在面对各种困难的情况下，都在大力发展可再生能源，以达到能源结构的转变，并达到可持续发展的目的。

### （二）非洲新能源产业发展现状

非洲的新能源产业发展呈现显著的增长和多样化的趋势。国际可再生能源署（IRENA）发布的报告显示，在非洲，实现可再生能源的转变，在增加国内总产值、增加就业机会、改善人民福利等领域，存在巨大的潜力。非洲有大量可再生能源，这是非洲发展可再生能源的良好基础。非洲的太阳能光电产业尤其引人注目。非洲拥有全世界最多的日照，其最好的太阳能资源大约占到了全球的60%，非洲大陆的太阳能光电科技具有7900 GW的潜在能量。

非洲的可再生能源市场发展前景广阔。非洲的可再生能源市场预期在2027年前年均增长率为8%。一些国家，如南非、埃及、尼日利亚、摩洛哥、阿尔及利亚以及埃塞俄比亚，在太阳能、风力和水力发电方面取得了令人瞩目的进展。太阳能有望成为非洲增长最快和最重要的市场之一。非洲在2021年累计的太阳能发电能力已达11.39 GW。IRENA预测，非洲的太阳能光电设备安装在2050年前将达650 GW。2017~2040年，太阳能电池的新容量将达49 GW。南非作为非洲最大的经济体，其太阳能光伏市场也在快速增长，该市场的容量预计在2024年为6.68 GW，2029年为11.03 GW。在国家具体层面，南非在太阳能利用方面处于领先地位，牛津大学研究团队指出，非洲太阳能发电总量的40%有望在2030年前由南非提供。①摩洛哥和埃及则在光伏建设项目上继续保持领先地位，并且越来越多的国家及地区如

---

① 《非洲加快发展可再生能源（国际视点）》，人民网，2024年1月9日，http://world.people.com.cn/n1/2024/0109/c1002-40154987.html。

佛得角、博茨瓦纳和厄立特里亚也在加大光伏产业投资。

近年来,非洲国家加快了可再生能源的发展。突尼斯计划在2025年前提高可再生能源在该国所占的比重,而2022年这一比重仅不到3%;尼日尔发布最新能源战略规划,到2030年该国30%的电力将来自可再生能源;埃及政府已经核准了12 GW以上的可再生电力工程;摩洛哥也打算在2030年前增加12MW特的可更新能量。纳米比亚的目标是在2030年前使可再生资源占其能源总量的70%,而肯尼亚则把风能和地热作为发展的优先目标。与此同时,非洲太阳能工业联合会(African Solar Industry Association)也发布了《2023年展望报告》,指出非洲的光伏产业正在加快增长。南非、摩洛哥、埃及以及其他一些国家,仍然是光电建筑工程的领先者,越来越多的国家如佛得角、博茨瓦纳、厄立特里亚等都在加大光伏产业投资,开始建设和运营大型光伏项目。

此外,非洲绿色投资倡议已取得重要进展,为相关绿色能源项目拨款近26亿美元。这些政策和资金支持为非洲新能源产业的发展提供了有力的保障。在投资方面,可再生能源的平均投入翻了9倍,从2000~2009年的5亿美元上升到2010~2020年的50亿美元(见图1)。

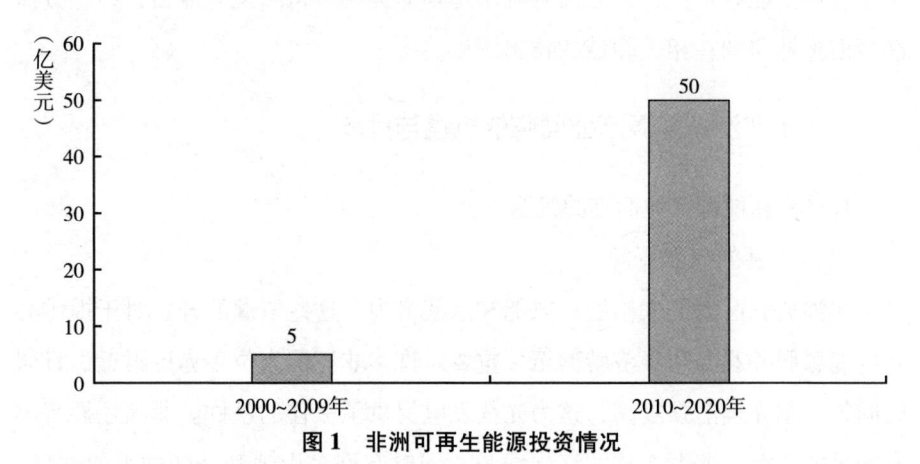

**图1 非洲可再生能源投资情况**

非洲多国也在探索发展氢能产业。目前至少有12个国家正在开展氢能项目建设,19个国家制定了专门的监管框架或国家战略。例如,摩洛哥计

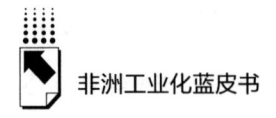

划到2030年使绿氢产量占到全球需求的4%，埃及推出了一项全国性的氢能源政策，而南非则打算在此基础上建设一个氢的制造与出口基地。非洲拥有丰富的天然资源，适合开发绿氢能源，预计到2050年，非洲的氢能产量将占全球总量的较大比重。①

目前，中非双方在新能源领域的合作正逐步深化，呈现巨大的发展潜力和持续的增长动力。非洲可再生能源储量丰富，中国在新能源领域具有较高的技术水平、较强的适用性和良好的对接条件，可以为非洲提供必要的技术和资金支持。中非合作不仅限于技术转让和基础设施建设领域，还涉及新能源汽车装配厂的投资，促进当地产业发展和技能转移。近年来，中国在水电、光伏、风电、储能等可再生能源领域与非洲国家不断加强合作，助力相关产业发展。中国在乌干达建设的600兆瓦卡鲁玛水电站是该国最大的洁净能源生产设备之一；与此同时，肯尼亚加里萨太阳能电站也是中国江西国际经济技术合作有限公司建设的，以其50兆瓦的装机容量成为东非地区最大的光伏电站；此外，2023年赞比亚下凯富峡水电站5台机组由中国电力建设集团公司承建，已全面投入运行，有效缓解了该国的电力短缺问题。加强中非可再生能源合作，一方面有利于增强非洲的可持续发展能力，另一方面能帮助弥补非洲在相关领域的技术短板。

### （三）非洲新能源产业面临的机遇与挑战

**1. 非洲新能源产业面临的机遇**

（1）丰富的自然资源

非洲拥有巨大的太阳能、风能和水能潜力。这些资源的开发对于提供必要的能源服务和实现经济转型至关重要。许多非洲国家位于赤道附近，日照时间长，阳光辐射强度高，这为光伏发电提供了极佳的条件。非洲还拥有丰富的风能资源，非洲大陆的海岸线长，同时有许多山地和开阔的平原地区，

---

① 《非洲多国探索发展氢能产业（国际视点）》，人民网-人民日报，2024年4月8日，http://world.people.com.cn/n1/2024/0408/c1002-40211180.html。

这使风力发电在非洲具有巨大的潜力。此外，非洲水能、地热能和现代生物质能也较为丰富。IRENA 发布的《非洲地区可再生能源市场分析》报告指出，非洲大陆拥有 7900 吉瓦的光伏发电潜力、461 吉瓦的风力发电潜力和 1753 吉瓦的水力发电潜力。

（2）政策支持和国际合作

一方面，非洲各国在政策、监管等方面大力推进新能源产业的发展，出台了一系列清晰的扶持新能源产业发展的相关政策，同时也为投资者营造了一个良好的投资环境。这些政策应该包括可再生能源配额、优惠税收和补贴措施等，以鼓励投资和市场发展。吸引内外投资是推动新能源项目建设的关键，政府可以通过提供优惠激励、简化审批程序、降低投资风险等方式，吸引企业和投资者进入非洲新能源市场，如埃及的《2035 年综合可持续能源战略》、南非的公正能源转型和肯尼亚对电动车的政策支持等。

另一方面，非洲国家加强了与国际机构和其他国家的合作，获得技术支持、资金援助和培训等方面的帮助。很多国际组织和国家都很乐意与非洲各国进行技术援助、财政援助和培训，以推动新能源的发展。例如，IRENA 与埃塞俄比亚合作，帮助该国发展地热能；世界银行则为肯尼亚的太阳能发电项目提供了资金支持。非洲国家还积极参与国际新能源合作与谈判，分享经验、学习先进技术，加快新能源的引入和应用。南非在国际气候变化谈判中发挥了积极作用，分享其风能和太阳能开发的经验。同时，摩洛哥通过加入国际太阳能联盟，学习先进的太阳能技术，加快新能源的引入和应用。

（3）新能源市场快速增长

随着非洲经济的发展和人口的增长，对能源的需求也日益增加。新能源技术的推广和应用为非洲提供了更可靠、高效、环保且经济实惠的能源解决方案。新能源交通生态在非洲发展迅速，商业投资者和发展融资机构（DFI）在该行业越来越活跃。例如，肯尼亚、加纳、摩洛哥、埃及等国在新能源汽车领域显示出巨大潜力。在新能源汽车领域，由于投资趋势和政策优惠，新能源交通生态发展的速度较快，商业投资者和 DFI 在该行业也越来越活跃，科技方向的风投基金在 2021 年已经为非洲交通行业投资 1.05 亿

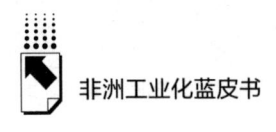

美元。

国际和地区投资者对非洲新能源市场的兴趣日益增加，预计到2027年，非洲的摩托车市场总额将达到5.07亿美元，电动车市场价值约为214亿美元，其中电动摩托车将成为主导产品，其市场发展潜力巨大①。

虽然非洲的新能源开发还处于初级阶段，但是非洲政府与国际社会的通力合作使其前途一片光明。非洲新能源产业拥有巨大的发展潜力和机遇。通过充分利用丰富的可再生能源资源、制定合适的政策和法规，加强与中国、国际组织和发达国家等国际合作伙伴的合作，分享国际经验与技术，获取先进的新能源技术和投资资金，推广分散式能源系统和培养专业人才等措施，非洲有望实现新能源的快速发展，并推动当地经济发展和能源转型。

**2. 非洲新能源产业面临的挑战**

（1）资金和技术短缺

新能源项目通常需要大量的资金投入和先进的技术支持。资金投入包括设备采购、工程建设、技术支持等方面。非洲国家的财政状况相对薄弱，难以承担巨额的投资。此外，新能源项目的回报周期较长，投资回报的不确定性也使国内外投资者对此持谨慎态度。IRENA报告指出，在过去的20年里，全世界对可更新能源的投入达2.8万亿美元，但只有2%的资金流入非洲。

非洲国家的财政状况相对薄弱，难以承担巨额的投资，同时缺乏核心技术。许多非洲国家在新能源领域的技术发展方面相对滞后，这就限制了新能源项目的推进和应用。西非电网运营商缺乏可再生能源装备的认知与经验，运营管理能力欠缺，当地具备可再生能源装备及电站运营能力的利益主体不多，造成了后期可再生能源工程运营管理难度大、效率下降或受损，从而影响了其发电容量。西非地区电网公司缺少现代化的电网调度自动化系统及适当的电网运行标准。例如，欠缺自动发电控制（AGC）功能，这在可再生

---

① 《非洲电动汽车市场的前景如何？哪些非洲国家正在推进？》，搜狐网，2023年6月13日，https：//www.sohu.com/a/684883827_121648927。

能源渗透率为5%~10%的早期阶段就存在并网调度运行困难。

（2）基础设施落后

非洲许多地区的能源基础设施相对落后，电力供应不稳定，这限制了新能源项目的推进和应用。此外，传统能源在非洲国家仍然占主导地位，石油、煤炭和天然气等传统能源的供应和使用仍然占能源结构的主要部分，对于替代性新能源的推广产生了一定的阻力。在电力市场供应方面，西非大部分国家的电力网络都很薄弱，且大部分都是在大城市里进行的，而在偏远的乡村则很少有网络连接；尼日尔和塞拉利昂乡村电力供应的比例低于1%；埃及的输变电线路老旧，影响了新能源的接入和电力供应的稳定性；尼日利亚的电力领域存在外资投资限制，公用事业规模项目融资困难，限制了基础设施的建设和更新。中国在非洲建成的一些大型光伏项目大多属于援助项目，商业运营还很少。非洲落后的基础设施对光伏产品的运输、仓储带来困难。

（3）政策和监管环境不稳定

非洲大多数地区在能源转型方面进展缓慢，部分原因是政策和监管框架的不完善。尽管非洲国家已制定了相关的政策和法规来推动新能源发展，但实际的落地执行和监管力度仍然不够，这使新能源项目的推进和应用面临不确定性。例如，埃及、摩洛哥、肯尼亚等国家都在发展可再生能源（如太阳能和风能），但其进展的规模和速度仍然有限。

非洲国家在政策上的频繁变动是一个普遍现象。一是政策的不连贯性，如补贴政策的突然取消或税收制度的无预警调整，会对已经投入大量资金的新能源项目造成冲击，增强投资者的风险感知。二是许多非洲国家在新能源政策制定上还处于初级阶段，缺乏统一和明确的指导原则。例如，不同地区对可再生能源项目的审批流程、土地使用权规定、电网接入条件等可能有较大差异，这增加了项目开发的复杂性和不确定性。

综上所述，尽管非洲的新能源产业存在许多问题，但是它的自然资源丰富，加之各国的政策支持，以及国际合作的强化，新能源市场发展迅速，拥有巨大的发展潜力和机遇。在世界范围内，非洲新能源工业将得到迅速的发展与转变。

## 三 共建"一带一路"对非洲新能源产业发展的影响

中非能源合作迎来了新的发展机遇，尤其在增加能源供应方面扮演着至关重要的角色。为了支持非洲工业化进程，中国携手非洲伙伴，在新能源领域取得了显著成果。中国公司承包了一大批发电工程，这些工程的装机容量已经达到了7000万千瓦，极大地缓解了非洲的电力短缺问题，并且这些项目侧重于改善民众生活条件。与此同时，中非合作积极推动绿色转型，聚焦风能、太阳能等清洁能源的开发与电力基础设施建设，为中国与非洲国家的可持续发展注入了强劲动力。

技术交流、资金投入及创新合作模式成为中非新能源合作的亮点。利用中国在清洁能源技术上的领先地位，双方合作在南非等地成功实施了多个标志性项目，展现了双方致力于绿色低碳未来的承诺。中国在非洲的直接投资不断增加，为双边关系提供了新的契机。双方合作并不局限于大型项目，诸多"小而美"的新能源项目遍地开花，直接惠及普通非洲家庭。中国援助埃塞俄比亚的太阳能路灯项目，为多个村庄带来了夜间出行的便利和社区安全。中非新能源合作在世界范围内发挥着越来越大的作用，它积极参加《联合国气候变化框架公约》等多边机制，发起了"一带一路"建设的生态环境保护和人才培训方案，实施了"非洲光带"等，加强了国际合作，为非洲的新能源工业提供了一个更大的平台。共建"一带一路"不仅加速了非洲经济的发展和社会进步，促进了区域一体化，还为实现非洲联盟《2063年议程》及联合国《2030年可持续发展议程》的目标提供了强有力的支持。

### （一）"一带一路"在非洲新能源领域的合作项目

**1. 清洁能源发电项目**

中国在非洲实施了包括中国龙源电力集团南非公司运营的德阿风电项目在内的数百个清洁能源发电和电网项目。这些项目充分利用了非洲丰富的水能、太阳能和风能资源，助力非洲发展绿色经济，解决非洲工业化发展能源短缺问题。中国公司在肯尼亚加里萨以工程总承包方式建造的 50 兆瓦光伏电站在 2019 年 12 月 13 日建成投产。这是东非最大规模的光伏发电项目。投产 4 年以来，该电厂平均发电功率达到 7600 万度，为肯尼亚减少了 64000 吨的二氧化碳排放，并节省了 24000 吨标准煤，有力地支撑了肯尼亚打造清洁、低碳的能源体系，成为东非地区绿色发展的标杆项目。① 中国东方电气集团在埃塞俄比亚建造的阿伊萨风电厂已竣工。在南非，德阿风电项目由中国龙源电力集团南非公司经营，其总容量为 24.45 万千瓦，年发电量超过 7.5 亿千瓦时，减排二氧化碳 70 余万吨。② 中国公司与埃塞俄比亚图鲁莫耶一期地热电厂组成的联合体签约，该地热电站项目的完成将对该地区的供电结构进行有效的优化。

在中非"一带一路"的合作框架下，中非清洁能源工程的开展，有力地促进了非洲的经济和社会发展，改善了人民生活，促进了非洲的绿色、可持续发展。

2. "小而美"的创新能源项目

在"一带一路"倡议提出十周年的背景下，诞生了一些聚焦于中非新能源的"小而美"创新能源项目。这些项目特别关注惠及民生领域，鼓励并支持它们落地非洲。中非将深入开展"丝路一家亲"行动，支持实施更多民生合作项目，配套派遣中国民间志愿者赴非洲开展民生项目和技能培训等合作。

通过前期大量的非洲本地需求调研，"光伏+"，小规模沼气工程，低成本绿氢制、储、运、用解决方案，风能，地热能，小规模水力发电等可再生能源的开发利用，以及终端电气化、清洁烹饪、能效提升技术、数字化技术配套平台等相关配套技术、技能培训及设备运维服务等都将是加速器项目的重点征集方向。在菌草技术、沼气推广、温室种植等授人以渔、易见实效、

---

① 《中企承建东非最大光伏电站正式投运》，新华网，2019 年 12 月 14 日，http://www.xinhuanet.com/world/2019-12/14/c_1125347296.htm。
② 《为了非洲的绿水青山——中非清洁能源合作助推非洲绿色转型》，新华网，2021 年 11 月 28 日，http://www.news.cn/world/2021-11/28/c_1128108750.htm。

有利脱贫的领域，中非将谋划建设一批"小而美"项目，进一步提升非洲自主可持续发展能力，帮助非洲人民加快脱贫致富进程。加大对"小而美"商业性项目的扶持，加大与境外金融组织的合作，加大对"小而美"工程的融资支持。通过建设高质量的民生工程，凝聚更多民心相通的合作成果，增强非洲人民的获得感、幸福感和安全感。

与大规模投资建设项目难度大、耗时长、落地难相比，这些小规模项目可以有针对性地解决非洲国家偏远地区的实际需求，在获得资金支持和当地社区准许的情况下，更易落地、推进和实施。支持可持续发展的中小型基础设施，一方面可以对偏远、欠发达地区产生重要的经济和社会影响，另一方面也会以不同的方式保护环境。

**3. 绿色基础设施建设**

共建"一带一路"倡议还涉及非洲的绿色基础设施建设，如高效公共交通和生态友好型城市的发展。这些项目不仅提供了可靠的清洁能源，还改善了偏远、欠发达和服务不足地区的电力供应，对当地教育、医疗保健和总体社会发展产生了积极影响。

在清洁能源方面，中国与非洲的合作十分显著。中国在非洲建设了多个大型太阳能产业园，例如，埃及本班光伏产业园，这些项目不仅提供了清洁能源，还创造了就业机会。此外，风能也是中非合作的一个重要领域，如在肯尼亚图尔卡纳湖的风电项目。在中非共和国，中国援建的光伏电站项目——萨卡伊光伏电站，为当地提供了大量的就业岗位，并显著改善了电力供应。埃塞俄比亚阿伊萨风电厂是中国和埃塞俄比亚在洁净能源方面开展的一项合作项目，它不但向当地输送了稳定的电能，同时也将中国洁净能源开发的经验传授给了当地。在乌干达，卡鲁玛水电站项目在建设过程中充分考虑了对环境敏感区的保护，尽量减少对野生动物的影响，体现了绿色发展的理念。

中非两国将以高质量"一带一路"建设为契机，将"一带一路"合作倡议与非洲联盟《2063年议程》紧密结合，深入推进中非各个领域的务实合作，将"一带一路"打造成中非和平、繁荣的必由之路。

## （二）非洲新能源政策和法律体系不断完善

### 1. 促进新能源政策的制定与完善

共建"一带一路"倡议通过促进中非之间的能源合作，对非洲国家新能源政策的形成与发展产生了显著影响。非洲国家如南非、津巴布韦、纳米比亚等，鉴于其丰富的太阳能资源，开始更加重视清洁能源的发展策略。中非新能源合作论坛等平台的建立，不仅为技术转移和资金的引入提供了渠道，还促进了政策对话，使非洲国家能够借鉴中国的新能源发展模式，调整和完善自身的新能源政策框架，以适应全球能源转型的趋势。

非洲国家如摩洛哥、南非、埃及、肯尼亚和尼日利亚等，依托自身丰富的太阳能和风能资源，在"一带一路"倡议的框架下，开始重视并加快清洁能源的发展策略。具体来看，摩洛哥政府的"摩洛哥太阳能计划"在"一带一路"倡议的支持下，成功建设了多个世界级太阳能园区，成为非洲可再生能源发展的典范。南非的"可再生能源独立发电商采购计划"吸引了包括中国在内的国际投资者，推动了风能和太阳能项目的签约，加速了新能源政策的实施。埃及的"2035年综合能源战略"在倡议的框架下，加强了与中国等合作伙伴的合作，启动了大型太阳能项目，并为新能源项目提供了明确的政策支持。肯尼亚政府在"一带一路"合作框架下推出的国家能源政策，明确将风能、太阳能等可再生能源作为能源结构转型的关键，旨在实现到2030年至少70%的电力供应来自可再生能源。尼日利亚政府通过与"一带一路"共建国家的合作，修订了电力部门改革法案，明确了新能源发展目标，推动了新能源项目的开发。"一带一路"倡议为非洲国家提供了技术转移和资金支持，帮助这些国家在新能源领域实现了跨越式发展。这些合作不仅促进了非洲国家新能源政策的制定与完善，还加速了非洲大陆向可持续能源的转型。总体而言，"一带一路"倡议已成为推动非洲新能源产业发展的重要力量，为构建一个清洁、低碳、高效的全球能源体系贡献了重要力量。

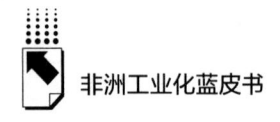

### 2. 调整本土政策法律应对新能源挑战

随着"一带一路"项目的深入实施,非洲国家在新能源领域的法律体系面临挑战与变革,以便更好地抓住中非合作机遇。一些国家为了保护本国利益,加强了本土化法律的制定,如扩大当地股东在外企中的股权比例、强制购买本地商品和服务、要求技术转移等。

坦桑尼亚在2017年修订了《石油与天然气法》,并在2019年将相关原则扩展到新能源领域,要求新能源项目必须有一定比例的本地参与,以促进技术转移和本土产业成长。南非、埃及、埃塞俄比亚和赞比亚等国也分别发布了相关法律和政策,旨在促进本土产业链的发展,并确保项目开发与国际最佳实践接轨。南非能源部于2018年颁布REIPPPP,明确提出当地需求,即为推动当地产业链发展,在可再生能源项目中,应采用部分当地生产和服务。埃及政府于2019年通过修订《新能源和可再生能源法》,为其提供更多的法律援助,并设立了专门机构监管行业标准,确保项目开发与国际最佳实践接轨,同时保护本土企业的利益。为了吸引更多新能源投资,埃塞俄比亚在2020年推出了专项税收减免政策,对从事太阳能、风能等可再生能源项目的企业给予进口关税和增值税减免。赞比亚政府于2021年启动了电力资源整合计划,特别针对新能源项目设置了更为明确的特许经营权授予规则,包括透明的招标程序、长期稳定的购电协议(PPA)框架以及对外国投资者的权益保障。

共建"一带一路"促使中非双方加强法律交流与合作,共同探索适应非洲特定国情的法律保障机制,以降低投资风险,保障合作项目的顺利进行。中国和非洲国家共同努力,确保新能源发展的同时,最大限度地带动国内经济和就业,实现互利共赢的局面。

### 3. 借鉴国际经验优化新能源政策制定与实施

非洲国家在新能源政策和法律体系的构建过程中,通过广泛借鉴"一带一路"共建国家的经验,实现了从政策制定到项目实施的全链条优化,不仅加速了非洲新能源领域的发展,提高了能源自给率和能源结构的多样性,也为全球新能源事业的推进贡献了重要力量。埃塞俄比亚在制定新能源政策时，参考了中国在可再生能源领域的立法和实践经验，制定了《国家可再生能源和能源效率战略》，提出要增加国内能源自给能力，特别是风力、太阳能等新能源，有助于实现埃塞俄比亚的能源独立，也为新能源技术的推广提供了坚实的政策支持；肯尼亚在新能源法律体系的完善方面，借鉴了印度的《国家太阳能计划》，制定了《可再生能源法案》，鼓励私人投资太阳能、风能等新能源项目，并通过立法确保了这些项目的优先上网和电价补贴，为肯尼亚新能源项目的投资和运营提供了明确的法律框架，吸引了大量国内外投资，推动了新能源项目的快速发展。

在新能源项目的招标和采购方面，南非参考了中国的招标制度。南非通过REIPPPP，采用了竞争性招标程序来选择新能源项目的开发商，提高了项目的透明度和效率，确保了项目的成本效益和可持续发展。乌干达在新能源政策的制定中，学习了马来西亚在生物质能利用方面的经验，推动了生物质能发电项目的发展，并利用本国丰富的生物质资源，促进了能源结构的多样化，减少了对传统燃料的依赖。摩洛哥在建立新能源法律体系时，参考了沙特阿拉伯在太阳能利用方面的法律框架，通过了《国家可再生能源法》，为太阳能和风能等新能源项目提供了法律保障。这一法律的出台，推动了摩洛哥成为非洲可再生能源的领导者，特别是在太阳能领域，摩洛哥的努奥太阳能发电站成为非洲最大的太阳能发电项目之一，也是国际社会学习的典范。

总之，非洲国家在新能源政策与法律体系的探索与构建中通过借鉴"一带一路"共建国家的成功模式和先进经验，不仅优化了新能源政策的制定流程，还加强了法律体系的完善，为新能源项目的顺利推进提供了有力保障。在这一过程中，非洲国家不仅实现了新能源技术的快速引入与应用，还促进了能源结构的转型升级，为经济社会的可持续发展注入了新的动力。

### （三）共建"一带一路"促进非洲新能源产业转型升级表现

#### 1. 提升产能与技术转移

"一带一路"倡议通过大规模的能源项目合作，为非洲国家带来了先进的新能源技术和生产设备，直接促进了当地新能源产业的产能提升。例如，中国与南非在光伏制造业的合作，不仅引进了高效的太阳能电池生产线，还通过技术转移帮助南非建立了自己的光伏组件生产厂，提升了本土制造能力。2017年，纳米比亚湖山铀矿项目启动后，通过与中国企业的合作，湖山铀矿迅速成为世界第二大铀矿，年产量达6500吨。项目实施期间，超过1000名纳米比亚员工接受了专业技能培训，为非洲国家培养了专业的技术人才。同时，中国带来的先进技术促进了非洲新能源产业的转型升级。在肯尼亚，中国提供的生物质发电技术帮助肯尼亚建立了多个生物质发电站，这些发电站利用农业废弃物等生物质资源，总装机容量达50兆瓦。通过引进中国先进技术，肯尼亚不仅建立了自己的生物质发电产业，还提升了当地的技术研发能力，为新能源产业的长期发展打下了坚实基础。

**2. 促进多元化能源结构**

在"一带一路"合作框架下，非洲国家得以引入多样化的新能源解决方案，推动能源结构从依赖传统化石能源向多元化转变。通过中国在非洲建设风力发电厂、太阳能公园、生物质能发电厂等项目，非洲国家能够有效减少对煤炭、石油等传统能源的依赖，加大清洁能源的比例。例如，2017年，肯尼亚加里萨太阳能电站与图尔卡纳湖风能项目的成功运营，使肯尼亚的可再生能源发电量占比大幅提升，从2010年的不到10%跃升至2020年的约70%，极大丰富了肯尼亚的能源结构，减少了对传统化石燃料的依赖。与此同时，2019年，坦桑尼亚Songas天然气发电站扩能项目的完成，使天然气在国家能源结构中的比重提高了约5%，直接满足了约200万户家庭的用电需求，有效促进了能源结构的多元化。①

土耳其企业在埃塞俄比亚投资建设的阿比加塔—吉布勒风电厂，装机容量达420兆瓦，自2013年投入运营以来，已成为埃塞俄比亚较大的风电项目之一，该项目每年为埃塞俄比亚提供约1.3太瓦时的清洁电力，显著提升了该国可再生能源在总能源消费中的比重。另外，马来西亚公司还在摩洛哥

---

① 《坦桑尼亚天然气产业发展状况及中坦合作前景分析》，驻坦桑尼亚联合共和国大使馆经济商务处，2020年5月19日，http://m.mofcom.gov.cn/article/i/dxfw/gzzd/202005/20200502966552.shtml。

投资建设了一座努奥太阳能热电厂,该热电厂的总容量高达 510 MW,成为非洲最大的一座热电厂。这个项目自 2016 年投入使用以来,已经向摩洛哥输送了相当数量的可再生能源,从而使其能源组合中的太阳能有了很大比例的提高。IRENA 的数据显示,摩洛哥可再生能源发电所占比重已由 2010 年的 10% 左右上升到 2020 年的 35% 左右,这是由于许多可再生能源项目(如努奥)开始投入使用。这些项目的实施,不仅增加了摩洛哥清洁能源的比重,还帮助该国在能源结构中实现了煤炭、天然气、水能和太阳能的多元化配置,从而提高了能源供应的稳定性和抗风险能力。

3. 激活市场与投资活力

"一带一路"倡议吸引了大量中国及其他国际投资者对非洲新能源项目的关注与投资,激活了非洲新能源市场的活力。投资的涌入不仅解决了新能源项目资金短缺的问题,还带动了相关产业链的发展,如电池储能、智能电网、电动汽车等新兴领域。2018 年,中国—加纳可再生能源投资基金成立,为响应"一带一路"倡议,中国与加纳合作设立了专项基金,旨在支持加纳及西非地区的可再生能源项目开发。基金初始规模为 2 亿美元,重点关注太阳能、风能和小型水电等清洁能源项目。该基金的成立有效弥补了加纳新能源领域的资金缺口,激活了私营部门参与新能源项目的积极性,推动了新能源市场的快速发展,项目总投资额预计带动了超过 5 亿美元的经济增长。

沙特阿拉伯、阿联酋等沿线国家通过其主权财富基金,对非洲新能源市场进行了重要投资,这些资金投入不仅推动了市场的拓展,也加速了整个产业的发展。沙特阿拉伯的主权财富基金,如公共投资基金(PIF),在非洲新能源市场扮演了积极的角色。PIF 通过其旗下的能源和工业投资部门,对非洲的太阳能、风能等新能源项目进行了大规模投资。例如,PIF 在埃及投资建设了数个大型太阳能发电园区,这些项目的建成不仅为埃及提供了大量的清洁电力,也成为非洲新能源发展的标杆。另外,PIF 已在摩洛哥、南非等国进行新能源项目的投资,不仅为当地提供了先进的能源科技,而且为当地提供了许多工作岗位。与此类似,阿联酋穆巴达拉(Mubadala)等主权财富基金也对非洲的新能源市场进行了战略投资。Mubadala 通过其清洁能源部门，投资了多个非洲国家的风能和太阳能项目。在肯尼亚，Mubadala 投资了该国最大的风力发电项目，该项目不仅缓解了肯尼亚的电力短缺问题，还促进了该国新能源产业链的发展。在埃塞俄比亚，Mubadala 的投资帮助该国开发了地热能资源，为非洲新能源市场的多元化发展做出了贡献。这些投资还促进了非洲新能源市场的国际化，吸引了更多的国际投资者和技术提供商进入非洲市场。

4. 推动创新驱动与深化研发合作

在"一带一路"倡议的推动下，中非合作项目在创新驱动与研发合作方面取得了显著成效。自 2015 年以来，中国与埃塞俄比亚合作建设的海尔太阳能研发中心，已成功培训了超过 300 名当地工程师，这些工程师在太阳能光伏系统的设计、安装和维护方面取得了专业资质。另外，中国与肯尼亚共同开发的风电技术合作研究，已经成功开发出适合肯尼亚高原地区的风电机组，可将风电发电效率提升 20%，发电费用减少 15%。这些项目不仅重视非洲本土人才的培训和培养，还通过技术技能培训、管理能力提升和学术交流等多种方式，显著提高了非洲国家在新能源领域的管理和技术能力。例如，中非在太阳能光伏技术方面深入合作，共同研发了高效太阳能电池，提升了太阳能光伏发电的效率。IEA 的数据显示，2019 年，非洲地区通过中非合作新增太阳能光伏发电能力超过 1 吉瓦，为超过 500 万户家庭提供了清洁能源。

此外，其他"一带一路"国家如新加坡也在新能源技术研发方面与非洲国家展开合作。新加坡企业与尼日利亚合作开展的太阳能光伏发电技术研发项目，共同开发了高效太阳能电池技术，使尼日利亚的太阳能光伏发电成本下降了 25%，极大提高了该技术在当地的普及率。新加坡企业发展局的数据显示，截至 2020 年，该项目已帮助尼日利亚安装了超过 10 万平方米的太阳能光伏板。这些合作项目不仅实施了联合研究，促进了知识共享，还注重人才培养与学术交流。例如，中国与南非合作举办的太阳能光伏技术研讨会，已连续举办三年，吸引了来自两国的研究人员和技术专家超过 200 人参加，分享了最新的研究成果和技术进展。

5. 推动就业与经济增长

新能源产业的发展为非洲国家创造了大量的就业机会,尤其是在安装、维护、研发和管理等环节。这些岗位不仅有助于缓解非洲国家的就业压力,还促进了人力资源的高质量发展。作为非洲最大的风力发电项目之一,阿达玛风电厂一期和二期项目均由中国企业承建,总装机容量达320兆瓦。该项目在建设及运营期间,为埃塞俄比亚创造了大量的就业机会,包括技术工人、工程师以及运维团队等,直接和间接就业人数超过10000人。[①] 通过技术转让和人员培训,该项目还促进了当地风能产业的人才储备,为埃塞俄比亚后续发展绿色经济奠定了基础。2016年,埃及本班(Benban)太阳能园区项目启动,作为非洲较大的太阳能园区,该项目吸引了超过10亿美元的中国投资,计划总装机容量达1.8GW。项目自2016年启动以来,高峰期雇用了约4万人,其中大部分是当地劳动力,显著促进了当地经济活动和就业市场的繁荣。[②]

同时,新能源产业的发展也为非洲国家开辟了新的经济增长点,有助于实现经济结构的转型升级和可持续发展。2020年,南非可再生能源独立发电商(REIPPPP)的第四轮投标,吸引了大量中国公司参加,其中有风电、太阳能等项目。这些项目的实施为南非创造了成千上万的就业机会,特别是在偏远和农村地区,有助于缓解失业问题,同时通过投资和税收促进了地方经济的发展。此外,项目还带动了上中下游产业链,如装备制造、物流和服务业,进一步刺激了经济增长。

## 四 非洲新能源产业发展的建议

1. 加强技术合作与转移

为了加速非洲新能源产业的技术进步和产业升级,应当积极促进中国与

---

① 《电建风吹绿"非洲屋脊"》,中国电力建设集团网,2021年10月26日,https://www.powerchina.cn/art/2021/10/26/art_ 7450_ 1246141.html。
② 《中国企业闪耀埃及光伏项目》,搜狐网,2024年3月6日,https://www.sohu.com/a/761847829_ 121622815。

非洲国家之间深层次的技术交流与合作。技术合作的深化不仅帮助非洲国家突破清洁能源技术瓶颈，增强可持续发展能力，也为中国企业提供技术创新的平台，促成了优势互补、利益共享的合作模式。埃塞俄比亚是在中非开展可再生能源合作方面具有典范意义的国家，在水电、风电和太阳能等丰富的资源条件下，一跃成为非洲第三大可再生能源装机大国，显示出中非巨大的合作潜力。

中国对非洲国家的技术支持不仅包括直接向非洲企业转让高效太阳能光伏、风能发电、生物质能利用等领域的先进技术，还应重视技术培训和能力建设，通过组织技术研讨会、工作坊、在线课程等形式，帮助非洲技术人员掌握最新技术知识和操作技能。此外，建立一个包括技术支持热线、远程诊断系统和现场服务团队在内的长期技术支持和维护机制，对于确保新能源设施的稳定运行、及时维修和性能优化至关重要，从而实现项目效率的最大化。

中国企业具有独特的优势，在新能源领域的先进技术可以帮助非洲重新利用现有的发电站来减少碳排放，经济实惠。中国已在非洲实施数百个清洁能源发电和电网项目，许多已成为当地发展清洁能源的标志性项目，包括南非德阿风电站、肯尼亚加里萨光伏电站、卢旺达那巴龙格河二号水电站等。[①] 同时，中国企业还应该积极为非洲区域组织、政府和企业提供咨询服务，开展能源电力、产业园区发展规划研究，培训非洲环境管理、污染控制、绿色经济等方面的专门人才，提高非洲在清洁能源开发方面的基本能力。

**2. 要大力推进绿色金融的改革**

首先，要加快"一带一路"下可再生能源投资和融资机制的创新，建立有利于非洲新能源工业发展的金融制度。这包括推动绿色发展合作机制协同增效，为境外绿色项目提供政策便利，如简化审批流程、提供税收优惠、

---

① 《特稿：借力清洁能源 共谋绿色发展——中非合作共创未来》，中国政府网，2023年8月22日，https：//www.gov.cn/yaowen/liebiao/202308/content_6899529.htm。

设立专门的项目支持基金等。其次，开展绿色"一带一路"创新示范项目，为非洲国家提供量身定制的绿色发展解决方案。这些示范项目应结合非洲国家的具体国情，如资源禀赋、技术能力、市场需求等，设计符合当地实际需求的绿色能源解决方案。在非洲的某些国家，如纳米比亚、南非和摩洛哥，拥有丰富的太阳能资源，可以推广集中式太阳能发电项目，如太阳能光热发电站或太阳能光伏发电项目。在非洲的沿海地区和内陆高原，如肯尼亚、埃塞俄比亚和南非，风力资源丰富，可以发展风力发电项目，如大型风力发电厂。例如，肯尼亚的拉穆风电厂是东非最大的风力发电项目。这些示范项目不仅能够展示绿色能源技术的实际效果，还能够为共建国家提供可复制、可推广的经验。

为了破解新能源项目普遍面临的资金瓶颈问题，应创新性地发展绿色金融工具，可以通过设立专项的绿色融资基金来实现。该基金专门用于资助中非合作的新能源项目，从项目筹备到运营全周期提供资金支持。绿色融资基金可以采用股权投资、债权投资、混合融资等多种方式，以满足不同项目的发展需求。

在此基础上，进一步推进绿色债券、绿色基金和绿色保险等金融工具的创新。这类金融产品能够为企业提供稳定的融资渠道，降低融资成本，增强项目的市场吸引力。比如，通过对非洲各国新能源项目的长期、低成本融资，可以吸引世界各地的投资者。

3. 优化项目选择与实施

新能源项目的布局应紧密贴合非洲的实际需求，优先考虑那些能够直接改善民众生活质量的领域，尤其是针对偏远地区和经济条件较差的家庭，提供清洁、可靠的电力供应。倡导"小而美"的项目模式，即规模适中、灵活调整、易于管理和维护的项目类型，如微型电网、太阳能路灯和家用太阳能系统等，这些项目更能适应非洲多样化的地理环境和社会经济状况，提高项目的实用性和民众的接受度，从而提高项目成功率。

在项目合作模式上，中非双方应致力于创新，以确保合作更加高效、灵活，并能够适应不断变化的国际环境和市场需求。例如，中国的生态环境部

2023年9月宣布实施"非洲光带"项目，将通过合作建设气候友好的"光伏+"项目、推动气候及光伏发展交流对话、开展光伏战略规划和配套政策研究及实施能力建设项目等方式，利用中国光伏产业优势，帮助解决非洲地区贫困家庭用电照明问题。

在项目实施过程中，应强化地方政府和社区的参与，确保项目设计和执行能够充分反映非洲当地的实际需求和文化背景，避免"一刀切"的做法。例如，在项目的建设和运营过程中，可以雇佣当地劳动力，提供技术培训和就业机会，从而促进当地经济发展和减少贫困。此外，还可以建立当地的管理和维护团队，确保项目的长期运营和维护。同时，还应注重文化敏感性。在实施新能源建设项目时，应尊重当地的文化习俗和宗教信仰，避免对当地文化造成负面影响。

**4. 构建合作伙伴网络**

构建一个由政府、私营部门和国际组织共同参与的广泛合作网络，是深化中非新能源合作的关键。政府间的战略对话为合作奠定政策基础，企业间的直接合作则推动项目落地，而国际组织的加入则可以引入更多资源和技术支持。

在政府间合作方面，中非双方应加强高层战略对话，就新能源领域的合作方向、政策和措施达成共识，为项目的实施提供政策保障。例如，可以定期举行中非能源合作论坛，就新能源领域的合作进行深入交流和讨论。在企业间合作方面，中非双方应鼓励和支持企业之间的直接合作，共同开发新能源项目。比如，成立中非新能源产业联盟，为两国企业搭建合作平台，推动技术、经验等方面的交流与分享。

中非两国要加强与国际机构的合作，发挥各自的优势，与联合国开发计划署、世界银行等国际机构开展合作，推进新能源项目建设。

特别是利用"一带一路"绿色发展国际联盟等多边合作平台，加强与其他国家和地区的经验分享与协同行动，为非洲新能源产业的国际化发展开辟新途径。2021年，在第二届"一带一路"能源部长会议上正式成立了"一带一路"能源合作伙伴关系合作网络，该网络包括绿色能源、互联互通

（电力）、油气、智慧能源（创新）、绿色金融等多个工作组。① 这些工作组将推动伙伴关系的各项务实合作，为中非新能源合作提供更多机会和平台。

5. 促进可持续发展与环境保护

2015年，习近平主席在约翰内斯堡中非合作论坛上提出了推动落实绿色发展的合作方案，中非双方在绿色低碳合作方面成果丰硕，上百个清洁能源和绿色发展合作项目顺利实施，可再生能源技术转移成为南南合作的重要典范，绿色丝绸之路建设成效显著。在新能源项目的规划与执行过程中，必须将绿色发展理念贯穿始终，确保项目设计、建设和运营的每一个环节都符合环保标准，减小对生态环境的影响。例如，可以参考埃及扎夫特新能源综合开发项目。该项目是中国企业在非洲实施的大型新能源项目之一，采取了多项措施保护当地生态环境，包括使用环境友好型材料、优化土地使用计划，以及实施生态修复工程，确保对环境的影响降到最低。

同时，支持非洲国家根据自身国情和发展目标，制定并实施清洁能源替代战略，逐步减少化石燃料依赖，推动能源消费结构向风能、太阳能等可再生能源转变。通过提供技术支持、资金援助和政策咨询，中国将助力非洲国家建设清洁、高效的能源体系，为全球气候变化应对做出实质性的贡献，这不仅有助于非洲实现经济的绿色增长，也将促进社会进步与环境的和谐共生。

展望未来，随着"一带一路"倡议的深入推进，中非双方在新能源领域的合作将更趋深化，重点应在技术交流与创新、绿色金融的推广、项目效益的优化、合作伙伴网络的拓展，以及坚持可持续发展与环境保护等多个层面有力推动非洲新能源产业的快速发展，实现经济社会的绿色转型。与此同时，中非双方的合作也将为全球新能源产业的壮大贡献力量，为全球能源结构的优化和经济可持续发展的实现奠定基础。

---

① 《聚焦能源部长会议｜能源转型怎么做？这场国际能源盛会给出答案》，半岛网，2021年10月18日，https://news.bandao.cn/a/558215.html。

# B.9 全球气候变化对非洲能源转型影响研究*

杨霞 杨小花 刘冰琳**

**摘　要：** 能源转型是非洲实现可持续发展的必由之路，气候变化暴露了更多的非洲能源问题——水资源匮乏、对化石能源过度依赖，亟须加快清洁能源和可再生能源的发展。本文首先阐述全球及非洲气候变化的特征和趋势；其次，分析非洲能源转型的现状与问题，深入探讨气候变化对非洲能源转型的影响；最后，提出非洲应最大限度发挥自然优势，加快太阳能、风能等可再生能源的发展，加强国际能源技术人才交流与合作，加大资金援助力度，制定税收优惠、补贴、绿色信贷等一系列支持能源转型政策，加强能源技术创新和优化管理方案，建立公正的能源转型长效机制等对策建议。

**关键词：** 全球气候变化　非洲能源转型　太阳能　化石能源

## 一　全球气候变化趋势与非洲气候的特征

气候变化是指随着时间的推移，气候平均状态的变化，即气候平均状态和偏差（异常）之一或两者在统计上的显著变化。偏差值越大，表明气候变化幅度越大，气候状态越不稳定。[①] 气候变化通常是指各种时间尺度上的

---

\* 本篇未经标注的数据均源自世界银行。
\*\* 杨霞，经济学博士，湖北工业大学国际学院院长，湖北循环经济发展研究中心教授，硕士研究生导师，主要研究方向为国际金融；杨小花，经济学博士，湖北工业大学经济与管理学院、湖北工业研究院、湖北循环经济发展研究中心讲师，硕士研究生导师，研究员，主要研究方向为国际投资与技术创新、气候变化与能源经济；刘冰琳，湖北工业大学经济与管理学院，产要研究方向为数字金融与能源经济。
① 方印、王彦凯：《中国引领全球气候变化应对的逻辑进路》，《贵州省党校学报》2019年第5期。

气候状态变化，从最长的数十亿年到最短的年际变化，可分为地质时期气候变化、历史时期气候变化和现代气候变化，本文特指现代气候变化。现代全球气候变化呈现波动性、多样性、不可逆转性、广泛性、滞后性和致害的间接性的特征和趋势。

## （一）全球气候变化特征与趋势

### 1. 全球气候变化的波动性

全球气候变化的波动性是一个复杂而显著的现象。它体现在气候系统内部的多种变化上，如周期性的冰期和间冰期交替、太阳活动周期的影响、短期内的气候波动等。这种波动性不仅影响全球温度、降水模式等气候要素，还对人类社会、经济和环境产生深远影响。全球气候变化存在多个周期，其中最为明显的是冰期和间冰期的交替变化。历史上，地球经历过多次冰期和间冰期的循环，这种周期性的变化通常取几万年为单位。这种周期性的变化不仅影响全球温度，还影响海平面、生物多样性等多个方面。太阳活动周期也会对地球气候产生周期性影响。例如，太阳黑子数周期和太阳辐射强度的周期变化都会对地球气候产生影响。这些周期性的太阳活动变化会影响地球接收的太阳辐射量，从而影响全球温度。除了长期的周期性变化，全球气候变化还具有短期内的气候波动。这种波动性可以由自然因素引起，例如，厄尔尼诺—南方涛动（ENSO），即热带太平洋海面温度变化引起的气候波动。这种波动可以导致全球范围内的降水模式、温度分布等发生变化。近10年，全球极端天气事件频发，如暴雨洪涝、高温干旱等。这些极端天气事件的出现与全球气候的波动性密切相关。《地球系统科学数据》发布的2023年全球气候变化指标报告显示，过去10年（2014~2023年），人类活动已导致全球平均气温较工业化前水平（1850~1900年）上升1.19℃。然而，在长期的上升趋势中，也存在短期波动。例如，在某些年份，全球气温可能会出现异常升高或降低。

### 2. 全球气候变化的多样性

全球气候变化的多样性体现在地域、时间尺度和气候系统组成等方面。

全球各地区的气候变化特征并不一致，呈现明显的区域性差异。例如，在某些地区，气候变暖的趋势可能更加明显，而在其他地区则可能表现为降水量的显著变化。大陆和海洋的气候变化特征也存在显著差异。例如，海洋对气候变化的响应往往比陆地更加复杂，涉及海洋环流、海平面上升等方面。同时，不同大陆的气候变化特征也因其地理位置、地形地貌等因素有所不同。全球气候变化既存在长期趋势，如全球变暖，也存在短期波动。这些短期波动可能由自然因素（如太阳活动、火山喷发等）或人为因素（如人类活动导致的温室气体排放等）引起。气候变化的时间尺度可以从几十年到几百年、几千年甚至几万年不等。在不同的时间尺度上，气候变化的特征和规律也会有所不同。例如，在较短的时间尺度上，气候变化可能表现为极端天气事件的频发；而在较长的时间尺度上，则可能表现为冰期和间冰期的交替。全球气候变化的一个重要特征是温度的变化。这种变化不仅表现在全球平均气温的上升，还体现在不同区域、不同季节的温度变化上。降水量的变化也是全球气候变化的一个重要方面。不同地区、不同季节的降水量可能会出现显著变化，导致干旱、洪涝等极端天气事件的频发。极端天气事件（如暴雨、干旱、飓风等）的频发是全球气候变化多样性的另一个显著体现。这些极端天气事件对人类社会和自然环境造成了巨大的影响。

**3. 全球气候变化的不可逆转性**

全球气候变化的不可逆转性源于地球作为一个热力学封闭系统的特性。人类的所有活动都发生在地球及其大气圈系统内，这一系统与外层宇宙仅有能量交换而没有物质交换。经过几十亿年的演化，地球形成了一个适合人类生存的能量平衡环境，其中气候系统在维持这一平衡中起着至关重要的作用。然而，气候变化会破坏这种能量平衡，特别是由于二氧化碳等温室气体在大气中的长期存留，其对地球气候系统的影响在人类寿命尺度上是不可逆的。[1] 这些变化带来的负面影响不仅影响当代人类生活，而且可能持续影响

---

[1] 王喆、王留群：《2023年多项气候变化指标创下新高》，《生态经济》2024年第5期，第5~8页。

未来数百年甚至上千年。更重要的是，许多气候变化的驱动因素，如冰盖融化和海平面上升，具有长期的延续效应，即使立即停止所有温室气体排放，这些变化也将继续进行。研究显示，即使二氧化碳排放完全停止，已经积累的大气二氧化碳浓度仍会持续影响全球气温和气候模式数百年。因此，全球气候变化的不可逆转性提醒我们，采取行动的紧迫性和必要性。

4. 全球气候变化的广泛性和滞后性

全球气候变化的广泛性和滞后性使其影响遍及整个地球，且在时间上具有显著的滞后效应。地球某一地区的气候系统变化可以辐射影响到其他地区，体现了气候变化的广泛性。① 例如，北极冰盖的融化不仅影响北极地区，还会通过改变洋流和气流模式，对全球气候产生深远影响。气候变化的问题无法靠单个国家解决，必须通过全球合作才能有效减缓其趋势。气候变化的影响通常以百年为尺度，当前的气候变化结果是上一代甚至上上一代人类活动的积累，而当前的行动将深刻影响下一代乃至下下一代的福祉。这种滞后性与各国工业化需求的矛盾，使全球气候变化责任承担问题更加复杂。自工业革命以来积累的二氧化碳排放量是当前气候变化的主要原因，而现今的发展中国家在追求经济增长的过程中也面临着减少碳排放的巨大挑战。气候变化的滞后性意味着即使我们立即采取减排措施，现有的气候变化趋势仍可能在未来几十年中持续。因此，气候变化的广泛性和滞后性要求国际社会在制定政策和行动时，必须考虑长远影响和全球共同利益。

5. 全球气候变化致害的间接性

全球气候变化的致害性主要表现为间接性，而非直接对人类健康的影响。例如，即使大气中二氧化碳浓度升高30倍，对人类健康的直接影响可以忽略不计，但其引发的气候变化将是灾难性的。② 目前全球基本达成共识的温度升高阈值是2℃，对应的二氧化碳的浓度为350~400ppm。超过这一阈值，将大幅增加气候突变的风险，可能导致30%的物种灭绝、大范围珊

---

① 杨龙菲、华启和：《构建人类命运共同体：全球气候治理难题的破解之道》，《和田师范专科学校学报》2024年第1期。
② 何苗：《全球气候变化与人群健康》，《生态经济》2024年第1期。

瑚死亡和15%~40%的生态系统受到影响，每年几百万人可能遭受海岸带洪水侵袭。温室气体的过度增加虽然不会直接伤害人类，但会间接威胁地球生态系统的其他组成部分，从而危及人类赖以生存的自然环境。气候变化导致的农作物减产、饮用水资源减少、疾病传播路径改变等，都是间接影响人类生活和健康的重大问题。极端天气事件如干旱、洪涝、飓风等频发，对基础设施、经济和社会稳定造成严重威胁。这种间接性使气候变化的危害更加隐蔽，但后果更加严重，因此应对全球气候变化不仅是环境问题，也是关乎人类生存和发展的重大挑战。科学研究表明，为了避免最严重的后果，全球必须采取紧急而有效的减排措施，并加强对气候变化的适应能力。

综上可知，全球气候变化的特征与趋势是复杂且多样的。首先，全球气温呈现持续上升的趋势。过去几十年，全球平均气温显著上升，且上升速度加快。这种趋势预计在未来几十年内将持续，导致极端高温事件频发，影响农业生产、水资源供应和人类健康。其次，降水模式发生显著变化。部分地区经历着持续干旱，而另一些地区则遭受暴雨和洪涝的侵袭。这种不稳定的降水模式对水资源管理、农业生产和城市基础设施带来挑战。再次，海平面上升成为不可逆转的趋势。随着全球气温的上升，冰川融化和海水热膨胀导致海平面不断上升。这对沿海城市和岛屿国家构成严重威胁，增加了洪涝灾害的风险。最后，极端天气事件频发。气候变化导致各种极端天气现象如干旱、飓风、洪水、暴雨和高温事件频繁出现。这些极端天气事件对人类社会和自然环境造成巨大破坏，给社会经济和人民生活带来严重影响。

### （二）非洲气候变化的特征与趋势

#### 1.非洲气候类型丰富多样

非洲气候类型的多样性体现在其广阔的地理范围内，各种气候类型交错分布，形成了独特的自然环境。从赤道到两极，从大陆中央到沿海地区，非洲的气候类型丰富多样。

非洲的北部和南部地区以热带沙漠气候为主。这些地区降水稀少，气温高，形成了广袤的沙漠地带，如撒哈拉沙漠和纳米比亚沙漠。这些沙漠地区虽然条件恶劣，但也孕育出了独特的沙漠生态系统。赤道附近的地区则是热带雨林气候。这些地区全年高温多雨，植被茂盛，形成了茂密的热带雨林。刚果盆地是非洲热带雨林气候的典型代表，这里拥有丰富的生物多样性和独特的自然景观。在热带雨林气候的南北两侧，是热带草原气候区。这些地区干湿季节分明，雨季时草木葱茏，旱季时则一片枯黄。热带草原气候为非洲大陆带来了广袤的草原地带，是许多野生动物的家园。此外，非洲的沿海地区还分布着地中海气候区。这些地区夏季炎热干燥，冬季温和多雨，形成了独特的自然景观和生态环境。北非的阿尔及利亚、摩洛哥、突尼斯沿海和南非一带是地中海气候的典型代表。最后，非洲的气候类型还包括高山气候和亚热带湿润气候等。这些气候类型虽然分布范围较小，但也为非洲大陆带来了独特的自然环境和生态系统。

2. 非洲高温及降水分布不均

非洲的高温特性是其气候的显著标志。全洲年平均气温在20℃以上的地带占据了绝大部分，其中一半以上的地区终年炎热。这种高温特性使非洲大陆成了热带生物的天堂，同时也为当地居民带来了独特的生活方式。在非洲的许多地区，人们习惯了在烈日下劳作，享受着阳光和热情。然而，极端高温也给人们的生活带来了诸多不便，如高温下的疾病频发、农作物减产等。非洲的降水分布不均也是其气候的重要特征。从赤道向南北两侧，降水量逐渐减少，形成了明显的降水梯度。东南部、几内亚湾沿岸及山地的向风坡降水较多，而有的地区则终年几乎无雨。降水分布不均的特性使非洲的生态环境和农业生产面临巨大挑战。一方面，丰富的降水为热带雨林和草原提供了充足的水源，使这些地区成为生物多样性的宝库；另一方面，干旱地区的缺水问题也日益严重，影响着当地居民的生活和农业生产。高温和降水不均的特性也引起了非洲极端天气事件的频发。干旱、洪涝、飓风等极端天气事件给非洲的生态环境和人类社会带来了巨大影响。

3. 非洲是气候灾难的最大受害者

在全球气候变化的背景下，尽管非洲大陆对全球温室气体排放的贡献度相对较小，但该地区面临的气候挑战尤为显著。非洲的经济结构主要依赖于原材料出口和初级加工产业，现代工业和交通运输业相对不发达，导致其碳排放量在全球范围内仅占2%~3%。南非是非洲碳排放量唯一进入全球前15位的国家，其他国家的碳排放量则远低于全球平均水平。然而，尽管碳排放量低，非洲大陆频繁遭遇生态灾难，如飓风、蝗灾、干旱和洪涝等，对社会经济和生态环境造成了巨大冲击。① 非洲大陆因其低温室气体排放量而成为全球气候变化的最大受害者。气候变化不仅引起了直接的自然灾害，还加剧了该地区的经济和社会问题。自2019年以来，非洲连续遭遇了多次重大自然灾害，包括"伊代"超强飓风、东非沙漠蝗灾、萨赫勒严重干旱以及大裂谷北部持续洪涝等。这些灾害不仅造成了大量人员伤亡和财产损失，还对农业生产和粮食安全产生了深远影响，进一步恶化了当地居民的生活条件。② 这些罕见的自然灾害频率的增加，为非洲各国敲响了气候灾难加剧的警钟，迫使它们不得不采取紧急措施来应对和缓解这些威胁。

气候变化对非洲的生态环境造成了严重的威胁。世界气象组织发布的《2022年非洲气候状况》报告显示，非洲大陆的气温上升速度超出了全球平均水平，并在2022年达到了历史新高，较1991~2020年的平均气温上升了0.3℃。这一趋势表明，像乞力马扎罗山这样的赤道冰川可能会在21世纪40年代完全消失。此外，海平面上升速率的加快，特别是在印度洋和大西洋沿岸地区，增加了发生干旱、飓风及海啸等自然灾害的风险，同时也威胁到了低洼地区的生存。印度洋和南大西洋沿岸地区的海平面上升速率分别为每年4.1毫米和3.6毫米，远高于全球平均水平，低洼地区如毛里求斯、塞舌尔和留尼旺等面临被淹没的风险。降水模式的异常进一步加剧了非洲的生态困境。一方面，尼罗河流域和东非大裂谷地区的降水量持续增加，频繁引发洪涝灾害；另一方面，刚果河、赞比西河及几内亚湾沿岸地区的降水量显著减少，导致森林火险等级不断攀升，并引发了居民的饮用水困难问题。降水量的剧烈变化不仅影响了农业生产，也威胁到了当地居民的生计和健康。

---

① 江文、李慧：《世界气候归因组织：气候变化将加剧非洲极端气候灾害》，《水利水电快报》2022年第5期。
② 王一晨：《应对气候变化，非洲的立场和难点是什么》，《世界知识》2021年第14期。

此外，干旱和洪涝的交替发生，进一步加大了水资源管理的难度，增加了生态环境的脆弱性。

## 二 非洲能源转型发展现状及存在的问题

### （一）非洲能源转型发展现状

**1. 非洲能源资源丰富，但分布不均匀，集中在北非**

非洲大陆拥有丰富的能源资源储备，涵盖化石能源与可再生能源两类。化石能源领域，石油、天然气及煤炭储量丰富；可再生能源领域，非洲拥有丰富的太阳能、水力及风能资源。国际能源署报告显示，非洲的石油储量约占全球的12%，天然气储量约占8%，煤炭储量约占6%，太阳能、风能和水能储量分别约占全球的40%、32%和12%。[①] 在太阳能资源方面，非洲太阳能资源可开发规模约13750亿千瓦，超全球总量的50%，太阳能资源可用程度高，为光伏发电提供了极佳条件。此外，非洲的水力资源也相当丰富，众多河流具备巨大水力发电潜能，是最有开发前景的能源资源之一，非洲水能资源技术可开发量约为6.28亿千瓦，但水能利用率仅为11%。非洲还拥有丰富的风能资源，储量居世界首位，风能资源的分布尤其集中在大陆南部和东部地区。非洲大陆的海岸线长，有众多山地和开阔平原地区，使风力发电在非洲具有巨大的潜力，在风能资源方面非洲技术可开发规模超560亿千瓦，近全球总量的40%。尽管资源禀赋优越，但是非洲在可再生能源的实际利用率上略有滞后，截至2023年末，非洲太阳能装机容量为0.13亿千瓦，在全球占比不足1%；水电装机容量为0.4亿千瓦，在全球占比约为3%；风电装机容量为0.09亿千瓦，在全球占比不足1%。[②]

非洲的能源资源分布并不均匀，主要能源资源集中分布在北非地区，而

---

① 黄培昭：《非洲加快发展可再生能源》，《人民日报》2024年1月9日，第17版。
② 《本报专访水电总院副院长龚和平：中非合作为何锚定矿业可持续发展？》，https：//www.cenews.com.cn/news.html? aid=1128556。

南部和中部非洲的能源资源相对较少，这种不平衡导致了非洲各国在能源供应上的差异，也增加了可持续能源开发的挑战。

2.非洲能源结构偏向传统化石能源，可再生能源占比低

非洲的能源结构呈现传统能源的三足鼎立之势，可再生能源、水电和核能这类新兴能源占比较小。2023年非洲的石油、天然气、煤炭的消费量占比分别为39.31%、29.60%和21.04%，总和接近90%，如图1所示。煤炭、油气资源的分布导致不同地区的具体能源侧重有所不同，南非多使用燃煤发电，埃及和阿尔及利亚多使用燃气发电，撒哈拉以南则严重依赖石油。[①]

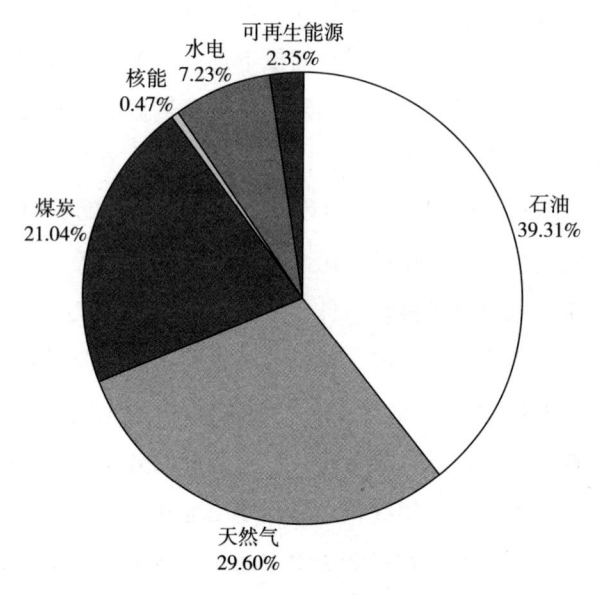

**图1　2023年非洲能源结构**

资料来源：国际能源组织。

非洲天然气消费需求稳中有增。过去非洲天然气生产主要由利润丰厚的出口驱动，但近年来随着气候意识的提升，本土天然气需求增长，非洲天然气供给流向当地的份额增加。就目前消费量而言，非洲有着与天然气储量严

---

① 《"一带一路"沿线地区能源结构分析》，https://huaxin.phei.com.cn/。

重不匹配的需求，低天然气渗透率也意味着未来巨大的能源行业的潜在市场。

普华永道发布的《2023年非洲能源评论》①报告指出，由于南非国家电力公司燃煤电站表现不佳，2022年燃煤发电在非洲能源结构中份额下降约6%。南非是非洲大陆最大的煤炭消费国，约占总消费量的85%和总发电能力的20%。因此，南非能源结构的变化对整个非洲大陆的能源发展趋势产生显著影响。该报告称，从2010年开始，非洲国家通过风能和太阳能增加清洁能源发电，清洁能源占比从20%增加到2022年的26%，2023~2025年，清洁能源发电量预计至少增长600亿千瓦时，2025年总发电量占比将提升至30%。

3. 非洲可再生能源发展潜力巨大，尤其是太阳能、风能和水能

非洲的可再生能源有极大的发展潜力，2023年7月国际能源署（IEA）发布的《电力市场报告》（*Electricity Market Report*）指出，2023~2025年，非洲的可再生能源发电量将实现显著增长，预计增幅将超过600亿千瓦时，2025年占总发电量的比重将是2021年的1.25倍，可再生能源有望在2025年成为非洲第二大电力来源。②非洲煤炭发电量将稳定在2400亿千瓦时左右，但占总发电量的比重预计将从2021年的28%降至2025年的24%，这一转变预示着可再生能源发电量的增长将超越煤炭。天然气发电量将在2023~2025年增长约300亿千瓦时，达到约4000亿千瓦时，保持第一大电力来源地位，但其占总发电量比重将从2021年的42%降至2025年的41%。

可再生能源的开发方面，非洲多个国家已经开始实施可再生能源项目。例如，目前埃及在可再生能源发电项目上，政府获批的总装机量已超过12吉瓦。此外，埃及政府表示将充分利用自身地理条件优势，以求获取太阳能、风能等可再生资源，推动更多与其相关的发电项目建设实施；纳米比亚计划到2030年实现70%的能源来自可再生能源；肯尼亚、塞拉利昂等国家

---

① 《2023年非洲能源评论》，https://www.pwccn.com/。
② 《非洲加快发展可再生能源（国际视点）》，http://obor.nea.gov.cn/detail/19970.html。

也积极推动风电、地热等可再生能源项目的建设。2023年12月，阿布扎比可持续发展周活动中，各方对加强非洲可再生能源产业发展达成了共识，预计2050年，非洲太阳能光伏装机量将达到650吉瓦；突尼斯、摩洛哥和埃及等国家已经制定了详细的可再生能源发展目标，并着手建设相应的光伏和风力发电站。这些项目的推进有望大幅提升非洲的可再生能源发电占比。①

非洲太阳能产业协会2023年发布的《2023年展望报告》指出②，非洲地区光伏产业正处于加速发展阶段。南非、摩洛哥、埃及等国家持续在光伏建设领域保持引领地位，佛得角、博茨瓦纳、厄立特里亚等国家也纷纷加大对光伏产业的开发力度，积极部署并建设、运营大型光伏项目。

非洲投资论坛在2023年年会期间公布了4个可再生能源和可持续发展项目，价值近15亿美元，项目涉及绿色氢生产、水电、塑料回收技术等领域。③ 在2023年9月举行的非洲气候峰会中，非洲绿色投资倡议的进程令人瞩目。该倡议通过已向8个国家和地区拨款近26亿美元的绿色能源项目，为非洲电力供应系统增加约1.8吉瓦的清洁能源，加快非洲能源绿色化进程。南非于2024年1月再次修订"综合资源计划"，预计在2030年新增的29吉瓦电力装机中，风电和光伏发电新增装机合计占比70%。同时推出"独立发电商计划"，鼓励私营部门在可再生能源项目上投入更多的人力、物力和财力，并向国家电网出售多余的发电量。2024年2月，非洲开发银行宣布了一项总额为1.88亿美元的贷款协议，旨在支持摩洛哥的绿色投资计划，该计划的核心目标聚焦于将清洁饮用水供应系统引入工矿企业附近的周边城镇，并以可再生能源为主，建设与其相关的发电储能系统。

目前，中国已在非洲实施数百个清洁能源和绿色发展项目，特别是中国企业与非洲伙伴合作构建的光伏电站，其累计装机容量已突破1.5吉瓦，走

---

① 黄培昭：《非洲加快发展可再生能源》，《人民日报》2024年1月9日，第17版。
② 《全球光伏产业加速发展》，http://paper.people.com.cn/zgnyb/images/2024-02/05/04/zgnyb2024020504.pdf。
③ 邹松：《非洲推进工业绿色化进程（国际视点）》，《人民日报》2024年5月21日，第17版。

在国际对非洲绿色合作的前列。非洲碳交易所董事韦斯利·道格拉斯表示，中国实现产业规模效应和利用技术创新手段，在全球可再生能源产业及服务领域上不断走在世界前列，并有效减少了在非洲可再生能源项目的投资成本，推动非洲能源结构转型，极大地加快发展非洲地区工业绿色化。

4. 非洲能源转型方向是以清洁能源替代化石能源

当今世界正经历着一场能源革命，其核心目标是推动清洁能源成为主流，逐渐替代主要依赖石油、煤炭和天然气等化石燃料的旧有能源体系，旨在构建一个以清洁能源为主导、电力为核心载体的新型能源生产和消费体系。这一转型不仅是对全球能源结构的重塑，更是响应人类可持续发展诉求与目标的举措。非洲能源转型的核心目标可归纳为构建一个现代低碳且经济高效的能源系统。"现代低碳"是指非洲能源转型需要同时实现能源系统的现代化与低碳化，通过积极开发与高效利用清洁能源技术，实现电力普及和用能的现代化；我们正采取措施推动能源系统的生态友好型变革，通过提高清洁能源在总能源中的份额，鼓励能源消耗模式从依赖化石燃料和传统生物能源转变为主要依赖清洁电力的架构，以此减少整个能源领域的碳足迹。"经济高效"具体包括两方面内容，一是控制好能源转型的成本与进程；二是加强对化石能源的开发和利用。

非洲在清洁能源的开发上，将"分布式利用"与"集中式开发"相结合①。利用分布式清洁能源破解无电困局，是多数非洲国家政策制定的优先行动重点。非洲乡村地区集中了约 80% 的无电人口，因此乡村通电是解决无电问题的核心。传统应对策略倾向于构建乡村电网系统，将集中化生产的电力资源输送至地域辽阔而人口分散的乡村地区，然而此类项目普遍面临成本高、回报率低、投资回收期长、运维难度大等问题；分布式清洁能源技术的引入，从技术维度上有效破解了传统乡村电力输送模式的困境，居住在农村的人们有能力借助分散式的太阳能板、风力涡轮机、小型水力发电站和生物质能发电装置，自行生产并满足自身能源需求，同时有效控制成本。在非

---

① 张锐：《非洲能源转型的内涵、进展与挑战》，《西亚非洲》2022 年第 1 期。

洲,越来越多的决策者意识到,推动乡村地区的电力普及,需要依赖分布式可再生能源技术。虽然大规模的清洁能源项目对于非洲国家实现能源自给自足至关重要,尤其是对那些资源丰富且经济基础雄厚的国家而言,这是一种必要的战略决策。非洲拥有巨大的清洁能源资源,如水力、太阳能和风能资源,分别占全球潜在储量的11%、40%和32%。遗憾的是,迄今为止,这些宝贵资源的开发水平依然有限。非洲需依托其资源禀赋优越的地区,构建大型水电、光电及风电基地,才能有效推动清洁能源成为主体能源,以满足非洲城市化、工业化的庞大用能需求。"非洲基础设施发展计划"(PIDA)规划在2040年前实施20个、总装机容量超过5.4亿千瓦的水电项目。随着技术的不断成熟,不少非洲国家也启动了大型光伏电站、风电基地的建设,并取得诸多突破性进展。

5. 非洲清洁能源开发规模水电占比大,太阳能等规模逐步扩大

目前,许多非洲国家视发展清洁能源为填补电力不足和推动能源结构转型的关键路径,清洁能源的开发规模迅速扩大。从关键指标上看,非洲地区清洁能源装机容量与发电量均呈现稳健增长的态势,水电仍然是占据主导地位的清洁能源,太阳能和风能展现强劲的增长势头,具体如表1所示。

表1　非洲清洁能源开发规模

| 类别 | 2009年 | 2020年 | 2023年 |
| --- | --- | --- | --- |
| 清洁能源装机规模(吉瓦) | | | |
| 水电 | 25.9 | 37.3 | 40 |
| 风能 | 0.7 | 6.5 | 8.7 |
| 太阳能 | 0.1 | 10.6 | 13.5 |
| 生物能 | 0.9 | 1.7 | — |
| 地热能 | 0.2 | 0.8 | — |
| 合计 | 27.8 | 56.9 | |
| 清洁能源发电量(太瓦时) | | | |
| 水电 | 109 | 142.6 | 161.6 |
| 非水清洁能源 | 2 | 42.3 | 56.7 |
| 合计 | 111 | 184.9 | 218.4 |

资料来源:《世界能源统计年鉴(2024)》,https://www.energyinst.org/statistical-review/home。

如表1所示，2009年，非洲清洁能源开发中的清洁能源装机规模，水电25.9吉瓦，占清洁能源装机规模的93.2%，比重最大，太阳能占比0.36%，清洁能源发电量水电109太瓦时，非水清洁能源2太瓦时。到2020年和2023年，虽然水电能源规模仍然占比最大，但太阳能规模从2009年的0.1吉瓦增加到2020年的10.6吉瓦，太阳能占清洁能源装机规模比重增加到18.6%，2023年的太阳能规模为13.5吉瓦，是2009年的135倍。

根据肯尼亚2030远景规划①，该国力争在2030年前实现100%清洁能源发电，其中地热发电装机容量将达1600兆瓦，占总发电量的六成。南非提出，力争到2030年将太阳能发电、风电等清洁能源在能源结构中的占比从目前的7%提高至40%，并对电力法规进行修订，取消了100兆瓦以下清洁能源项目并网的许可证门槛。埃塞俄比亚、乌干达等国家正在积极推动风能和水能等清洁能源项目的发展。国际能源署和非洲开发银行于2023年9月联合发布的《非洲清洁能源融资》报告显示②，尽管非洲人口占世界总人口的近20%，并拥有丰富的清洁能源资源，但非洲在清洁能源领域的投资仅占全球的约2%。此外，非洲清洁能源项目的融资成本受地区安全风险、国际市场价格波动等多重因素的影响，相关项目的立项和建设受高于发达经济体2~3倍的成本制约。2023年7月，非洲开发银行批准通过非洲可持续能源基金，向非洲能源转型催化剂计划提供788万美元赠款，旨在支持非洲的清洁能源发电项目，非洲能源转型催化剂计划整合6个已确定的项目，将分两个阶段实施，非洲开发银行可再生能源和能源效率主管丹尼尔·施罗斯强调该计划在非洲有非常重要的地位，特别是在规划和项目启动阶段提供前期支持，进而激发必要的后期投资。

联合国工业发展组织于2024年的报告分析指出③，非洲的能源、电力、交通和建筑等关键工业部门的碳排放量约占整个大陆碳排放总量的80%，

---

① 刘刚、隋鑫、马菲：《非洲努力发展清洁能源》，《人民日报》2023年9月22日，第13版。
② 《非洲清洁能源融资》，https://www.iea.org/reports/financing-clean-energy-in-africa/executive-summary。
③ 邹松：《非洲推进工业绿色化进程（国际视点）》，《人民日报》2024年5月21日，第17版。

这一数字凸显了这些行业在减少碳排放方面的巨大潜能。如果非洲国家能够有效地推动这些工业部门的脱碳工作，预计将在未来30年创造出大约380万个新的就业机会。这些努力不仅能够显著降低温室气体的排放，减轻全球气候变化的压力，还能够刺激经济的增长和就业市场的繁荣，从而为非洲的社会经济进步贡献新的力量。目前，多个非洲国家希望通过激励政策促进投资流向绿色低碳产业，并制定了工业绿色增长战略规划。在2023年3月举行的联合国非洲经济委员会期间，第56届非洲财政、计划和经济发展部长会议提倡并激励非洲国家积极响应全球能源变革的召唤，充分利用其境内富饶的自然资源，专注于构建和巩固以环保为核心的工业生产体系，以此推动整个产业链向更加绿色、可持续的方向发展，推动非洲工业绿色化进程的实质性进展。通过这样的努力，非洲能够在保护环境的同时，实现经济的健康增长和可持续发展。

6.非洲氢能源发展势头不容小觑

在全球能源供需矛盾加剧与环境污染挑战日益严峻的背景下，探索与开发清洁、高效且资源储量丰富的可再生能源成为国际社会共同努力的目标。氢能在能源领域的应用具有显著的环境友好性和高效性，它能够实现电力、燃气和热能等多种能源之间的灵活转换。这种特性使氢能在多个关键领域，如交通运输、工业生产和建筑供能等方面，展现出广阔的应用前景。因此，氢能不仅是推动传统化石能源向清洁能源转变的关键桥梁，也是支撑可再生能源大规模、长期可持续发展的理想载体。随着全球能源结构的快速演变，非洲大陆正在成为氢能产业发展的新兴热点。截至2024年4月，非洲至少有12个国家已经启动了氢能项目，而另外19个国家则为这一新兴产业制定了专门的法律法规或国家战略。这些积极的措施反映了非洲国家对氢能潜力的认可，以及它们希望通过发展氢能产业来增强自身在全球能源市场中的竞争力，并促进本国的绿色可持续发展。通过这些政策和项目的实施，非洲有望在全球氢能产业的版图上占据一席之地，并对全球能源的未来产生重要影响。

非洲在发展绿色氢能源方面拥有得天独厚的资源条件，为利用可再生能源生产氢气提供了巨大的潜在优势与可行性。全球氢气生产成本的下降可能使非洲在2030年之前以具有国际竞争力的价格向北欧等国家提供可再生能源生产的氢气。在非洲大陆能源消耗持续上升的同时，促进绿色氢能产业的蓬勃发展将成为解决能源紧缺问题的有力策略，并且有望带来显著的经济增值效应。

德勤公司发布的报告显示①，北非、南美洲、中东以及撒哈拉以南的非洲地区是全球绿色氢能潜力的主要热点区域。埃及、摩洛哥、纳米比亚等国家正积极投身于氢能技术的研发和绿色产业的构建，旨在通过这种方式推动能源结构的转变，同时兼顾环境保护和经济的持续增长。这些努力体现了对未来可持续发展的深远考量和积极追求。2023年9月28日，非洲首座绿氢工厂在纳米比亚正式奠基，该项目耗资高达35亿纳米比亚元。埃及2023年成立国家绿色氢能委员会并启动《国家绿色氢能战略》，处于筹备中的绿色氢项目有21个，在项目的初步探索期，投入资金大约为120亿美元，而随着第一阶段的展开，这一数字跃升至约290亿美元。这样的投资规模对于埃及推进其绿色氢能发展战略具有决定性意义。与此同时，埃及政府已与世界领先的7家开发商签署了7份关于绿色氢能和可再生能源的谅解备忘录，预计通过这些合作在未来10年间将吸纳高达410亿美元的资金。而在2024年初，莫桑比克政府揭晓了一项旨在推动能源转型的宏伟战略，目标是使该国在2030年前成为南部非洲地区能源转型的典范。2024年3月，摩洛哥提出"摩洛哥提议"计划，将投入100万公顷土地用于建设绿色氢能项目，将该国打造成该地区主要的绿色氢生产和出口国。非洲国家如摩洛哥、埃及、莫桑比克和纳米比亚所采取的最新行动，正是非洲大陆积极推进氢能产业发展的一个生动体现。

7. "一带一路"倡议助力中非能源合作

"一带一路"倡议提出以来，中国与非洲国家在新能源领域展开了深入的合作，非洲目前已经是中国在新能源开发方面的重要合作伙伴。

---

① 黄培昭：《非洲以氢能撬动能源转型》，《中国能源报》2024年4月22日，第12版。

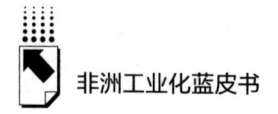

中非在清洁能源领域的合作不断取得新进展。中非双方在中非合作论坛框架下共同推进了多项清洁能源与绿色发展项目，主要聚焦于水电、太阳能、风能、地热能等清洁能源领域，并涵盖部分中小型清洁能源发电及能源储备设施项目。2021年11月27日国务院新闻办发表的《新时代的中非合作》白皮书，明确提出加强中非在应对气候变化、应用清洁能源等生态环保领域的交流合作。此外，《中非合作2035年愿景》与《中非应对气候变化合作宣言》等官方文件进一步强调中非双方在能源合作向清洁、低碳转型，加强应对全球气候变化方面的深度合作。

水电作为非洲规模最大的可再生能源类型，也是中非最主要的清洁能源合作类别。国际可再生能源署统计显示，近10年来，中国企业在撒哈拉以南非洲国家和地区承建的项目中，水电装机占总装机容量的49%；太阳能也是中非清洁能源合作的另一个重要领域，在项目实践方面，众多具有示范意义的中非清洁能源工程不断涌现，例如，中国援中非光伏电站项目；风能领域也是中非清洁能源合作大力主推的发展方向，南非的德阿风电项目是中国首个在非洲投资建设运营的风电项目，也是非洲最大的风电项目，该项目每年为当地稳定供应清洁电力约7.6亿千瓦时，发电量相当于节约标煤21.58万吨，减排二氧化碳61.99万吨。①

在能源投资方面，中国也主要集中在石油领域，对非洲发展潜力巨大的天然气领域投资仍处于起步阶段，尚有很大的增长潜力，其中"埃塞俄比亚—吉布提油气"项目作为"一带一路"倡议在非洲的重要能源项目具有重要意义，有望成为我国清洁能源的重要海外供应基地。除此之外，值得一提的是中国特高压技术在非洲的应用对其智能电网和能源传输产生积极影响，中国特高压技术的突破为刚果河水电开发创造了条件，能将刚果河水电高效输送至非洲各地，有利于加强非洲内部各国能源电网建设和跨国际、跨洲际互联，推动非洲破解能源困境。

---

① 《中非清洁能源经贸合作的发展路径》，https://www.tzzzs.com/。

中非在新能源方面的合作，未来有两个主要发展方向①：一是以民生为重点，中非新能源合作应首先考虑解决非洲最为紧迫的电力需求。预计至2050年非洲将承载全球超过1/4的人口，这预示着非洲未来将承受日益增长的户外用电需求。此外，深化科技合作也是关键所在。中国的新能源技术凭借其成本效益高、适应性强以及易于整合等突出特点，中非两国在新兴能源领域的紧密协作得以在坚实的基础上展开，这不仅为非洲在能源和电力等关键领域的长远健康发展奠定了坚实基石，而且对其未来的繁荣与进步贡献了重要力量。

打造非洲能源网络不仅是中国与非洲国家在增进务实合作上的关键进展，同时也是对"一带一路"构想的积极探索。过去几年里，非洲的经济增长带来了对电力的激增需求，但随之而来的挑战包括可再生能源分布的不均衡、发电设备技术的局限性以及电网承载能力的瓶颈。通过构建非洲能源网络，有可能实现整个非洲地区能源资源的优化配置，推动区域经济一体化进程。同时依托电力网络的安全性、稳定性和灵活调控功能，为非洲的可持续发展注入新的动力，最大化合作的协同效应。

## （二）非洲能源转型存在的问题

近年来，非洲的能源转型取得了令人瞩目的巨大成就，可再生能源的推广不仅极大地推动了本地的经济发展，而且加强了非洲各国与其他国家的密切联系和深入合作。伴随着非洲能源转型迈入新时期，不同国家的转型进程差异也逐渐暴露。有些国家已初步构建了以清洁能源为主导的电力结构体系，如刚果（金）、埃塞俄比亚、莫桑比克等；有些国家的能源系统在短时间内出现了格局性变化，如肯尼亚的石油发电量占总发电量的比重从大约45%降至10%左右，相比之下同期清洁能源的发电占比则提高至约90%②；另外一些国家却在能源转型的路口屡屡受挫，如公开宣布在2050年之前实

---

① 彭慧：《聚焦中非新能源合作助推"绿色非洲"远景蓝图早日实现》，《企业家日报》2023年8月22日，第A04版。
② 张锐：《非洲能源转型的内涵、进展与挑战》，《西亚非洲》2022年第1期。

现清洁能源完全供电的坦桑尼亚，目前该国大量的电能项目仍然以化石能源的燃烧作为主要动力进行生产。非洲在能源转型的过程中面临诸多挑战，包括资金短缺、基础设施建设滞后、部分地区对传统化石能源的依赖度高、技术瓶颈、缺乏先进的技术和人才以及政策问题等。为应对上述挑战，非洲国家也在积极寻求国际合作与资金援助，并致力于通过政策激励与法规框架的完善，为清洁能源的快速发展营造有利环境。

**1. 非洲能源转型投资周期长、资金短缺筹融资难**

新能源项目通常需要大量的资金投入，且立项成本高，投资周期长，风险敞口持续期久，包括设备采购、工程建设、技术支持等方面，自项目初步研究阶段起，历经公司内部立项审批、详尽论证、投资者招募、资本金筹措、融资协议谈判直至最终执行，均需历经长时间的培育与高额的资金投入。非洲大多数国家的财政状况相对薄弱，难以承担巨额投资以及为大型清洁能源基础设施提供资金或主权担保，并且新能源项目的回报周期较长，投资回报的不确定性也使国内外投资者对此持谨慎态度。除此之外，一些跨国金融机构能供应的资金规模受限，因此对于相关项目的投资也进行极为严苛的筛选。国际能源署报告显示，全球能源投资流向存在显著失衡与不足，实现非洲的能源和气候目标意味着这10年能源投资需增加一倍以上，非洲大陆在总额2万亿美元的清洁能源资金中仅获400亿美元配额，另有700亿美元流入化石燃料，此资金规模远低于非洲大陆到2030年实现气候目标所需的2000亿美元年度投资①。此外，非洲的能源投资仅占其GDP的1.2%，仍低于全球GDP（1.8%）的平均水平。② 该报告对能源支出的统计数据表明，2024年，非洲各国准备在能源领域提供的预算超过1000亿美元，而在传统化石能源和电能中的投入占比仍然保持近70%，其余则用于一系列清洁能源技术。尽管非洲各地在能源支出上展现出差异性趋势，但清洁能源领域的投资总额及其占比均未能充分支撑非洲大陆迈向可持续发展目标的转型

---

① 张锐：《非洲能源转型的内涵、进展与挑战》，《西亚非洲》2022年第1期。
② 《IEA：全球清洁能源投资将创新高》，https://finance.sina.com.cn/jjxw/2024-07-01/doc-incaqvnm4987102.shtml。

路径。

#### 2.非洲能源基础设施落后，运营维护风险高

非洲许多地区的能源基础设施相对落后，多数清洁能源基地因地理位置偏远，需构建长距离输电网络以接入电力负荷中心，导致建造和运营维护成本高。首先，清洁能源在经过集中式开发后，一般需要通过电网外送，但各国电网普遍存在输送能力弱、覆盖范围小、电能损耗率高、供电可靠性低等问题，因此，不完善的电网系统是限制非洲电力开发的主要瓶颈。面对这种现状，构建基层的微电网将会是非洲实现清洁能源普及的必由之路。其次，锂、钴、铜等特定矿产作为可再生能源技术的重要原材料，是全球能源转型加速的关键所在，然而矿业生产作为能源密集型产业，需要充足的能源供应，其中，电力供应和其他基础设施缺乏是非洲国家从关键矿业投资中获益的主要障碍之一。①

#### 3.非洲部分国家对传统化石能源的依赖度高

在部分非洲国家，石油、煤炭及天然气等传统能源依旧在能源结构中占据主导地位，其电力体系深刻依赖于化石燃料资源，面临全球能源转型大潮流的强烈冲击，很大程度上会陷入"制度性路径依赖"的困境之中，对于替代性新能源的推广、应用势必会产生一定的阻力，南非便是典型案例。另外，撒哈拉以南非洲地区的家庭仍主要使用传统的生物质材料，工业化刚起步不久，这些国家中的大多数向电气化的过渡与北方发达国家不同，不确定其能在多大程度上"跨越"化石燃料的使用直接转向清洁能源。

#### 4.缺乏先进的新能源技术和人才

新能源技术的引进与应用依赖于坚实的技术能力与专业的人才储备，然而，非洲多个国家在新能源技术发展的维度上相对滞后，以氢能为例，技术和人才的短板严重制约了其研发和生产水平的提升。此外，非洲在清洁能源领域的教育资源分配不均，培训项目投入有限，这在很大程度上限制了能源转型所带来的就业潜力在该地区的充分释放。

---

① 李丽旻：《非洲矿业离不开绿电支持》，《中国能源报》2024年5月27日，第5版。

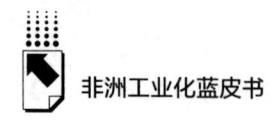

**5. 非洲新能源政策和监管环境不稳定**

尽管许多非洲国家已制定了相关的政策和法规来推动新能源发展，但实际的落地执行和监管力度仍然不够。缺乏稳固的政策框架将加剧投资者决策与业务运营过程中的不确定性，从而构成能源转型的潜在障碍。而且，能源转型之路，实则是权力版图的重塑之旅。这不仅是话语、机制与物质权力的微妙调整，更是对人群、机构与资源间关系的深刻再构。在非洲这片充满活力与挑战的大陆上，能源转型的决策体系正面临权力失衡的考验，这一现状或悄然减缓转型的步伐，影响转型的深度与广度，乃至其长远可持续性。我们需警惕，确保权力在转型进程中均衡分布，以激发其最大潜能，共绘非洲能源新篇章。

**6. 非洲能源转型需求、路径存在区域异质性**

国家之间的国情差异对能源转型路径具有一定影响，非洲各国在能源系统发展的初始条件、既定目标及发展特点等方面不同，例如，埃塞俄比亚水电占比较高，可再生能源发展成本较低，并网条件良好，所以其能源转型相对顺利；而南非虽然拥有丰富的低成本可再生能源资源，但由于其化石能源利益集团根基深厚，导致南非的清洁能源转型遭遇较大阻力。基于各自国家的能源转型现状，埃塞俄比亚制定了低成本可再生能源的绿色增长战略，南非则致力于降低对传统能源行业的依赖，大力发展可再生能源。因此，需针对具体国家国情，明确能源转型的最优路径，并营造有利环境以加速推进能源结构转型的进程。

## 三 全球及非洲气候变化对非洲能源转型的影响分析

### （一）气候变化直接影响非洲能源转型进程

极端天气事件，诸如干旱、洪涝灾害以及热带气旋等，由气候变化驱动，已对非洲地区的能源生产与分配体系构成了显著冲击，这一严峻挑战正加速非洲向更加可持续能源模式转型的步伐。气候变化对非洲大陆产生了深远的经济、社会及生态影响，这些影响是多方面且相互交织的。具体而言，气候变化导致的水文和植被等的变化加速了虫媒疾病的传播，不仅对人类健康构成威胁，同时也对农业生产造成不利影响；此外，一些地区人口因环境压力被迫迁徙，产生了"气候难民"问题；考虑到水资源短缺与粮食安全问题日益严峻，这种双重挑战极有可能导致非洲等地区更多的人口陷入极端贫困的境地，进一步加剧了社会经济的不平等与脆弱性。

受全球气候变暖影响，非洲众多国家和人口正日益受到干旱灾害的频繁冲击。详细记录显示，过去几年，非洲各地的江河流量、湖泊和水库水位均出现显著下降，导致多个大型水电站面临水量危机，进而引发全国性的电力短缺问题。具体来说，2015~2016年，加纳最大的发电厂——阿克松博水电站，连续两年均处于最低水位运行状态。同样，2018年9月，肯尼亚因气候干旱被迫关闭了多个水电站，其中松杜（Sondu Miriu）水力发电站的发电量骤降至设计容量的1/8。2019年12月，赞比亚和津巴布韦的多个水电站也因水量严重不足停止发电，从而引发停电危机。① 这一系列事件不仅凸显了非洲在应对气候变化方面的脆弱性，也迫使各国重新审视其能源结构，加速向更加多元化、可持续的能源体系转型。水电作为传统清洁能源的代表，其在全球变暖背景下的尴尬处境，无疑为非洲乃至全球的能源转型之路敲响了警钟。这种局面造成一些国家的决策者减少或终止了对水电的投资，例如，肯尼亚的能源战略规划已明确转变方向，强调减少对易受气候波动影响的水电项目的投资，转而聚焦于更为稳定的天然气与地热发电资源的开发。同样，阿尔及利亚也宣布了暂停新建水电项目的计划，转而将宝贵的水资源优先用于农业灌溉与民众生活供水，以应对日益严峻的水资源短缺问题。上述状况也凸显了水电开发在全球变暖状况下面临的尴尬，其本应是能源领域实施清洁替代的主力手段，却"胎死腹中"，首先成了气候变化的受害者。其发展前景因自然环境的不可预测性蒙上了一层阴影，迫使各国重新评估并调整其能源结构布局。

---

① 张锐：《非洲能源转型的内涵、进展与挑战》，《西亚非洲》2022年第1期。

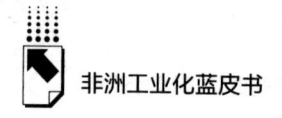

### （二）气候变化改变非洲能源需求

非洲经历了持续加剧的高温天气，极端高温天数呈现显著上升趋势。以阿尔及利亚为例，2022年的气温范围维持在40~46℃，而到了2023年，最高气温更是攀升至50℃。这种极端高温气候直接导致了空调和制冷设备需求的激增，从而进一步推动了电力需求的上升。此外，非洲还频繁受洪水、干旱、热带气旋和风暴等极端天气事件的影响。这些气候变化已经并将继续深刻重塑非洲的能源需求结构，其中，尤为显著的是制冷与供暖能源需求的激增，这一趋势已初现端倪并在未来持续增强，为非洲本就承压的能源系统增添了新的复杂性和挑战性。长期以来，非洲的能源部门深陷对化石燃料的过度依赖之中，这种高度依赖不仅加剧了温室气体排放，还使非洲在应对气候变化的全球性挑战时显得尤为脆弱与不堪一击。面对新的能源需求变化，非洲国家亟须探索并实施更加清洁、高效且可持续的能源解决方案，以减轻对化石燃料的依赖，并构建更具韧性的能源体系，从而有效应对气候变化带来的多重冲击。据预测，未来气候变化将导致化石燃料的供应减少，这可能会导致能源价格上涨和供应量的缩减，对能源部门产生深远影响，进而很可能对非洲国家造成极大的经济损失。为了缓解气候变化带来的影响，并适应预期的气候变化趋势，非洲国家亟须采取行动来调整其能源系统。[1] 在应对由气候变化引发的能源需求结构转变时，非洲国家需要采取一系列全面而深入的行动。这不仅意味着要逐步减少对化石燃料的过度依赖，积极寻求并推广可再生能源的多样化替代方案，如风能、太阳能等清洁能源的广泛应用；同时，也要求非洲国家致力于提升能源使用效率，通过技术创新和政策引导，促进能源消费的节约与高效，以减轻能源需求增长带来的环境压力。

当前，绝大多数非洲国家正积极投身于新型能源的开发浪潮中，特别是清洁能源的广泛应用，旨在通过这一途径有效减缓气候变化对本国经济、社

---

[1] Usiabulu I. G., Aprioku S. P., Okoye O., et al., "A Review of Energy Demands and its' Implication on Climate Change in Africa", *Journal of Engineering Research and Reports* 2024, 26 (1)：102-116.

会及环境造成的深远影响。肯尼亚计划在 2030 年实现 100%清洁能源供电，地热能的开发将帮助该国到 2030 年减少 32%的碳排放量；同时摩洛哥计划到 2025 年同时实现可再生能源占比超过 52%，其太阳能产业每年可减少超过 76 万吨的碳排放量；埃及正通过一系列行动展现应对气候变化的承诺，包括启动 2050 年国家气候变化战略，发行中东北非地区首个主权绿色债券等。

在土地利用领域，塞拉利昂农民放弃传统的刀耕火种方式，转而在沼泽地里种植水稻，大大减少了燃烧所产生的污染排放。在萨赫勒地区，10 个非洲国家正在种植树木，筑起"绿色长城"，努力实现到 2030 年恢复可利用土地面积达 1 亿公顷的目标。①

### （三）气候变化导致非洲能源供应的脆弱性

气候变化对非洲大陆的水资源分配与农业生产模式所产生的影响不容忽视，这种影响引发了一连串的连锁反应，进而对生物质能源的供应稳定造成了冲击。具体来说，过去 30 年非洲一直饱受气温攀升和降水量骤减等气候变化因素的困扰，对农业部门造成了显著的影响。以埃及为例，夏季极端气候事件的频发已经显著降低了该国橄榄园和芒果农场的产量。产量的下滑不仅影响了农民的生计，也对整个农业产业链造成冲击。同时埃及地中海沿岸作为人口密集区域，正面临海平面上升的严重威胁，进一步加剧了该地区的生态环境压力。再来看一下萨赫勒地区，该地区的气温上升速度令人震惊，已经达到了全球平均气温上升速度的 1.5 倍，这一数据不仅揭示了气候变化对该地区生态环境的剧烈影响，也预示着更广泛的生态和社会经济问题。事实上，随着气候变化的持续加剧，该地区的自然生态系统已经遭受了严重破坏，有限资源的竞争加剧，社会经济结构也承受着前所未有的压力。更严重的是，大量居民因环境恶化被迫离开家园，寻求新的生存空间。②

---

① 《携手非洲共同应对气候变化》，人民网，2022 年 7 月 14 日，http://world.people.com.cn/n1/2022/0714/c1002-32474720.html。
② 《携手非洲共同应对气候变化》，人民网，2022 年 7 月 14 日，http://world.people.com.cn/n1/2022/0714/c1002-32474720.html。

气候变化对非洲的影响并不仅限于上述方面，生物质颗粒燃料作为一种重要的可再生能源，它的主要制作原材料是秸秆等植物，但气候变化导致的农作物减产和生长条件恶化严重限制了这些原材料的供应。并且植物生长需要特定的环境条件，如适宜的气温、湿度和光照强度，而气候变化使这些条件变得不稳定，影响了植物的生长和分布，进而波及生物质能源供应的稳定性。[①]

气候变化的影响是多方面的，不仅加剧了环境压力，还对农业生产、水资源分配以及生物质能源的供应等方面产生深远影响。这些影响相互交织、相互加剧，共同构成了非洲当前面临的多重挑战。为应对挑战，非洲国家亟须寻求可持续的能源替代方案，以减缓化石燃料和生物质能源的供应压力。

### （四）气候变化迫使非洲可再生能源加速发展

气候变化的严峻挑战已经引起了全球范围内的广泛关注，特别是在受其影响尤为显著的非洲大陆。这一挑战促使非洲国家不得不重新审视其能源战略，并积极寻求更清洁、可持续的能源解决方案。在这一背景下，可再生能源，尤其是太阳能、风能和水能等，因其环保、可再生的特性，正逐渐成为非洲国家能源转型的主导力量。非洲大陆拥有得天独厚的自然条件，使其在可再生能源发展方面有巨大的潜力。丰富的太阳能资源、广泛的风能资源、众多的河流和湖泊，为可再生资源的开发提供了有力支持。正是基于这些优势，非洲国家开始大力推动可再生能源项目的发展，并取得了一系列显著的成果。

2022年4月，联合国政府间气候变化专门委员会（IPCC）发布的报告进一步印证了非洲在可再生能源方面的巨大潜力。该报告指出，通过科学合理的规划和布局，非洲国家不仅可以有效利用这些资源，还可以在传统能源逐渐枯竭的背景下，实现能源结构的优化和转型。这一转型不仅有助于缓解

---

[①] 《气候对生物质颗粒燃料能源的影响》，怡清化工生物颗粒，2022年3月7日，https://baijiahao.baidu.com/s?id=1726627150885043084&wfr=spider&for=pc。

全球气候变暖对非洲的负面影响,更将为非洲经济带来新的增长点,助力数百万民众摆脱贫困。为了实现这一转型,非洲国家正在积极发展太阳能、地热能和风能发电等可再生能源项目。这些项目的推进不仅依赖于政府的政策支持和资金投入,还需要社会各界的广泛参与和合作。在过去的5~10年,非洲多国政府已高度重视可再生能源产业的发展,并出台了一系列相关产业政策,以吸引国内外投资,推动产业的快速发展。① 全球气候的剧烈变化对非洲能源转型产生了深远的影响,非洲国家正积极响应这一挑战,通过大力发展可再生能源,努力实现能源结构的优化和转型。不仅有助于应对全球气候变暖的挑战,更将为非洲的可持续发展注入新的动力。

### (五)气候变化提高非洲公正转型的公平性和包容性的需求

气候变化的影响加剧了对公正转型的需求,确保能源转型过程中的社会公平性和包容性。非洲国家受历史影响,普遍面临巨大的气候变化挑战,有关公正转型的社会讨论正在非洲大陆快速生根发芽,2021年9月底非洲气候周(Africa Climate Week)首次提出了"非洲公正转型"的构想,呼吁关注非洲严峻的社会经济问题,包括面对气候变化的高度脆弱性以及庞大的非正规经济。2021年9月22日,国家主席习近平在联合国大会上宣布将大力支持发展中国家能源绿色低碳发展,不再新建境外煤电项目。同年11月30日闭幕的中非合作论坛第八届部长级会议(FOCAC8)通过的《中非应对气候变化合作宣言》也重申了这一点。2021年11月2日,南非与英、美、法、德四国以及欧盟宣布建立"国际公正能源转型伙伴关系"(International Just Energy Transition Partnership),将在未来5年通过多边和双边拨款、优惠贷款等方式提供约85亿美元,协助南非实现低碳转型目标。② 与此同时,2021年11月9日,非洲多国政府部长和业界人士在"非洲能源周"会议上

---

① 《非洲发展可再生能源潜力巨大》,人民网,2022年6月14日,http://world.people.com.cn/n1/2022/0614/c1002-32445456.html。
② 《中非携手应对气候变化:如何助力非洲能源转型?》,澎湃新闻,2021年12月7日,https://www.thepaper.cn/newsDetail_forward_15715219。

表示，全球应公正对待非洲的能源转型，非洲在推动能源转型中应合理利用化石能源，而非停止使用。并且非洲"公平的"能源转型进程应包括所有能源资源、相关技术、低碳排放矿产和符合非洲发展需求的工业体系。非洲能源发展应由自己主导。① 2024年4月，联合国非洲经济委员会在《2024年非洲经济报告》中分析了非洲建立公正和可持续经济体系的机会和政策。非洲应充分利用新兴的低碳韧性经济和能源转型技术等机遇，并从中获益，凭借自身丰富的人力资源、广袤的土地、充裕的可再生资源、储量巨大的战略性矿产资源以及能源转型领域迫切的需求及缺口、新兴技术方面的后发优势，为非洲向低碳和资源节约型经济转型提供了坚实的基础，有助于缩小与其他地区在能源供应方面的差距，并使其能战略性地融入全球供应链。②

### （六）适应气候变化的能源转型带来新就业机会和社会经济发展

气候变化对非洲社会经济造成了深远影响，而能源转型则成为扭转局势的关键节点，其潜力在于催生新的就业机会并促进经济增长。可再生能源产业的蓬勃发展，作为非洲能源转型的核心驱动力，不仅有效缓解了非洲国家长期面临的电力短缺问题，还为非洲的经济社会发展注入了新鲜活力与可持续动力，推动了绿色、低碳的经济发展模式的形成。2022年联合国报告指出，向清洁能源转型能有效推动经济发展，特别是在非洲，若继续推动使用可再生能源将会创造约1200万个工作岗位，为非洲经济注入了新的活力。以尼日尔为例，该国正在建设的首座风电厂便是一个生动的实践案例，这座风电厂由60台风力涡轮机组成，设计装机容量为25万千瓦，预计2025年实现并网发电。项目建设阶段将实现超过500个工作岗位，将有效缓解当地的就业压力。风电厂的投产将进一步推动尼日尔的能源结构转型。据预测，

---

① 《综述：非洲官员呼吁用好现有能源实现公平绿色转型》，新华网，2021年11月10日，http://www.news.cn/world/2021-11/10/c_1128052279.htm。

② United Nations. Economic Commission for Africa (2024-04). Economic Report on Africa 2024: Investing in a Just and Sustainable Transition in Africa. Addis Ababa: .©UN. ECA, . https://hdl.handle.net/10855/50162.

该风电厂有望将尼日尔的发电能力提升40%以上，意味着尼日尔的电力供应将更加稳定、充足。同时每年能减少超40万吨二氧化碳排放，这对于应对全球气候变化、保护生态环境具有重要意义。更值得一提的是，这座风电厂还将扮演区域能源合作的重要角色。它将向邻国出口电力，成为西非电力联营项目的一部分，该项目致力于构建西非地区的电力网络，以提升整个区域的能源安全和效率。当前，可再生能源供电基础设施的建设已经成为该项目的发展重点，而尼日尔风电厂的成功实践无疑将为这一目标的实现提供有力支持。这一转型项目将能够显著提升尼日尔的并网发电能力，在未来实现更多的直接和间接的就业机会，进而促进经济快速增长。通过这一实例，我们可以清晰地看到气候变化对非洲能源转型的深远影响，以及积极应对气候变化、推动清洁能源发展的重要性。

### （七）气候变化提高非洲能源基础设施的适应性

气候变化加剧了非洲的困境，使粮食危机、人口迁移及水资源紧张等问题愈加严重。加之新冠疫情叠加，更加强化了其经济社会的负面效应，使非洲陷入双重挑战的境地中。基础设施是人民优质生活的基础，非洲面临着基础设施财政赤字问题，甚至在极端天气的情况下，基础设施还面临着超负荷或损坏的风险。其中，交通设施最易受到气候变化的影响。例如，极端高温会导致道路弯曲，冻融循环会导致人行道破裂和路面坑洞，极端天气导致桥梁损坏加快等。因此，非洲有必要进一步增强基础设施的可持续性，通过优化资源配置，将资金投入关键基础设施的建设中，从而推动更多绿色经济项目的实施。面对气候变化的严峻挑战，非洲大陆的脆弱性日益凸显。为达成《2063年议程》中的可持续发展目标，非洲国家正在加快向有韧性的低碳经济模式转型。通过逐步淘汰化石燃料、加大清洁能源投资等有效措施，非洲有望在应对全球气候变化的行动中扮演重要角色。为了推动低碳经济的发展，非洲各国政府持续制定并实施相关政策措施。尼日利亚联邦政府近期启动了名为"太阳能家用系统"的国民光伏扶助计划，旨在为偏远贫困地区的缺电家庭供给清洁电力能源，并且预计大约有2500万人从中获益。南非政府不断出台措施鼓励可再生能源开发利用，并提出了明确的减排目标：要在2030年前将煤电占比降至48%，并到2050年实现碳中和。① 这些举措充分展示了非洲国家在应对气候变化，推动能源转型方面的决心。

### （八）气候变化提高国际社会对非洲能源转型的支持力度

非洲国家作为气候变化冲击的最前沿，其应对能力构建亟须国际社会的关键支持。发展中国家在平衡经济社会发展与气候变化应对上面临严峻挑战，需采用创新策略。鉴于发达国家已达成高度发展水平并历史性地贡献了主要温室气体排放，则也应在推动全球气候治理中承担主要责任。然而，非洲多数国家处于基础设施建设尚未完善与工业化发展的起步阶段，面临经济快速发展与人口急速增长的双重压力。尽管如此，这些国家却需要遵循与发达国家相似的气候政策限制，这无疑揭示了全球气候治理体系中的不公平性。

2021年全球适应中心的报告指出，西方国家要为全球气候变化造成的大部分损失负责，因此，发达国家应履行其承诺，即每年向发展中国家提供1000亿美元的气候融资，并尽快填补非洲国家应对气候变化所需的巨大资金缺口。据预测，到2030年，这一资金缺口将达到2650亿美元。显而易见，非洲在应对气候变化方面的努力，离不开全球减排行动的整体框架的指导和国际社会各界的大力支持。

中国长期以来一直积极支持非洲在应对气候变化方面的各项努力。在2021年底的中非合作论坛第八届部长级会议上，《中非应对气候变化合作宣言》获得通过，宣言中强烈呼吁国际社会必须果断行动，积极应对气候变化，共同支持埃及代表非洲国家举办COP27。继先前"八大行动"中的绿色发展行动后，绿色发展工程已被纳入《中非合作2035年愿景》的首

---

① 《非洲国家积极推动能源绿色转型》，人民网，2021年1月12日，http：//finance.people.com.cn/n1/2021/0112/c1004-31996486.html。

个三年规划,并作为其中的"九项工程"之一。根据规划,中国计划为非洲提供援助,实施10个绿色环保和应对气候变化相关的项目,支持"非洲绿色长城"项目建设,并在非洲推动低碳示范区和适应气候变化示范区的建设。

位于南南合作与"一带一路"的整体框架下,中非双方为应对气候变化展开了进一步的深度交流与合作,尤其加强了在绿色发展领域的合作。中国正在积极推动非洲清洁能源合作项目的实施,努力支持非洲国家更好地利用可再生能源,助力提升非洲实现联合国2030年可持续发展议程及可持续发展目标的能力。[①]

## 四 气候变化背景下非洲能源转型的对策建议

### (一)完善非洲基础设施,降低对化石能源的依赖度

面对全球气候变化的挑战以及长期的化石燃料问题,非洲的能源转型已成为不可逆转的趋势,旨在减少对化石燃料的依赖,并促进可持续发展。在此过程中,健全且高效的能源基础设施被视为实现这一转型的先决条件。目前,非洲正通过多重策略与措施来完善其能源基础设施建设。

第一,电网系统的强化与扩展。非洲正致力于加速电网基础设施的现代化与扩建进程,旨在扩大电力覆盖范围并提升供电系统的可靠性。这一举措对于确保可再生能源生成的电力能够广泛、稳定地输送至各个地区,从而满足日益增长的电力需求至关重要。电网的完善不仅增强了能源供应的韧性,也为可再生能源的集成与广泛应用提供了坚实的物理基础。

第二,可再生能源发电设施的规模化建设。非洲国家正积极推进太阳能、风能和水能等可再生能源发电设施的建设,以实现能源结构的多元化与

---

① 《携手非洲共同应对气候变化》,人民网,2022年7月14日,http://world.people.com.cn/n1/2022/0714/c1002-32474720.html。

低碳化。例如，埃塞俄比亚已成功实施非洲规模最大的风能项目，彰显了该地区在可再生能源领域的巨大潜力。同时，肯尼亚与南非等国家也在太阳能光伏发电领域取得了显著进展，通过大规模部署太阳能发电站，提高了清洁能源的供给能力。这些项目的实施标志着非洲正逐步向可再生能源主导的能源体系转型。①

第三，储能技术的研发与应用。鉴于可再生能源的间歇性与波动性特点，非洲国家正加大对储能技术的研发与应用力度。通过引入先进的电池储能系统、抽水蓄能等储能技术，非洲旨在解决可再生能源电力供应的不稳定性问题，确保电网在可再生能源高比例接入情况下的安全稳定运行。

### （二）发挥非洲自然优势，加快可再生能源发展

非洲大陆凭借优越的自然条件，为太阳能、风能、水能等可再生能源的广泛开发提供了巨大潜力。鉴于全球气候变化的严峻挑战及化石燃料资源的有限性，非洲国家亟须积极施策，加速可再生能源的规模化与产业化进程。

首先，太阳能是非洲国家的一大优势。非洲拥有广袤的沙漠和充足的阳光，是太阳能资源的宝库。通过建设大规模的太阳能发电站，非洲国家可以满足日益增长的电力需求，同时减少对化石燃料的依赖。其次，风能也是非洲国家的重要可再生能源之一。非洲海岸线长，风能资源丰富，尤其是沿海地区和岛屿。通过建设风力发电站，非洲国家不仅可以满足当地的电力需求，还可以将多余的电力出口到其他国家。最后，非洲还拥有丰富的水资源，尤其是尼罗河、刚果河等河流。这些河流为非洲国家提供了发展水电的宝贵机会。水电作为一种清洁、可再生的能源，对于非洲国家的可持续发展具有重要意义。

总之，非洲国家应积极发展太阳能、风能、水能等可再生能源，减少对化石燃料的依赖。这不仅有助于应对全球气候变化的挑战，还能促进非洲国

---

① 《非洲：推进可再生能源建设摆脱化石燃料依赖》，《中国石化报》2024 年 3 月 29 日，http://www.tanjiaoyi.com/article-66243-1.html。

家的经济发展和社会进步。通过国际合作和技术转让，非洲国家可以充分利用自身的资源优势，实现能源结构的优化升级，为未来的可持续发展奠定坚实的基础。

### （三）投资侧重适应气候变化的基础设施和农业技术，提高适应能力

投资适应气候变化的基础设施和农业技术，提高非洲国家应对极端气候事件的适应能力，保障能源转型的持续性。基础设施投资包括以下两个方面。一方面，加强气候适应型道路建设。非洲基础设施联合会2023年发布的研究显示，公路、铁路、港口等基础设施不足，令非洲国家之间的商品交易成本增加了30%~40%。因此，投资建设能够抵御极端天气影响的气候适应型道路至关重要。这包括使用耐候材料、设计排水系统以及增强道路结构的稳定性。另一方面，改造水利设施，提高使用效率。非洲拥有众多河流和湖泊，但水利设施陈旧、使用效率低下。投资水利设施的改造和升级，如建设灌溉系统、防洪堤和蓄水库，可以提高水资源的利用效率，并减小洪水等极端气候事件的影响。

侧重投资适应气候变化的农业技术包括以下几点。一是推广耐旱、耐涝作物品种。非洲的农业深受气候变化影响，因此推广耐旱、耐涝的作物品种至关重要。这不仅可以提高农作物的产量和品质，还可以增强农业生产的稳定性。二是加强农业机械化与智能化投资。投资农业机械化和智能化技术，如精准农业、智能灌溉和无人机监测等，可以提高农业生产的效率和质量，并减小极端气候事件对农业生产的影响。三是加强土壤管理和保护。投资土壤管理和保护技术，如土壤改良、水土保持和有机肥料的使用等，可以提高土壤的肥力和保水能力，从而增强农业生产的可持续性。

### （四）完善能源转型支持政策，建立公正转型机制

#### 1.制定税收优惠、补贴等一系列支持能源转型政策

在全球气候变化和能源转型的大背景下，各国政府应当积极行动，通过制定一系列政策来鼓励私营部门投资清洁能源项目。这不仅有助于推动能源

结构的绿色转型,还能促进经济的可持续发展。首先,税收优惠是吸引私营部门投资清洁能源项目的重要措施。政府可以通过降低清洁能源项目的所得税、增值税等税负,增加项目的投资回报率,从而激发私营部门的投资热情。其次,补贴政策也是鼓励私营部门投资清洁能源项目的有效手段。政府可以设立专项资金,对清洁能源项目给予一定比例的补贴,减轻项目的财务压力,提高项目的竞争力。最后,绿色信贷政策也是推动私营部门投资清洁能源项目的重要途径。政府可以与金融机构合作,推出绿色信贷产品,为清洁能源项目提供低息贷款或优惠贷款条件,降低项目融资成本。

**2. 建立公正转型机制,提供能源转型保障**

建立公正的能源转型机制,提供转型保障,确保能源转型过程中的社会公正性,保障受影响社区和工人的权益,实现经济、社会和环境的协调发展。确保社会公正性包括以下几个方面。一方面,公平分配资源。非洲国家在能源转型过程中,应确保资源得到公平分配,避免部分地区或群体被边缘化。同时,应考虑将能源转型的收益更多地分配给弱势群体,以提高社会公正性。另一方面,提高透明度和参与性。能源转型的决策过程应公开透明,并鼓励受影响社区和工人的参与。通过听证会、咨询会议等方式,收集他们的意见和建议,确保决策能够真正反映各方利益。保障受影响的社区和工人的权益包括以下几点。其一,提供培训和就业机会。在能源转型的过程中,应提供必要的培训和就业机会,帮助受影响的社区和工人适应新的经济环境。这可以通过职业培训中心、创业支持项目等方式实现。其二,提供经济补偿和替代生计。对于因能源转型失去工作或生计的工人,应提供合理的经济补偿和替代生计方案,以确保他们的生活水平不受影响。实现经济、社会和环境的协调发展包括制定综合规划,非洲国家应制定综合的能源转型规划,充分考虑经济、社会和环境的影响。规划应明确目标、任务和措施,确保能源转型的可持续发展。[①]

---

① 《综述:非洲官员呼吁用好现有能源实现公平绿色转型》,新华网,2021年11月10日,http://www.news.cn/world/2021-11/10/c_1128052279.htm。

## （五）健全气候风险管理体系，确立能源转型长效机制

建立气候风险评估和管理体系，制定应对气候变化能源转型的长期战略和规划。建立气候风险评估和管理体系能够帮助非洲各国识别并评估气候变化所带来的潜在风险。这一体系需要集成气候科学、环境经济学、生态学等多学科的知识，对气候变化对农业、水资源、生态系统、公共卫生等领域的影响进行深入研究。通过收集和分析气候数据，评估风险点，非洲各国可以更加准确地了解气候变化对自身发展的潜在威胁，从而有针对性地制定应对措施。制定应对气候变化的长期战略和规划是非洲国家适应和减缓气候变化影响的关键。这一战略和规划应基于气候风险评估的结果，并充分考虑和结合非洲各国的国情和发展目标，明确应对气候变化的总体思路、目标、任务和措施。这些措施可以包括加强农业适应气候变化的能力、提高水资源利用效率、保护生态系统、改善公共卫生条件等。同时，鉴于气候变化是全球性问题，非洲国家还需要加强国际合作，争取外部支持援助，共同应对气候变化带来的能源转型挑战。

## （六）加强技术创新和管理创新，提高能源利用效率

通过技术创新与管理优化的双重驱动，非洲大陆正致力于提升能源利用效率并减少浪费，推动能源消费模式的绿色转型。南非 RCL 食品公司利用鸡粪发酵产生的沼气发电，不仅显著降低了养鸡场及相邻饲料厂的能源成本，通过替代柴油发电机并出售多余电力至国家电网，还实现了经济效益与环境效益的双赢。此模式凸显了非洲在生物质能利用方面的潜力，尤其是在解决偏远及农村地区电力短缺问题上展现出的创新路径。

鉴于非洲人口众多且电力覆盖率低（约 50% 的地区），加之农村地区电力价格高昂及接入国家电网的困难，清洁能源技术的应用显得尤为重要。近年来，太阳能、风能及小型水力发电等可再生能源技术的广泛部署，有效缓解了非洲的能源贫困问题，撒哈拉以南非洲（南非除外）在可再生能源项目上的投资持续增长。

非洲国家在绿色转型过程中可以直接采纳并应用市场上的最新技术，加速能源结构的优化。乌干达制革业与埃塞俄比亚清洁炉灶项目的实施，以及太阳能干燥技术在咖啡豆加工中的应用，均体现了绿色技术在提高生产效率、节能减排方面的显著成效，逐步融入非洲的生产生活之中。非洲开发银行作为关键推动者，通过政策调整与资金支持，积极引领非洲向清洁能源转型。其宣布停止对煤炭项目的融资，转而专注于清洁能源领域，并设立专项贷款机制与基金，为可再生能源项目提供优惠资金与技术援助，特别是针对低收入社区及大规模太阳能发电区的建设，彰显了其在促进非洲能源可持续发展方面的决心与行动。[1] 这一系列举措不仅有助于提升非洲国家的能源自给能力，也为全球气候治理贡献了非洲力量。

### （七）加强非洲各区域及国际能源合作，合力助推非洲能源转型

#### 1. 强化非洲区域间合作，提高资源配置效率

非洲拥有丰富的太阳能、风能和水能等可再生能源资源。各国应加强资源调查和评估，共同制定区域能源规划，实现资源的优化配置和高效利用。例如，南非、肯尼亚和卢旺达等国家已在风能、太阳能和水能方面取得了显著成果，可以通过合作将这些经验和技术推广至整个非洲。2023年以来，摩洛哥、埃及、莫桑比克和纳米比亚，已在多方探索发展绿色氢能的路径。非洲国家应积极推动能源技术的研发、转让和应用，特别是在清洁能源技术方面。合作研发不仅可以共享资源、减少重复工作，还可以集合不同国家专长来加速技术的开发与成熟。通过加强技术交流与合作，非洲国家可以共同应对能源技术难题，提高能源利用效率，降低能源成本。同时，各国可以共同投资研发新能源技术，推动能源技术的创新和发展。非洲国家可以加强电网基础设施建设，推动区域电力互联互通。通过建立跨国电力传输网络，各国可以实现电力的互相输送和调配，提高电力供应的可靠性和稳定性。同

---

[1] 《非洲国家积极推动能源绿色转型》，人民网，2021年1月12日，http://finance.people.com.cn/n1/2021/0112/c1004-31996486.html。

时，区域能源互联还有助于降低能源成本，促进区域经济一体化。非洲国家应加强政策协调和沟通，制定统一的能源政策和标准。通过加强政策协调，各国可以共同应对能源挑战，推动区域能源合作向更深层次发展。同时，政策协调还有助于吸引更多的国际投资和支援帮助，为非洲能源合作提供有力支持。

2. 加强国际人才交流与合作，助力非洲能源转型

国际社会应秉持团结合作的精神，尤其是发达国家需承担起历史责任，积极向非洲国家提供财政援助、尖端技术转让以及能力建设方面的全面支持，以协同应对气候变化带来的严峻挑战。2021年11月30日，中非合作论坛第八届部长级会议发布的《中非应对气候变化合作宣言》，不仅标志着中非双方合作的新里程碑，也彰显了中国在推动全球气候治理中的积极作用。

该宣言明确指出，中国在中非合作论坛的框架下，已有效实施了一系列支持性项目，这些项目聚焦于促进非洲国家可再生能源的开发与利用，包括太阳能、水电、风能及沼气等清洁能源资源，为实现非洲能源结构的绿色转型奠定了坚实基础。中国进一步宣布将扩大在非洲的光伏、风能等可再生能源领域的投资规模，此举不仅体现了中国对非洲发展的坚定承诺，也预示着中非在应对气候变化领域的合作将迈向更深层次与更广泛的领域。[1]

此外，加强非洲国家在能源领域的人才培训与技术交流，是提升非洲自主应对气候变化能力的关键。中国应继续发挥其在能源技术与管理经验方面的优势，通过设立专项培训项目、邀请非洲技术人才来华学习、派遣中国专家赴非指导等多种形式，构建全方位、多层次的人才与技术交流机制。这一举措不仅能够直接提升非洲国家在能源领域的专业技能与管理水平，还能够促进知识共享与技术创新，为非洲能源结构的长期可持续发展提供不竭动力。[2]

---

[1] 《中非携手应对气候变化：如何助力非洲能源转型?》，澎湃新闻，2021年12月7日，https://www.thepaper.cn/newsDetail_forward_15715219。

[2] 《中国新能源技术标准走向世界，非洲是重要突破口》，环球网，2023年9月11日，https://baijiahao.baidu.com/s?id=1776722327155760729&wfr=spider&for=pc。

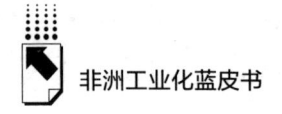

## （八）拓宽投融资渠道和来源，缩短投资周期，提高回报率

在非洲新能源项目的实施过程中，鉴于其固有的高资金投入需求、高昂的立项成本、长期的投资周期以及广泛的风险覆盖期（涵盖设备购置、基础设施建设、技术支持等多个环节），一系列战略性的融资与合作机制显得尤为重要。

首先，非洲国家应积极寻求与国际金融机构（如世界银行、非洲开发银行等）的紧密合作，利用这些机构的低息贷款和赠款机制，为新能源项目的初期建设和运营提供必要的资金支持。此类合作不仅能够缓解非洲国家的财政压力，还能通过引入国际金融机构的专业知识和经验，提升项目的整体质量和可持续性。[1]

其次，为了吸引私营部门的资本注入新能源领域，非洲国家应制定并实施一系列具有吸引力的投资激励政策，包括但不限于税收减免、投资补贴等财政优惠政策。这些措施旨在降低私营投资者的风险感知与资金成本，从而激发其参与新能源项目建设和运营的积极性。

再次，绿色债券和专项基金的发行与设立，为新能源项目开辟了新的融资渠道。绿色债券作为一种创新的金融工具，其低融资成本与环保属性相结合，不仅有助于筹集项目所需资金，还能提升项目的环保形象和可持续性。同时，专项基金的设立能够针对新能源项目的特定需求进行精准投资，提高资金使用效率。

最后，公共—私营合作模式（PPP）为新能源项目的实施提供了更为灵活和高效的解决方案。通过政府与私营部门的合作，共同分担项目的建设和运营风险，实现资源、技术和管理经验的共享与互补。这种合作模式不仅有助于减轻政府的财政负担，还能通过引入私营部门的竞争机制和效率优势，提升项目的整体运营效率和市场竞争力。

---

[1] 《非洲努力发展清洁能源》，澎湃新闻，2023年9月22日，https://www.thepaper.cn/newsDetail_forward_24711998。

# B.10
# 中非新能源开发合作研究*

计飞 伊松麒**

**摘　要：** 目前，非洲大陆依然面临着工业化程度普遍偏低的现实困境。绝大多数非洲国家产业结构单一、基础设施建设薄弱、技术发展滞后，工业部门对各国经济社会发展的贡献相对有限。面对这一现实情形，能源转型被非洲各国视为推动工业化发展进程的关键驱动力之一。中非能源合作尽管面临着一系列亟待解决的现实挑战，但双方在能源领域的合作长期以来保持着积极稳定的发展态势，中非在新能源开发领域的合作将为非洲的工业化进程注入新的活力，进而助力非洲实现经济社会的可持续发展。

**关键词：** 新能源　中非合作　非洲工业化

在全球能源结构转型的大背景下，非洲大陆作为拥有丰富自然资源和巨大市场潜力的重要区域之一，其工业化进程与新能源开发合作紧密相关。通过工业化带动经济发展早已成为非洲各国的普遍共识，但非洲长期面临着产业结构单一、基础设施薄弱、技术水平滞后等现实挑战，尤其是能源供应效率成为非洲工业化发展面临的主要瓶颈。随着新能源技术的快速发展，中非双方在新能源领域的开发合作逐渐成为推动非洲工业化进程

---

\* 本文系国家社科基金青年项目"中国企业及人员海外利益安全风险防范和保护机制创新研究"（项目编号：23CGJ012）、广州市哲学社科发展规划一般项目"广州民营企业海外权益保护研究"（项目编号：2023GZYB48）的阶段性成果；本篇未经标注的数据均源自世界银行。

\*\* 计飞，经济学博士，广东外语外贸大学非洲研究院副教授、硕士生导师、云山青年学者，主要研究方向为国际政治经济学；伊松麒，暨南大学经济学院科研助理，主要研究方向为区域经济。

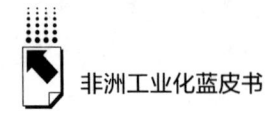

的重要力量。

中非开展新能源开发合作的时间较早，双方在太阳能、风能、水能等领域取得了显著成效。这些合作不仅为非洲提供了清洁、高效、可持续的能源供应，更为非洲的工业化发展注入了新的活力。同时，中非新能源开发合作也面临着技术标准不统一、能源政策存在固有差异与资金缺口较大等现实问题的掣肘。因此，如何克服上述既有困难和挑战，推动中非新能源开发合作朝着更加稳定的方向深入发展，已成为当前亟待解决的问题。

## 一 中非新能源开发合作背景

在当前复杂严峻的国际形势下，各国对新能源的重视程度不断增加，中非新能源开发合作受到国际社会的广泛关注。非洲地区正积极寻求工业化发展，然而受限于能源供应效率、现实产业结构和技术水平落后等因素，其工业化进程整体较为缓慢。中非新能源开发合作不仅有助于解决非洲大陆能源效率低下等问题，还有助于推动非洲各国的技术创新和产业升级。未来，随着中非双方合作程度的不断深入，在太阳能、风能等多个领域取得的标志性成果会向其他领域不断拓展，进而为非洲工业化注入新的动力。

### （一）非洲工业化发展现状

#### 1. 整体发展趋势

工业化被视为非洲经济发展的核心，并被纳入非洲多个区域组织和主权国家的重要发展战略和规划中。《可持续发展目标》《2063年议程》以及非洲联盟（AU）提出的《非洲工业加速发展行动计划》等战略均将工业发展作为实现包容性增长、创造就业机会和其他发展目标的基础。非洲开发银行等金融机构正在积极推动工业化进程，通过提供资金支持和制定相关政策，帮助非洲国家加快工业化进程，不断释放经济潜力。大部分非洲国家正致力于加强基础设施建设，如交通、电力和通信等，以支持工业化发展，并寻求通过培育新兴产业带动工业结构的升级和转型。工业化不仅为非洲国家带来经济增长和就业机会，还提供了技术能力和多样化的技能基础，激发了集群效应所带来的正外部性。通过发展与资源加工行业的后向和前向联系，能够最大限度地发挥直接和间接的就业效果，促进技术创新、技能发展和资本积累。

尽管非洲目前工业化发展的趋势良好，但是面临的挑战不容忽视。首先，过度依赖外部市场使非洲经济容易受全球波动的影响，俄乌冲突、新冠疫情引发的全球供应中断和需求不足的冲击，进一步加剧了非洲经济的脆弱性。其次，非洲在全球制造业中的份额已大幅下降至不足2%的水平[1]，显示出非洲制造业发展的滞后性，制造业活动主要集中在小型、非正式领域，缺乏在全球价值链中的显著竞争地位。此外，非洲的基础设施分布不均，主要服务于资源出口而非促进本地工业发展。同时，非洲还面临技术水平有限、研发投入不足以及专业技术人员短缺等问题，这些因素限制了非洲工业化的速度和效果。全球贸易保护主义盛行，各国对维持大幅度的贸易优惠政策、低进口关税的意愿不断减弱，这样对非洲的相关行业和企业构成了巨大挑战。非洲国家需要采取切实有效的措施来克服外部依赖，立足于不断寻找并实现基于内生的经济发展方式，以实现可持续的工业化进程。

2. 非洲工业化布局与制造业发展

非洲的工业化布局涵盖了从北部的埃及到南部的南非，从东部的肯尼亚到西部的尼日利亚等多个国家。在北部非洲，相关工业主要集中在阿尔及利亚的烃加工厂以及涉及石油和天然气工业活动较多的利比亚等国家；东部非洲的工业市场较为有限，以埃塞俄比亚为例，其工业部门建立时间有限，且以本地的轻工业活动为主，工业区仍待进一步发展。肯尼亚和坦桑尼亚因其具有可再生能源和关键矿产发展的潜力，被确定为适合发展环境友好型产品的制造中心。在南部非洲，有钴的主要生产国南非和被外商直接投资所青睐的赞比亚；在中部非洲，既有喀麦隆新兴工业中心，也有

---

[1] African Development Bank Group, Africa Industrialization Index 2022, 24-Nov-2022, https://www.afdb.org/en/documents/africa-industrialization-index-2022.

刚果（金）这样基础设施陈旧且缺乏现代工业园区的国家；在西部非洲，有吸引了较多投资的尼日利亚，也有缺少成熟工业产品市场的塞内加尔。不难看出，非洲大陆各区域依据其资源要素禀赋、地理位置和市场需求等现实差异，形成了各具特色的工业集群和产业链。但是非洲整体的工业化程度较为滞后，非洲各区域之间、同一区域内部不同国家之间的工业化发展程度均存在不均衡的现象。

制造业作为工业化的基石，受到非洲各国的普遍重视。从太阳能、服装鞋类到家具、塑料乃至食品饮料加工，非洲制造业的版图正逐步扩大。非洲各国政府通过政策扶持，不断降低企业生产成本、提升企业产品竞争力，为制造业快速发展提供了有力支撑。同时，非洲内部市场不断壮大，消费者个性化需求不断增长，为制造业的发展提供了巨大机遇。中国企业与非洲制造业的发展紧密相连，"一带一路"倡议、中非合作论坛为中非加强产业合作提供了成熟的平台机制。非洲丰富的自然资源使其成为国际商贸和制造业的全新焦点，吸引了众多全球制造企业进军非洲市场，并借助数字化技术推动非洲制造业的快速崛起。

然而，由于资金短缺、基础设施建设尚未完善，非洲制造业发展仍然面临一定困难。世界银行（WB）营商环境排名显示，非洲国家在电力供应方面排名靠后，成为投资非洲资本密集型制造业的最大障碍。非洲交易成本上升主要源于基础设施服务成本，尤其是交通和能源成本，占据了生产成本的大部分，因此，基础设施建设水平不足也是制约非洲制造业发展的主要因素之一。

### 3.非洲工业化竞争力分析

尽管非洲大陆拥有丰富的自然资源和庞大的年轻劳动力，但非洲整体工业化水平较低，缺乏高效的交通网络、稳定的电力供应和现代化的通信设施，使非洲本地产品的生产成本长期居高不下，阻碍了工业生产的规模化发展。同时，非洲国家在技术创新和科技研发方面相对滞后，产品缺乏核心竞争力，这使非洲制造业在技术密集型产品，特别是高端制造业方面难以参与激烈的国际市场竞争。

尽管非洲整体工业化水平较为滞后，但是在特定的区域范围内也展现出了一定程度的竞争力。在非洲大陆内部，北部非洲和南部非洲在工业竞争力方面的相对优势较为明显。一些工业化发展进程较为顺畅的国家往往能够充分利用自身的要素禀赋，采取有差异性特征的政策，通过实施经济特区、产业园区等政策，不断吸引外资，以技术引进等方式促进制造业的稳步发展。随着全球产业结构的调整和转型，非洲国家可以利用自身的资源优势和人口红利，发展具有比较优势的产业，不断提升产品竞争力，推动工业化发展。

4. 非洲工业化的未来出路

非洲工业化进程面临着一些固有挑战，非洲工业化的未来出路在于实施综合性的战略措施，以推动工业化的可持续发展。首先，非洲国家需要加大对基础设施建设的投入力度，改善交通、电力和通信设施。这不仅有助于降低生产成本，还能吸引更多的国内外投资，促进工业生产的规模化发展。其次，非洲各国政府需要不断优化产业结构，推动原有的依赖能源资源出口的经济发展模式向技术和知识密集型的行业发展，通过有效的产业政策、税收优惠等措施，鼓励企业向这些领域投资。最后，非洲国家需要加大对技术创新和研发的投入力度，建立自己的研发机构和人才队伍，同时引进国外先进技术和管理经验，提升本土企业的竞争力。同时，可以积极拓展国际市场，减少对原有单一市场的过度依赖。通过参加国际贸易展会等方式，加强与其他国家的经贸合作关系，开拓新的出口市场。

在探索提升竞争力的新路径时，非洲与中国在新能源领域的开发合作无疑是一个极具潜力的突破点。非洲在新能源领域蕴藏着巨大的合作可能性，尤其是与中国这样新能源技术颇为成熟的国家开展合作，会极大促进非洲工业化的发展。中国在可再生能源领域有着丰富的产业发展经验和技术优势，对于推动非洲可再生能源产业的蓬勃发展至关重要。同时，非洲具备得天独厚的太阳能、风能等可再生能源发展的基础条件，这为双方开展合作提供了坚实的基础。基于非洲优越的资源基础、积极的政治意愿、可再生能源技术的快速升级和成本的不断降低，中非在可再生能源领域的积极合作将为非洲实现其经济社会发展目标提供重要助力。双方应深化在新能源开发、技术转

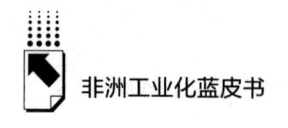

移和人才培养等领域的合作，携手推动非洲能源结构的转型和工业化进程。需要指出的是，可再生能源还将在解决非洲地区的贫困问题、应对全球气候危机、激发非洲各国新的发展动能等方面发挥关键作用。

### （二）中非能源开发合作历程

#### 1. 初始阶段（1993~2002年）

20世纪90年代初期，中国在同中东各产油国建立稳定石油贸易关系的同时，还不断依托中非友好关系，开始在传统能源领域展开合作，最初主要通过贸易方式由中国直接购买非洲国家的能源资源类产品，例如，从安哥拉、利比亚进口石油。这一阶段，始于中非双方对能源合作的初步探索，特别是在传统能源领域的合作，如石油、天然气等。

在起始阶段，中非之间的传统能源合作与非洲国家对独立和自主发展的渴望紧密相连。许多非洲国家在摆脱殖民统治，面临国家建设和经济发展的艰巨任务。在这一背景下，能源成了推动国家经济社会发展的关键因素。中非双方通过能源合作，不仅为非洲国家提供了必要的资金支持，也促进了双方在经济、技术等方面的交流与合作。非洲国家拥有丰富的能源资源，但缺乏开采和加工的技术与能力；而中国则拥有先进的技术和管理经验，以及雄厚的资金实力。双方通过优势互补，共同推动了非洲传统能源的开发与利用。

在早期阶段，中非能源合作也面临着一些挑战和困难。一方面，非洲国家的政治、经济环境复杂多变，给双方能源合作带来了一定的不确定性；另一方面，双方在涉及能源政策、技术标准等方面存在一定差异，需要加强沟通与协调。通过共同努力，中非双方建设了一批重要的能源项目，为非洲国家的经济发展提供了有力的支撑。同时，双方还加强了在能源技术、人才培养等方面的合作。这为中国在传统能源方面与非洲国家建立长期稳定的合作关系打下了坚实的基础。

#### 2. 拓展阶段（2003~2012年）

在这一阶段，中国能源外交进入了新阶段，开辟能源进口通道、维护国际航道安全逐渐成为中国关注的重点。经过多年的发展，中非能源合作逐渐从贸易方式拓展到集传统能源和新能源勘探、开发、建设、贸易等于一体的宽领域、深层次、综合性合作。随着全球对新能源领域的关注度不断提高，中非双方也意识到了新能源对可持续发展和环境保护的重要性。在这一背景下，中非新能源开发合作进入了一个全新的拓展阶段。中国能源企业逐渐成为非洲建设的主力军，且合作项目数量显著增加。双方共同投资建设了一系列风电、太阳能等新能源项目，这些项目不仅为非洲国家提供了清洁能源，也为当地经济发展注入了新的动力。中非新能源开发合作不仅局限于双边层面，还拓展到了多边合作和国际合作领域。中国企业在新能源领域的技术优势得到了充分发挥，为非洲国家提供了先进的技术支持和解决方案。同时，非洲国家也积极学习借鉴中国的经验和技术，不断提升自身的新能源发展水平。

中非能源领域逐步形成的优势互补、互利共赢、持续发展的局面，成为双方关系的一个新亮点。合作领域不再限制于传统能源领域，而是覆盖油气、电源、电网、基础设施等多个领域。

3. 深化阶段（2013年至今）

2013年以来，中国同外部世界的能源关系进入了新时期。中国的能源政策中，主动塑造和引领能源革命的特征十分明显。能源外交立足于全球视野和高度，并不断提出中国方案。中非新能源开发合作的深化阶段，首先体现在技术合作的全面升级。中国的新能源技术已经得到了广泛认可，在风能、太阳能、水能等领域具有世界领先水平。中非双方在这一阶段加强了技术交流与转让，中国的先进技术助力非洲国家建立起了一系列高效、可靠的新能源发电设施，显著提高了非洲的清洁能源比例。中国金融机构也为非洲新能源项目提供了大量的资金支持，包括优惠贷款、股权投资等多种形式。这不仅缓解了非洲国家在新能源开发中的资金压力，也促进了中非双方在金融领域的深度合作。

中国政府近年来持续加大对非洲能源业务拓展的支持力度，尤其是在新能源的开发合作方面，采取了一系列有力的积极政策措施。2015年12月4

日,在南非约翰内斯堡举行的中非合作论坛上,习近平主席首次提出了中非"十大合作计划"。其中,"中非基础设施合作计划"明确了中国企业将积极参与非洲电力等基础设施建设,而"中非绿色发展合作计划"则承诺了中国将助力非洲提升绿色、低碳、可持续的发展能力,并支持非洲实施100个清洁能源和野生动植物保护项目。① 初步数据显示,"十大合作计划"实施以来,中国企业在非洲已完成和正在进行的项目预计将为非洲新增近2万兆瓦的发电能力和超过3万公里的输变电线路。②

如今,中非能源合作已迈入提升质量与效率的新时期。中国提出的"一带一路"倡议与非洲《2063年议程》、联合国《2030年可持续发展议程》以及非洲各国的发展战略高度契合,为中国和非洲在新能源领域的深度合作创造了广阔的前景。

### (三)中非新能源开发合作的主要领域及成果

#### 1. 光伏领域

光伏主要是指硅或碲化镉等半导体材料,通过特殊的光电效应,将光子转化为电子,将太阳光辐射能直接转换为电能。光伏具有接近终端负荷、建设周期短、土地空间占用少、复合开发度高、对生态环境较为友好、产业成熟度高和商业模式多样化等巨大优势。就自然条件而言,非洲地区日照充足,具有丰富的太阳光资源,但是非洲自身的光伏技术有限。中非在光伏领域的新能源开发合作已取得显著成果,这些合作不仅促进了非洲国家的能源结构转型,还推动了当地的经济社会发展。

位于中非共和国的萨卡伊光伏电站,是中国能源建设集团天津电力建设有限公司的援建项目,也是中非共和国首座光伏电站。该电站的并网发电极

---

① Climatefocus, Towards an Energizing Partnership? Exploring China's Role as Catalyst of Renewable Energy Development in Africa, MAY 2011, https://climatefocus.com/publications/towards-energizing-partnership-exploring-chinas-role-catalyst-renewable-energy/.

② 《中国连续9年成为非洲第一大贸易伙伴国》,《人民日报》(海外版),2018年8月29日,https://www.gov.cn/xinwen/2018-08/29/content_5317426.htm。

大缓解了首都班吉的用电难问题，促进了当地经济社会的发展。萨卡伊光伏电站的建设使班吉约2/3的家庭能用上电，限电时间也大为缩短，供电时间则从每天6小时增加到超过12个小时。① 2023年9月，中国生态环境部宣布实施"非洲光带"项目，该项目旨在通过合作建设气候友好的"光伏+"项目、推动气候及光伏发展交流对话、开展光伏战略规划和配套政策研究及实施能力建设项目等方式，利用中国光伏产业发展优势，采取"物资援助+交流对话+联合研究+能力建设"的方式，打造中非光伏资源利用合作示范带，帮助非洲相关国家解决用电困难问题，助力非洲国家实现绿色低碳发展。

中国企业在非洲建设光伏项目的同时，也积极为非洲区域组织、政府和企业提供咨询服务，开展能源电力、产业园区发展规划研究，培养相关领域的人才，提升了非洲国家清洁能源发展的基础能力。光伏项目的实施不仅直接创造了大量的就业岗位，还推动了相关产业的发展，促进了当地经济的增长，同时缓解了非洲国家能源短缺的问题，有效推动了非洲国家的绿色转型和可持续发展，减少了温室气体排放，有助于非洲大陆应对全球气候变化等现实挑战。

2. 风电领域

非洲风能资源居世界首位，接近全球总量的32%。② 尽管非洲风能资源丰富，但其风能利用率仍然较低，该资源尚存在巨大的开发空间，未来有望成为非洲电力供应的重要组成部分。

在风电领域，中非合作取得了显著成就。在埃塞俄比亚，中国公司承建的阿达玛风电厂一、二期项目共安装了136台风电机组，总装机容量达到204兆瓦，③ 极大地挖掘了该国的可再生能源潜力。同时，中国东方电气公司承建的阿伊萨风电站也即将完工，总装机容量120兆瓦，将为重点项目提供稳定电力。在南非，中国龙源电力集团运营的德阿风电项目总装机容量24.45万千

---

① 《萨卡伊光伏电站并网发电（环球热点）》，《人民日报》（海外版）2022年7月14日，http://paper.people.com.cn/rmrbhwb/html/2022-07/14/content_25928823.htm。
② 《非洲加快发展可再生能源》，《人民日报》，2024年1月10日，http://www.focac.org/zfzs/202401/t20240110_11221404.htm。
③ 《中非清洁能源合作助推非洲绿色发展》，新华网，2022年4月18日，http://www.focac.org/zfzs/202204/t20220418_10669249.htm。

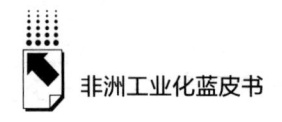

瓦,年发电量超7.5亿千瓦时,① 实现了显著的节能减排效果。这些合作项目展示了中非在风电领域深厚的合作基础和共同致力于可持续发展的决心。

中非风电合作项目通过提供清洁、可再生的能源,有效减少了温室气体排放,对保护环境和应对气候变化做出了积极贡献。例如,南非德阿风电项目每年减排二氧化碳约70万吨,② 为南非的清洁低碳发展做出了积极贡献,这些项目还通过出售碳排放量等方式实现了环境和经济的双重收益。

### 3. 水电领域

非洲拥有巨大的水电资源潜力。国际水电协会(IHA)的数据显示,非洲大陆只有10%的水电潜力得到了利用。③ 这意味着非洲水电开发仍处于起步阶段,大部分水电资源尚未得到有效利用。

中非在水电领域的合作也取得了一系列成效。例如,在肯尼亚东南部内陆地区,由中国能建葛洲坝国际公司承建的斯瓦克大坝项目是肯尼亚实现"2030年远景发展规划"和"四大议程"的旗舰项目。该综合水利枢纽项目集大坝、供水、灌溉、发电于一体,有效缓解了旱季缺水情况,为下游居民提供稳定的生活用水,并为农业灌溉提供稳定水源。此外,该项目为当地提供了约2000个就业岗位,员工属地化率达90%以上。④

这些水电项目利用可再生能源,有助于减少温室气体排放,对保护环境和应对气候变化做出了积极贡献。在中国企业的参与下,水电项目的环境效益明显,相关项目利用可再生能源,极大降低了温室气体排放;相关项目还存在明显的社会效益,带动了关联产业的发展,例如,承建企业十分重视履行社会责任,为项目周边的居民新建了一批医院、水井、学校等民生设施。

---

① 《中非清洁能源合作助推非洲绿色发展》,新华网,2022年4月18日,http://www.focac.org/zfzs/202204/t20220418_10669249.htm。
② 《中非清洁能源合作助推非洲绿色发展》,新华网,2022年4月18日,http://www.focac.org/zfzs/202204/t20220418_10669249.htm。
③ IHA, 2022 Hydropower Status Report: Sector Trends and Insights, 2022, https://www.hydropower.org/publications/2022-hydropower-status-report。
④ 《中企承建的肯尼亚斯瓦克大坝主体建设完工》,新华网,2024年6月18日,http://www.news.cn/world/20240618/c523fab72e8a4d208928e95a721f9683/c.html。

4. 地热领域

非洲拥有丰富的地热能资源，特别是在东非大裂谷地区。由于地壳板块的构造活动，该地区的地热资源非常集中。肯尼亚和埃塞俄比亚等国家拥有得天独厚的地热资源条件，其中肯尼亚的梅嫩加伊地热开发项目吸引了中国企业的参与合作，并取得了显著的成效。该项目一期规划的发电装机容量为105兆瓦，其中中国浙江开山集团获得了首个35兆瓦地热发电站——索西安地热电站的总承包。① 索西安地热电站是非洲首个从设计、产品生产到建设、调试完全由中国企业独立完成的地热发电站，这标志着中国在非洲地热开发领域的显著贡献。

地热作为一种清洁、可再生的能源，其开发对于非洲国家的可持续发展具有重要意义。中非在地热领域的合作不仅有助于减少温室气体排放，还有助于推动非洲经济的绿色转型。通过地热项目的实施，肯尼亚等非洲国家有效缓解了能源供应问题，提高了能源自给自足的能力。在项目实施过程中，中国企业不仅提供了先进的设备和技术，还积极培养非洲当地的技术和管理人才，为非洲地热能源的长期发展奠定了基础。

## 二 中非新能源开发合作面临的挑战

尽管中非新能源开发合作在近年来取得了一系列显著的成果，不仅促进了非洲地区新能源产业的快速发展，也为中非双方带来了实质性的利益，但在这一充满广阔前景的合作领域中，同样也面临一系列不容忽视的挑战。这些挑战涉及技术、资金、市场等方面，需要中非双方共同面对和解决，以确保新能源开发合作的顺利进行和深入开展。

（一）非洲地区基础设施落后，给新能源合作开发带来阻力

非洲地区在新能源开发合作中面临的首要挑战是其基础设施的落后。许

---

① 《中肯地热发电项目助力肯尼亚加快能源转型》，新华网，2023年8月19日，http://www.xinhuanet.com/2023-08/19/c_1129811826.htm。

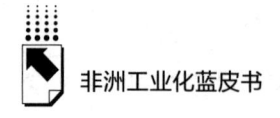

多非洲国家缺乏先进的电力网络、交通设施和通信系统等，这严重制约了新能源项目的建设和运营。

非洲国家电力部门普遍存在发电能力不足、输电基础设施薄弱和电气化率低的问题，严重阻碍了经济的健康发展。以南非为例，电力基础设施的老化限制了其扩大电力供应的能力。南非的一次能源消费总量自2012年起呈波动上升趋势，但在2019年达到高峰后，电力紧张状况愈加严重，多次实施拉闸限电措施。2021年，南非的发电量降至近年来的最低水平，仅为214437 GWh。① 相关机构报告显示，南部非洲发展共同体（SADC）在能源基础设施领域面临着巨大的挑战。16个成员国中，有8个国家的电力获取率不足50%，而马拉维和刚果民主共和国等国家的电力获取率更是低至20%以下。② 目前，该地区缺乏充足可靠的能源和电力供应，且现有的能源资源并不容易被大部分人获取。

除了发电能力的限制，非洲地区的输电基础设施的普遍不足不仅体现在区域层面，也体现在各成员国层面。更为关键的是，现有的输电基础设施主要是为传统的集中式可调度能源（如煤炭和水力）设计和建造的，这些设施并不总是适合用于太阳能和风能等不可调度的可再生能源。此外，当可再生能源产品在非洲国家扩展时，遇到了电力供应成本和可靠性的双重问题。基础设施的不足导致运输成本高昂，进一步增加了可再生能源产品的推广难度。在南部非洲发展共同体中，仅有大约7家开发性金融机构能够为基础设施和可再生能源提供资金支持，这远远不能满足非洲地区对能源基础设施建设的巨大需求。

---

① 中国循环经济协会可再生能源专业委员会、中国能源研究会可再生能源专业委员会：《推动中非可再生能源产业合作：机遇、挑战与关键路径》，2023年5月，https://aimg8.dlssyht.cn/u/1929316/ueditor/file/965/1929316/1684309525139249.pdf。

② Boston University, Global Development Policy Center, Expanding Renewable Energy for Access and Development: The Role of Development Finance Institutions in Southern Africa, November 6th, 2020, https://www.bu.edu/gdp/2020/11/16/expanding-renewable-energy-for-access-and-development-the-role-of-development-finance-institutions-in-southern-africa-2/.

## （二）技术差异与标准不统一，增加新能源合作项目合规风险

中非双方在新能源技术方面存在一定差异，同时国际上也存在多种新能源技术标准和规范。由于可再生能源基础设施的研究、开发和生产往往在非洲大陆以外的其他地区进行，非洲国家在经济上融入技术价值链的机会相对有限。这种技术差异不仅影响了项目的实施效率，还增加了项目的合规性风险。

技术能力的不足是非洲国家在与中国进行新能源合作时面临的一大难题。可再生能源技术需要高度的技术支撑，而非洲国家往往难以达到所需的技术规模。因此，在合作项目过程中，往往需要依赖中国或其他国家提供的技术支持和专家指导。然而，由于技术标准的差异和本地化劳动力的限制，这些技术和经验在非洲国家的实际应用中可能面临挑战。

除了技术能力的不足，标准不统一也是影响新能源合作项目合规性的重要因素。在新能源领域，各国之间的技术标准存在差异，这导致在跨国合作项目中，可能会因为技术标准的不统一产生合规性风险。尽管供应链当地化的发展趋势可能会为新能源项目提供一定的支持，但由于缺乏产能、长期政策规划和项目储备，这些供应链在经济上面临着不可持续性，这也使新能源合作项目的合规性风险进一步增加。

## （三）中非双方政策存在差异，新能源开发合作面临磨合成本

在中非新能源开发合作中，政策因素往往成为双方不得不面对的一大挑战。非洲国家的投资环境不健全，政策变动频繁，这种不确定性给新能源项目的长期运营带来了极大的风险。与此同时，中非双方在新能源政策目标和重点上也可能存在差异，这种差异不仅加大了双方合作的难度，还可能导致合作成本的上升。

非洲国家的政策变动往往受多种因素的影响，包括政治局势、经济形势和社会稳定性等。这些变化可能导致原本制定好的新能源政策无法得到有效执行，甚至被完全推翻。对于投资者和开发商来说，这种不确定性无疑增加

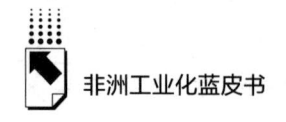

了项目的风险，也影响了对新能源项目进行增量投资的信心。另外，中非双方在新能源政策目标和重点上也可能存在差异。非洲国家可能更注重解决能源短缺问题，提高能源自给率，而中方则可能更关注推动新能源技术的发展，实现绿色低碳转型。这种差异需要双方进行深入的沟通和协商，以在最大程度上达成合作共识，减少因分歧对能源合作带来的负面影响。

以南部非洲发展共同体为例，部分成员国对投资可再生能源持谨慎态度，考虑到资金短缺等现实因素的影响，不愿轻易将大量资金投入可再生能源领域。在政策不确定或没有明确的监管框架的情况下，投资者和开发商很难预测项目的未来走向，也很难评估项目的风险。此外，承购商和其他方信用风险、高昂的前期资本成本以及技术挑战等因素也增加了投资的不确定性。

## （四）新能源项目资金需求大，初中期可能遭受资金问题

新能源项目的建设和运营需要大量的资金投入，包括设备采购、基础设施建设、人员培训等各个方面。随着中非双方在新能源领域的合作日益加深，新能源项目的资金需求也随之攀升。许多资源丰富的非洲国家都通过中国进出口银行等金融机构所提供的贷款来开展基础设施项目融资。但是，即使中国提供了大量的优惠贷款，由于非洲地区的经济发展相对滞后，存在资金筹措能力有限等制约因素。在项目的初期和中期阶段，可能会面临融资困难、项目进度受阻等问题。

新能源项目的资金需求巨大，而非洲国家的财政状况普遍较为紧张，难以独自承担如此庞大的投资。在这种情况下，外部融资成了必要的选择。然而，外部融资往往伴随着一系列的风险和挑战。例如，承购商违约、关税不明确和腐败等问题都被视为清洁能源投资最紧迫的风险之一。承购方的信誉对于项目的可行性至关重要，而一些承购方，如采矿业，虽然能够负担得起硬通货购电协议，但大多数国有公用事业承购方信用不高，需要政府提供主权担保。同时，许多银行在非洲地区的经营状况不佳，需要政府救助和采取其他特殊措施来维持运营，这也增加了新能源项目的融资难度。

除了融资风险，非洲国家在人力资本和必要基础设施方面的薄弱也限制

了其从外部投资中获得的利益。中国企业往往融入当地经济结构的程度有限，与当地合作伙伴的合作强度相对较低，这限制了其在促进国内产业发展方面的积极影响。以乌干达为例，该国因暴力冲突导致的环境条件使长期能源基础设施投资风险变得极高，很少有投资者愿意冒险进入。此外，乌干达能源部门的内部弱点，如缺乏技术专长和项目实施能力，以及电网亏损、电力盗窃和收费问题严重等，也加剧了投资缺口的形成。

另一个值得注意的问题是货币风险。南部非洲发展共同体国家部署的大多数可再生能源技术采取的都是进口方式，因此，为获得这些技术而借款通常是以国际货币（如美元）进行的。然而，可再生能源项目从电力销售中获得的收入最终是以当地货币计价的。这种货币不匹配可能导致巨大的货币风险，如果发生汇率波动造成贬值，未来的收入可能会受到较大影响。

### （五）环境与人文因素有差异，可能遭受国际社会舆论压力

企业对遵守当地环境制度和社会标准等议题的疏忽，容易对中国在非洲国家可再生能源领域的投资产生不良影响。非洲地区的自然生态环境和人文因素与中国有较大差异，这可能导致新能源开发合作面临国际社会的舆论压力。

非洲地区的生态环境相对脆弱，新能源项目的建设和运营可能对当地环境造成一定影响。如果项目未能充分考虑环保因素，可能会引发国际社会的关注和批评。非洲地区的生态环境相对脆弱，这与我国许多地方成熟的生态环境保护制度有显著的差异。新能源项目的建设和运营，尽管旨在推动可持续发展和减少对化石燃料的依赖，但不可避免地可能对当地环境造成一定影响。这种影响可能来自项目施工过程中的土地扰动、水资源利用、物料运输等环节，也可能来自项目运营过程中产生的噪声、废弃物等问题。更为关键的是，非洲国家在环保意识和法规建设等方面可能相对滞后，因此，在新能源项目的推进过程中，如果未能充分考虑到环保因素，仅仅追求经济效益而忽视了对环境的保护，那么这样的项目很可能会引发国际社会的广泛关注和批评。这不仅会损害项目的声誉和形象，还可能对后续的合作产生长期的负

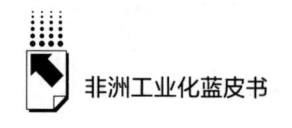

面影响。

除了环保因素外,另一个不容忽视的因素是非洲地区与中国在社会文化和价值观上的差异。这种差异可能会导致在新能源项目的推进过程中,如果未能充分考虑当地普通民众的合理诉求,就容易引发社会的不满和抗议。

## 三 中非新能源开发合作对非洲工业化的影响

中非新能源开发与非洲工业化之间存在紧密联系。新能源的开发不仅优化了非洲工业化的能源结构,为非洲的产业发展提供了更为可持续和环保的能源支撑;同时,它也推动了非洲产业的升级和转型,助力非洲经济从传统能源依赖向清洁能源转型。此外,通过合作开发新能源,非洲的技术水平与创新能力得到了显著提升,进一步促进了非洲的工业化进程。这种合作还加强了中非双方的交流联系与国际合作,为非洲工业化的发展注入了新的活力。

### (一)新能源开发优化非洲工业化的能源结构

在全球能源结构转型的大背景下,中非新能源开发合作正为非洲大陆的工业化进程注入新的活力,并显著优化了其能源结构。长期以来,非洲国家工业化进程主要依赖化石燃料等传统能源,这不仅对当地环境造成了严重的破坏,还使非洲对外部能源的依赖日益加深。中非新能源合作通过引入太阳能、风能、水能等清洁能源,为非洲带来了新的发展机遇。

随着非洲人口和经济的快速增长,城镇化和工业化趋势对能源和电力需求提出了更高的要求。非洲国家在工业化进程中面临着能源需求的巨大压力,而传统的能源供应方式往往伴随着环境污染和不可持续性问题。然而,中非新能源合作带来了太阳能、风能等可再生能源的解决方案,这些清洁能源具有巨大的潜力,能够替代部分化石燃料,减少碳排放,促进可持续发展。

对于非洲各国自身而言,面对可再生能源成本的迅速下降、全球应对气候变化的共同决心以及非洲近6亿缺电人口对电力可及性的迫切需求,可再生能源已成为未来非洲能源和电力发展的重要方向。在撒哈拉以南非洲地区，有50%的人口仍未用上电，这推动了太阳能分布式发电装置的安装，以满足日益增长的电力需求。通过中非新能源合作，中国向非洲国家转让了一批先进的太阳能和风能技术，帮助建设了一系列可再生能源项目。根据预测，到2050年，非洲的电力装机容量将达到1965吉瓦，其中可再生能源将占据1179吉瓦，比2020年增加了约1125吉瓦。[①] 此外，中国通过援助和贷款等方式，将越来越多的可再生能源项目纳入对非洲国家的合作中。在中非合作论坛的框架下，中国明确承诺在非洲建设100个清洁能源项目。

中非新能源合作对于推动非洲工业化进程、优化能源结构和实现可持续发展具有重要意义。通过双方的共同努力，中非新能源开发合作将有力推动非洲工业化的可持续发展，为非洲大陆的能源结构带来根本性的改变。

## （二）新能源开发推动非洲产业升级和转型

中非新能源开发合作正在为非洲大陆的产业升级和转型注入新的活力。随着全球新能源技术的迅猛发展和广泛应用，非洲国家开始意识到绿色、低碳、高效的新能源产业对实现经济可持续发展的重要性。中非双方在这一领域的深度合作，不仅有助于非洲国家淘汰高污染、高能耗的落后产能，还能促进绿色、低碳、高效的新兴产业发展，为非洲经济的整体升级和转型提供强大动力。

可再生能源产品的成本大幅下降是新能源开发合作促进非洲产业升级转型的关键因素。非洲可再生能源制造倡议的项目概述显示，无补贴的太阳能光伏发电成本从2011年的400美元/兆瓦时下降到2022年的41美元/兆瓦时，降幅高达约90%。[②] 这一趋势预示着太阳能光伏有望成为非洲未来的主

---

① IRENA，《COP28可再生能源增至三倍的目标需要全球方向的紧急调整才具有可行性》，19 March，2024，https：//www.irena.org/News/pressreleases/2024/Mar/COP28-Goal-of-Tripling-Renewables-Feasible-Only-with-Urgent-Global-Course-Correction-ZH。
② IRENA，《〈2022年可再生能源发电成本〉执行摘要》，2023，https：//www.irena.org/-/media/Files/IRENA/Agency/Publication/2023/Aug/IRENA_Renewable_power_generation_costs_in_2022_Summary_ZH.pdf?rev=de204bcec6c44e7f98c5917b503297fc。

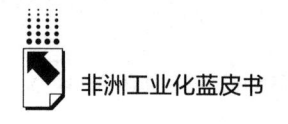

要能源，为当地制造业创造更多的发展机会。

在2015年提出的中非工业化合作计划之外，中非双方在2018年又提出了产业促进行动计划和中非农业现代化合作计划等重要举措。这些计划的逐步落实，为中非新能源开发合作提供了有力保障。《中非合作论坛—达喀尔行动计划2022—2024》更是进一步明确了中非在产能合作上的促进措施，为双方深化合作指明了方向。从电信巨头（华为）到大型建筑工程公司（北京建筑工程集团）等，中国企业在非洲市场上获得了必要的信贷额度、外交支持、免税政策、快速办理官方手续和投资风险评估帮助等全方位支持。这些支持措施使中国可再生能源企业在非洲市场上更具竞争力，有助于它们在非洲建立光伏产能和风电机组制造等本地生产能力。

中国可再生能源产业的快速发展和成熟，为非洲国家提供了成本更低、质量更优的产品。降低可再生能源价格不仅有助于促进非洲国家的产能扩张，还能创造更多支持新兴国内装备制造业发展的需求。同时，中国产品的竞争优势也能推动非洲国家进行全面的产业重组和升级，通过良性的竞争实现产业升级和转型的目标。

## （三）新能源开发提升非洲技术与创新能力

中非新能源开发合作为非洲国家引进了先进的能源技术，在更深层次上推动了其技术水平和创新能力的提升。在这一合作模式下，非洲国家通过引进中国的新能源技术和设备，逐步建立了自己的新能源产业链，不仅带动了相关产业的发展，还培养了一批高素质的技术人才和管理人才。这些人才在新能源项目的建设和运营过程中，不断学习和创新，成为推动非洲国家在新能源技术领域自主创新和研发能力的重要力量。

新能源开发项目的成功不仅依赖于技术的引进，更需要确保项目的长期可持续性。为此，来自外方专家的后续指导在项目完成后仍可以发挥关键作用，通过大量的培训和技术转让工作，确保技术和设备操作、维护知识在非洲当地得到传承和普及。这种知识的本土化对于确保项目的长期稳定运行和非洲国家自主掌握新能源技术至关重要。

为了进一步推动非洲可再生能源的发展,非洲可再生能源制造倡议优先考虑了若干核心项目,其中包括赞助和促进非洲可再生能源工程师和技术人员的培训及职业发展。这一举措旨在开发太阳能光伏、电池精炼/组装和电动汽车方面的技能,为非洲国家培养更多具备专业技能和创新能力的人才。可再生能源项目的实施创造了大量就业机会,扩大了供应链和工业活动,促进了本地解决方案的开发和区域服务贸易的扩大。例如,国际可再生能源署(IRENA)估计,撒哈拉以南非洲地区因现代可再生能源获得了293000个就业岗位,其中66000个位于南非。[1]

非洲可再生能源的发展潜力与中国将企业打造成全球市场领先绿色技术供应商的努力产生了强烈共鸣。遵循这种创业动机,中国在非洲可再生能源发展中扮演了多重角色,包括出口可再生能源设备、投资当地制造能力以及促进可再生能源产能的发展。这些努力不仅为非洲国家带来了先进的能源技术,更为其技术水平和创新能力的提升注入了新的动力。

### (四)新能源开发加强中非交流与国际合作

中非新能源开发合作不仅在经济领域加深了双方的紧密联系,更在文化、教育、科技等多个维度促进了双方的交流与合作。共同开发新能源项目,不仅让中非双方更加深入地了解彼此的传统优势和发展需求,更增进了双方的相互理解和信任。此外,这一合作也促进了中非在国际合作层面的紧密携手,双方共同参与了全球应对气候变化、能源安全等国际议程,为非洲国家的可持续发展和全球能源治理贡献了智慧和力量。

在新能源项目的融资方面,中国进出口银行向赞比亚、刚果民主共和国和津巴布韦等国家提供的贷款总额,已经超过了这些国家从其他渠道获得的贷款总额。此外,巴西开发银行(BNDES)和南部非洲开发银行(DBSA)

---

[1] Boston University, Global Development Policy Center, Expanding Renewable Energy for Access and Development: The Role of Development Finance Institutions in Southern Africa, November 6th, 2020, https://www.bu.edu/gdp/2020/11/16/expanding-renewable-energy-for-access-and-development-the-role-of-development-finance-institutions-in-southern-africa-2/.

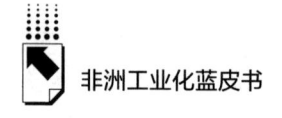

也在可再生能源领域发挥着重要作用,成为该领域的第二大和第三大金融机构。这些开发性金融机构不仅提供项目融资支持,还在项目规划和启动的早期阶段发挥关键作用,甚至为借款受援机构提供技术援助。中非双边贸易额、中非投资在过去十年一直保持着稳步增长的态势,中国投资者在非洲设立的企业数量高达数千家。在中非合作论坛(FOCAC)的框架下,中国向非洲提供的优惠贷款也大幅增长。

非洲各国在开发新能源时,不仅积极与中国企业合作,还与国际开发金融机构共同融资,以弥补当地专业知识和能力的不足。南部非洲发展共同体可再生能源和能源效率中心(SACREEE)与国际可再生能源署的合作就是一个典型案例。该机构不直接提供财政援助,而是专注于提升和加强南部非洲发展共同体可再生能源企业家的能力,帮助他们评估可持续能源的商业潜力,制定可行的商业计划,并在企业家和金融机构之间建立联系。

中非新能源开发合作不仅促进了双边经济联系,更为非洲国家吸引了大量成熟的第三方可再生能源制造商。这是非洲可再生能源制造倡议已经优先实施的核心规划之一,旨在为非洲各国国内可再生能源制造商提供与成熟的国际伙伴合作的机会,并在非洲培育一个强大的可再生能源制造生态系统。

## 四 未来开展中非新能源开发合作的对策建议

随着中非新能源开发与非洲工业化合作的不断深入,将面临更多的挑战与机遇。为了更好地应对这些挑战并抓住机遇,必须从多个维度出发,提出切实可行的对策建议。这些对策将涵盖基础设施投入、技术合作交流、合作模式创新、融资渠道拓展以及环境监管等关键领域,旨在为中非新能源开发与非洲工业化合作的持续健康发展提供有力保障。

### (一)加大对非基础设施的投入,制定个性化的建设方案

在非洲,落后的基础设施一直是阻碍中非新能源开发合作的最大阻力之一。因此,加大投入力度,并且根据不同地区的实际情况,因地制宜地积极

改善基础设施，是从根源解决问题的重要对策。总体来说，可以先确立优先投资领域，再制定具体合作方案。首先，评估非洲各国的基础设施现状，确定在电力网络、交通设施和通信系统等领域的优先投资方向。其次，根据非洲不同区域的特点和需求，制定个性化的新能源开发与合作方案。

非洲大陆地理条件复杂多样，从广袤的沙漠到富饶的雨林，从高山到沿海，各地区的气候、资源和能源需求差异显著。因此，因地制宜地规划和建设基础设施，能够确保新能源项目与当地环境和社会需求紧密结合，最大限度地发挥其在能源供应、经济发展和环境改善方面的作用。不同地区的气候和资源条件决定了适合的新能源技术类型，如太阳能、风能、水能等。通过充分考虑当地的资源禀赋，选择最合适的新能源技术，可以确保项目的长期稳定运行，降低运维成本，提高能源利用效率。

例如，南非的太阳能资源丰富，发展潜力巨大，且当地政府重视电力基础设施建设，清洁能源发电投资增长较快，在南非地区可以加大国家电力部门基础设施的投资力度，以满足可再生能源发电入网的需求，确保电力供应稳定和安全。埃及虽然风能及太阳能资源较好，且人力资源充足，低端劳动力和高端劳动力并存，工资水平有竞争力，但是该地区地处沙漠、天气炎热，施工条件艰苦，对可再生能源技术和建设施工要求较高，而且政治环境稳定性较差，存在宗教冲突风险。因此，适合实行优化设计、技术创新、智能控制系统，以及灵活工程施工管理等方式提升施工效率和设备性能。重视本地化工作的同时协助埃及增强自主发展能力，共同打造本地化管理团队，而并非盲目加大投入力度。

## （二）中非加强技术合作交流，根据实际促进项目合规

技术合作是中非新能源与工业化合作的关键。首先，中非双方应深化技术合作与交流，建立定期的技术研讨和分享机制。中国可以派遣技术专家团队前往非洲，与当地的技术人员共同研究新能源项目的实际需求和挑战，分享中国的技术经验和解决方案。同时，非洲国家也可以派遣技术人员到中国学习先进的可再生能源技术和管理经验，提升自身的新能源技术能力。其

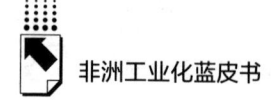

次，双方应共同推动新能源技术标准的统一和本地化。在跨国合作项目中，中非应加强沟通和协调，共同制定符合双方国情和实际需求的技术标准。同时，中方可以积极推广中国的新能源技术标准，帮助非洲国家建立符合国际规范的新能源技术体系。在本地化方面，中方可以提供技术支持和培训，帮助非洲国家培养本地化的技术团队，确保新能源项目在非洲的顺利实施和长期运营。

以埃塞俄比亚为例，该国拥有丰富的太阳能资源，但缺乏相应的技术和设备。中国可以与埃塞俄比亚合作，共同研发适合当地气候和地理条件的太阳能发电技术，并提供相关的设备支持。中国还可以派遣技术团队到埃塞俄比亚，协助当地进行项目的规划、建设和运营，确保项目符合国际标准和当地的法律法规。

加强技术合作和交流，推动技术标准的统一和本地化，加大投资支持力度，是促进中国与非洲新能源合作项目合规性的重要举措。通过双方共同努力，可以克服技术差异和能力不足等挑战，推动新能源项目的顺利实施和长期运营，为非洲国家的能源转型和可持续发展提供有力支持。

### （三）探索灵活多元合作模式，加强政策沟通与协调

中非之间的合作模式应灵活多样，以适应不同项目的需求。新能源产业是一个快速发展的领域，需要不断创新以适应市场需求的变化。灵活多元的合作模式能够更好地应对上述变化，促进双方在新能源技术、产品开发、市场推广等方面的深度合作。

以肯尼亚为例，该国政府希望引进中国的新能源汽车制造技术，建立汽车制造工厂。在此情况下，中国可以采用公私合营模式，与肯尼亚政府和企业共同投资建厂。此外，中国还可以提供技术转移和管理经验，帮助肯尼亚建立完整的汽车产业链。

为确保项目的顺利实施，双方应加强政策沟通与协调，确保政策的连续性和一致性。政策的沟通与协调是保障合作顺利进行的基石。中非政府间应加强对话机制建设，定期举办高层互访、磋商会议等活动，对新能源领域的

政策走向、发展规划等进行深入交流。通过分享彼此的政策经验和市场信息，消除合作中的障碍和壁垒，构建更加紧密的合作网络。

（四）中非双方拓宽融资渠道，提高项目经济效益

在非洲，各国虽然认同向新能源转变的主流趋势，但能源体系的整体转型应结合非洲大陆的实际情况，兼顾成本效益，最大化利用和整合非洲当前所使用的能源系统，并充分考虑民众的实际需要。在转型过程中，应确保能源转型的进程、速度、程度稳健，确保整体可控，避免游离于非洲经济的承受能力之外，带来额外的经济压力，甚至加重债务风险。

资金问题是中非新能源与工业化合作面临的重要挑战。为了克服这一挑战，中非双方应共同探索多元化的融资渠道。中国并非唯一的资金来源，世界各国都有义务去帮助非洲发展新能源。通过积极引导国际金融机构参与非洲的新能源项目，鼓励多边合作为非洲各国提供资金支持。以南非为例，该国计划建设大型风力发电站项目，中国可以与国际金融机构紧密合作，共同为该项目提供贷款支持，确保项目的顺利推进。同时，中国还应鼓励国内企业投资非洲的新能源项目，通过市场化运作提高项目的经济效益。这不仅有助于项目的长期稳定发展，还能促进中非经贸关系的深入发展。

在融资过程中，开发性金融机构发挥着关键作用。与私人贷款机构相比，开发性金融机构在项目开发中具备预融资和能力建设的功能，能够承接商业银行单独行动风险过高的项目。因此，开发性金融机构可以积极吸纳商业银行参与，通过合作降低项目风险，提高项目的可行性和吸引力。这种合作不仅可以为项目提供更优惠的债务条件，还可以提高项目的可信度，吸引更多对可再生能源项目的投资。除了提供资金支持，开发性金融机构还可以通过提供技术援助和能力建设，帮助非洲国家克服在新能源项目开发中遇到的技术和管理难题。这包括从综合规划、政策实施到开展可行性研究等各个环节的支持，有助于提升非洲国家在新能源领域的自主发展能力。

此外，中非双方还可以共同探索创新合作融资产品，以降低融资成本、降低信用和货币风险、消除参与障碍等。这些产品旨在吸引更多中小企业和

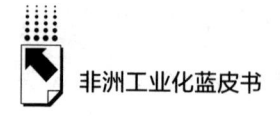

当地社区进入可再生能源市场，推动金融普惠和绿色发展。通过合作开发，中非双方可以共同促进新能源项目的可持续发展，为非洲国家的能源安全和经济发展做出贡献。

### （五）注重项目环境监管问题，增加项目的认同与支持

随着全球气候变化和环境问题的日益严重，环境保护已成为国际社会的共同关注点和责任。中非双方作为国际社会的重要成员，都认识到在新能源开发合作中加强环境监管的重要性，这有助于体现双方对全球环境保护的承诺和贡献。除此之外，在非洲地区，新能源项目的建设和运营往往涉及当地社区和民众的切身利益。如果项目在环境方面存在问题，可能会引发当地社区和民众的不满和反对，从而影响项目的顺利推进和长期运营。因此，加强环境监管，确保项目在环境方面的合规性和可持续性，有助于增强当地社区和民众对项目的认同和支持，为项目的顺利实施和长期运营创造有利条件。

在推动中非新能源与工业化合作的过程中，中非双方还应注重项目的环境影响评估和管理。在新能源项目开发的过程中，应充分考虑项目对当地环境和生态系统的影响，采取必要的措施减小负面影响，确保项目的可持续发展。这不仅有助于保护非洲的自然环境和生态系统，还能提升项目的社会形象和公信力，为项目的长期稳定发展奠定坚实的基础。以尼日利亚为例，该国计划建设一座石油化工厂。为确保项目的环保性，中国可以与尼日利亚政府合作，共同制定严格的环境评估和监督机制。在项目建设和运营过程中，中国还可以派遣环保专家到尼日利亚，协助当地进行环境管理和监测，加强与当地社区和民众的沟通与协商，确保项目的实施得到广泛认同和支持。

中非双方作为发展中国家的重要代表，在新能源领域的合作对于推动全球绿色发展具有重要意义。通过加强环境监管，确保项目在环境方面的合规性和可持续性，有助于为全球绿色发展贡献中国智慧和中国方案，推动全球能源结构的优化和转型。

社会科学文献出版社

# 皮 书
## 智库成果出版与传播平台

### ❖ 皮书定义 ❖

皮书是对中国与世界发展状况和热点问题进行年度监测，以专业的角度、专家的视野和实证研究方法，针对某一领域或区域现状与发展态势展开分析和预测，具备前沿性、原创性、实证性、连续性、时效性等特点的公开出版物，由一系列权威研究报告组成。

### ❖ 皮书作者 ❖

皮书系列报告作者以国内外一流研究机构、知名高校等重点智库的研究人员为主，多为相关领域一流专家学者，他们的观点代表了当下学界对中国与世界的现实和未来最高水平的解读与分析。

### ❖ 皮书荣誉 ❖

皮书作为中国社会科学院基础理论研究与应用对策研究融合发展的代表性成果，不仅是哲学社会科学工作者服务中国特色社会主义现代化建设的重要成果，更是助力中国特色新型智库建设、构建中国特色哲学社会科学"三大体系"的重要平台。皮书系列先后被列入"十二五""十三五""十四五"时期国家重点出版物出版专项规划项目；自2013年起，重点皮书被列入中国社会科学院国家哲学社会科学创新工程项目。

**权威报告·连续出版·独家资源**

# 皮书数据库
## ANNUAL REPORT(YEARBOOK) DATABASE

**分析解读当下中国发展变迁的高端智库平台**

### 所获荣誉

- 2022年，入选技术赋能"新闻+"推荐案例
- 2020年，入选全国新闻出版深度融合发展创新案例
- 2019年，入选国家新闻出版署数字出版精品遴选推荐计划
- 2016年，入选"十三五"国家重点电子出版物出版规划骨干工程
- 2013年，荣获"中国出版政府奖·网络出版物奖"提名奖

皮书数据库　　"社科数托邦"微信公众号

### 成为用户

登录网址www.pishu.com.cn访问皮书数据库网站或下载皮书数据库APP，通过手机号码验证或邮箱验证即可成为皮书数据库用户。

### 用户福利

- 已注册用户购书后可免费获赠100元皮书数据库充值卡。刮开充值卡涂层获取充值密码，登录并进入"会员中心"—"在线充值"—"充值卡充值"，充值成功即可购买和查看数据库内容。
- 用户福利最终解释权归社会科学文献出版社所有。

社会科学文献出版社 皮书系列
卡号：892363679169
密码：

数据库服务热线：010-59367265
数据库服务QQ：2475522410
数据库服务邮箱：database@ssap.cn
图书销售热线：010-59367070/7028
图书服务QQ：1265056568
图书服务邮箱：duzhe@ssap.cn

# 法律声明

"皮书系列"（含蓝皮书、绿皮书、黄皮书）之品牌由社会科学文献出版社最早使用并持续至今，现已被中国图书行业所熟知。"皮书系列"的相关商标已在国家商标管理部门商标局注册，包括但不限于LOGO（ ）、皮书、Pishu、经济蓝皮书、社会蓝皮书等。"皮书系列"图书的注册商标专用权及封面设计、版式设计的著作权均为社会科学文献出版社所有。未经社会科学文献出版社书面授权许可，任何使用与"皮书系列"图书注册商标、封面设计、版式设计相同或者近似的文字、图形或其组合的行为均系侵权行为。

经作者授权，本书的专有出版权及信息网络传播权等为社会科学文献出版社享有。未经社会科学文献出版社书面授权许可，任何就本书内容的复制、发行或以数字形式进行网络传播的行为均系侵权行为。

社会科学文献出版社将通过法律途径追究上述侵权行为的法律责任，维护自身合法权益。

欢迎社会各界人士对侵犯社会科学文献出版社上述权利的侵权行为进行举报。电话：010-59367121，电子邮箱：fawubu@ssap.cn。

社会科学文献出版社